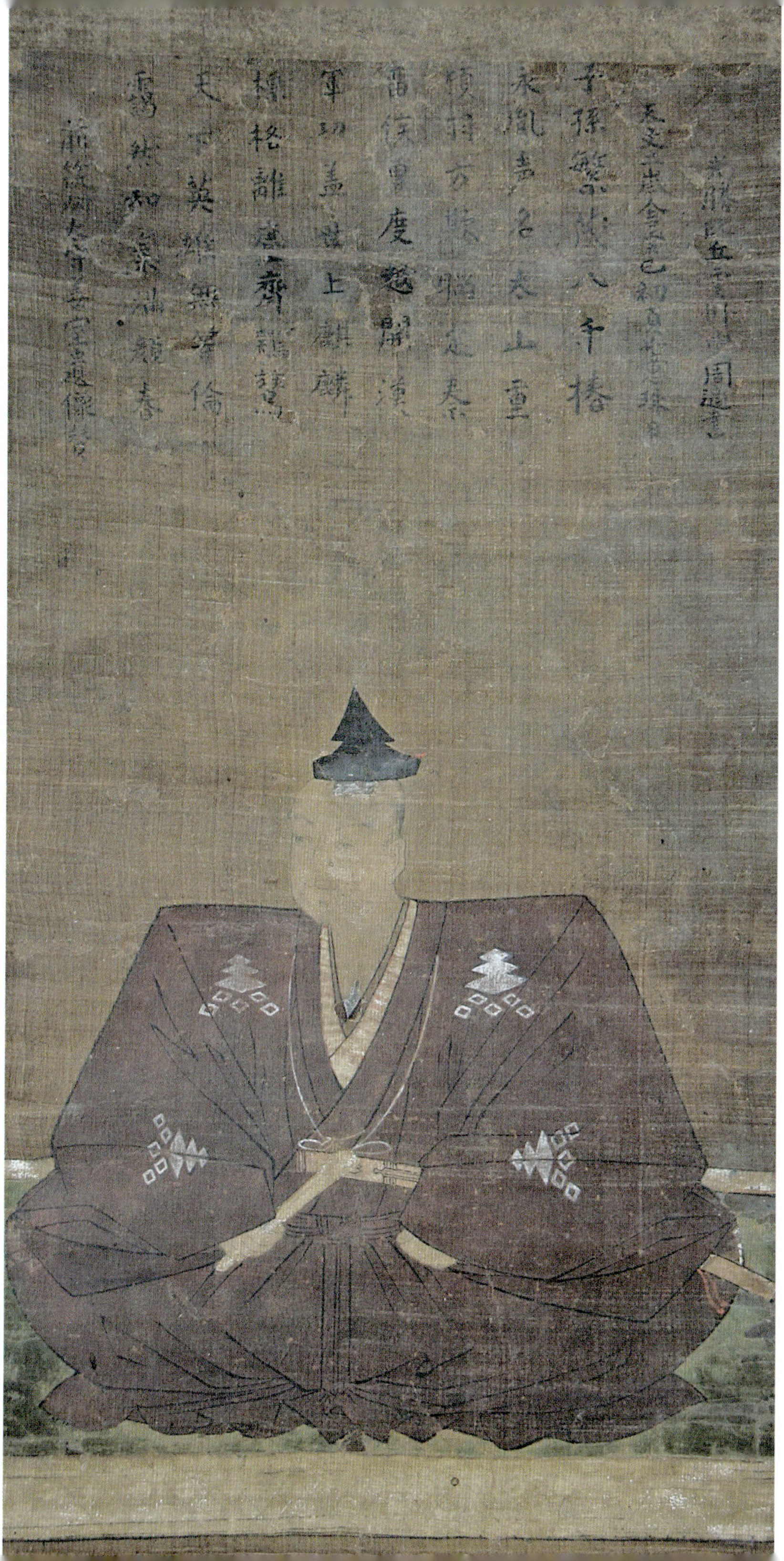

長慶の父 三好元長像（天文二年〈一五三三〉・雲臥周適賛／徳島県見性寺蔵・藍住町教育委員会提供）

三好長慶像（永禄九年〔一五六六・三回忌〕・笑嶺宗訢賛／大徳寺聚光院蔵）

聚光院殿前匠作眠室進公／大禅定門之肖像／参徹南宗禅話柄、平常作略／類龐裴、按成一剣、定天下、今／日威風、歴掌来／
永禄歳舎丙寅夷則初四日／前龍宝咲嶺叟宗訢

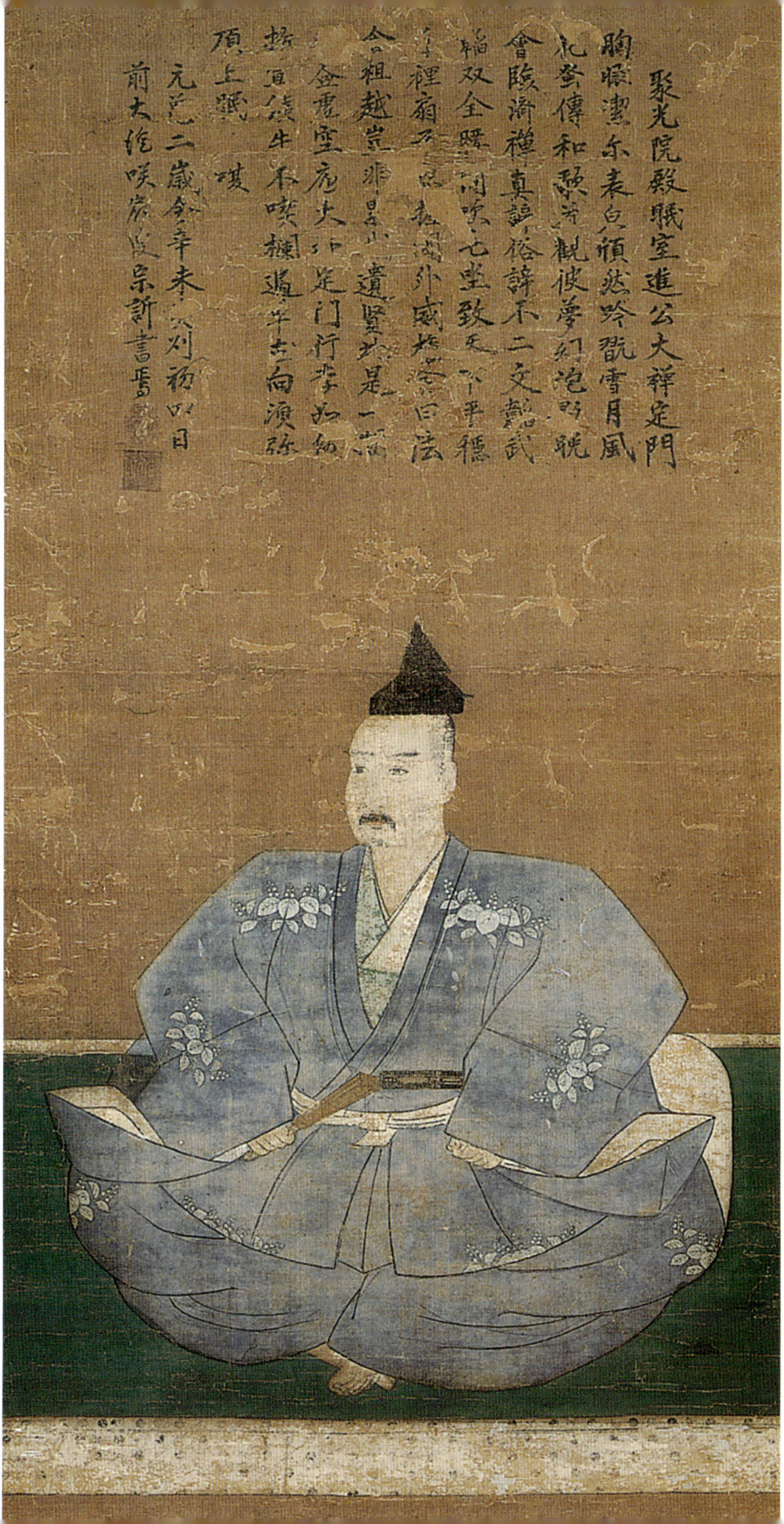

三好長慶像（元亀二年（一五七一・八回忌）・笑嶺宗訢賛／大阪府南宗寺蔵・堺市博物館提供）

聚光院殿眠室進公大禅定門／胸懐潔尓表貌頎然吟翫雪月風／花蚤伝和歌道観彼夢幻抱影晩／曾臨済禅真諦俗諦不二文韜武／韜双全腰間吹毛坐致天下平穏／手裡扇□□握□外威権□日法／舎祖越豈非□□遺賢□是一期／□登虚空応大禅定門行李如□／指宣銕牛不喫欄過□□向須弥／頂上眠　嗄／元亀二歳舎辛未□刻初四日／前大徳咲嶺叟宗訢書焉

三好義興像 模本（永禄六年〔一五六三〕／京都大学総合博物館蔵）

其心寂静　志無所著／一切世間　無能及者／瑞応院殿光岳璉公大禅定門／于時永禄六年八月廿五日

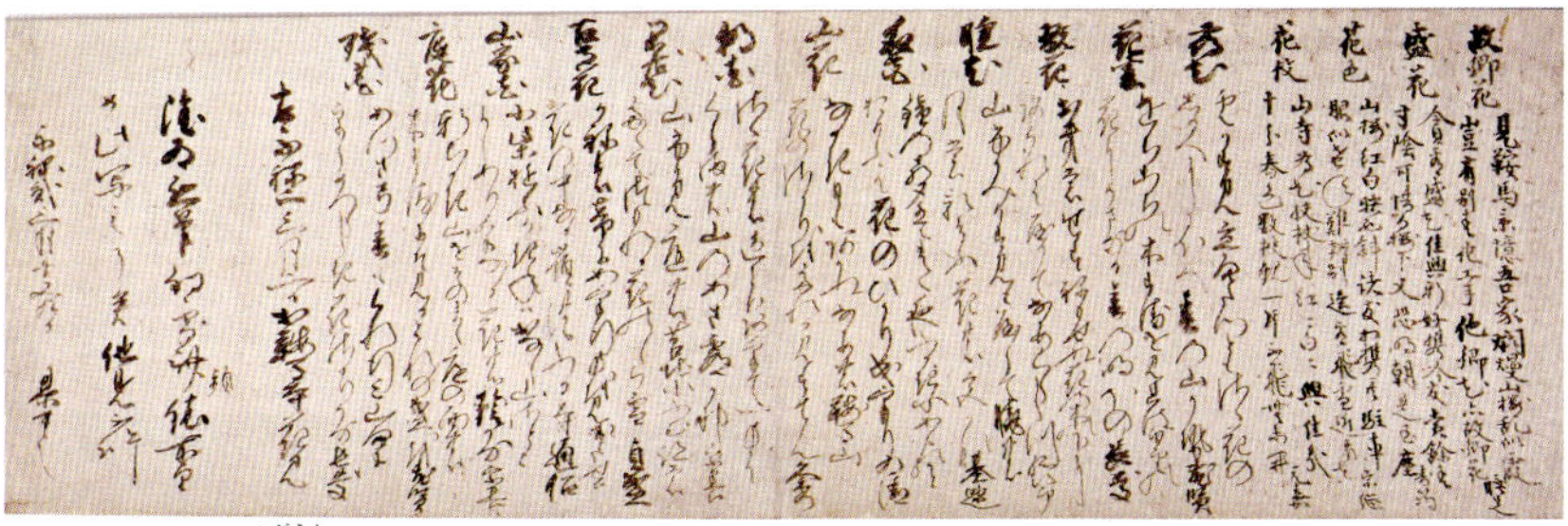

三好長慶 鞍馬寺 続歌（永禄二年〔一五五九〕三月二日・宮帯文庫 蔵）

花の歌題による続歌《つぎうた》。6首目・16首目に（三好）長慶、10首目に（松永）久秀、11首目・14首目に（連歌師）宗養、3首目に（立入）宗継、8首目に（斎藤）基速、9首目に（飯尾）為清の名が見える。1首目より4首目までは禅僧や漢学者が得意とした漢詩（七言絶句）である（本文290頁参照）。

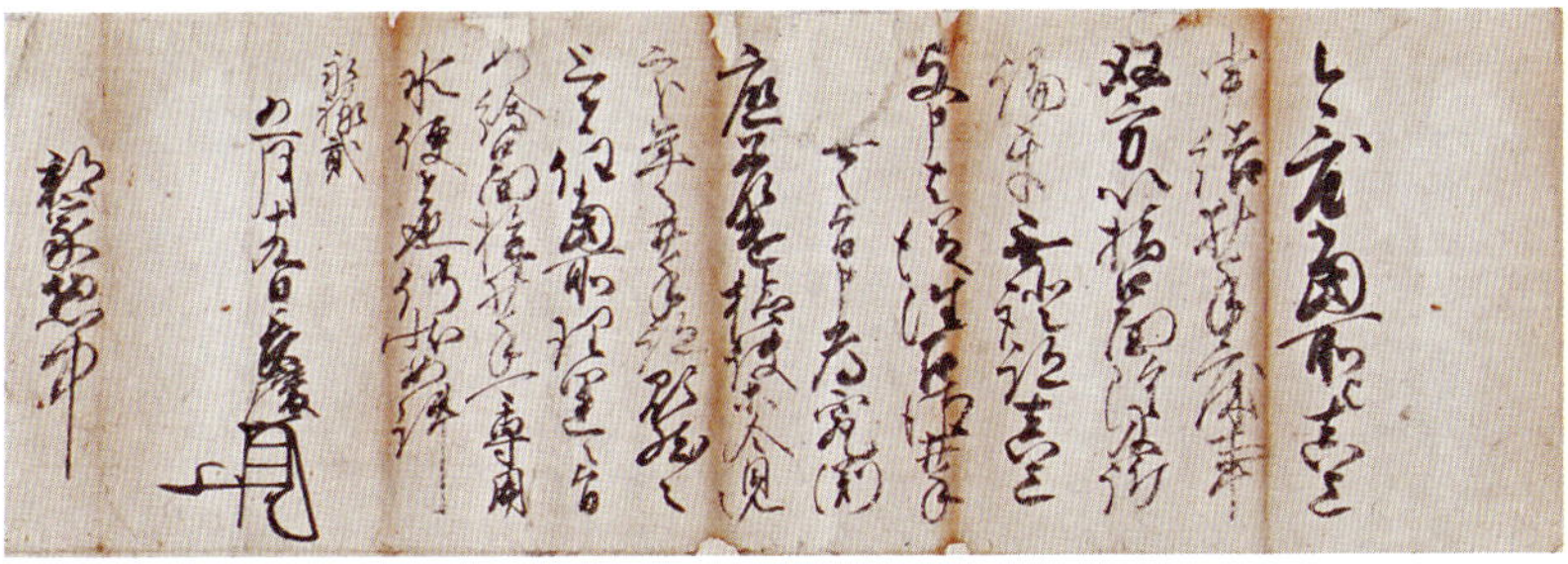

三好長慶 水論裁許状（永禄二年〔一五五九〕・郡家財産区蔵・高槻市教育委員会 提供）

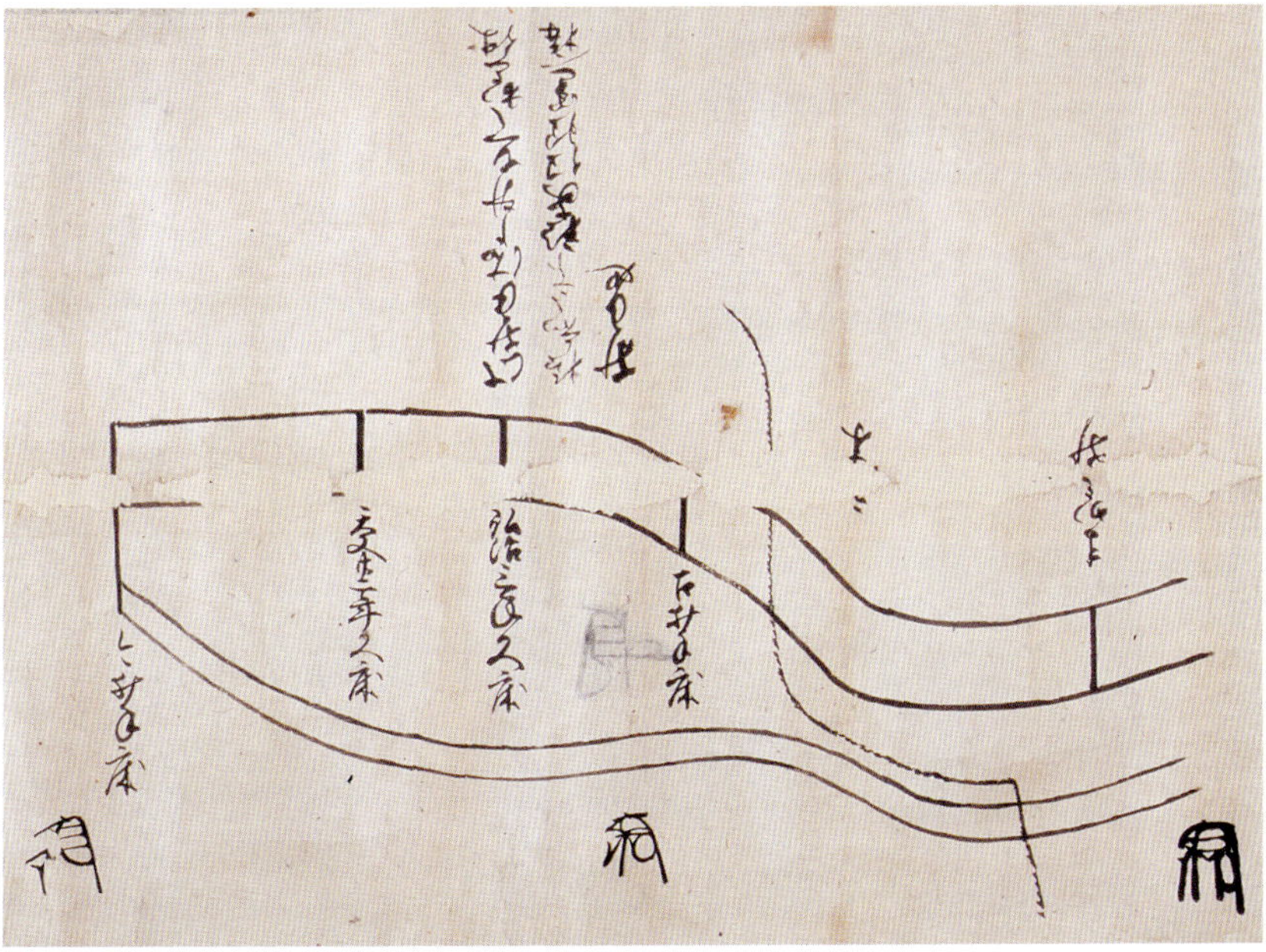

三好長慶 水論裁許井出絵図（永禄二年〔一五五九〕・郡家財産区蔵・高槻市教育委員会 提供）

三好長慶の短冊「夕顔」（宮帯文庫蔵）

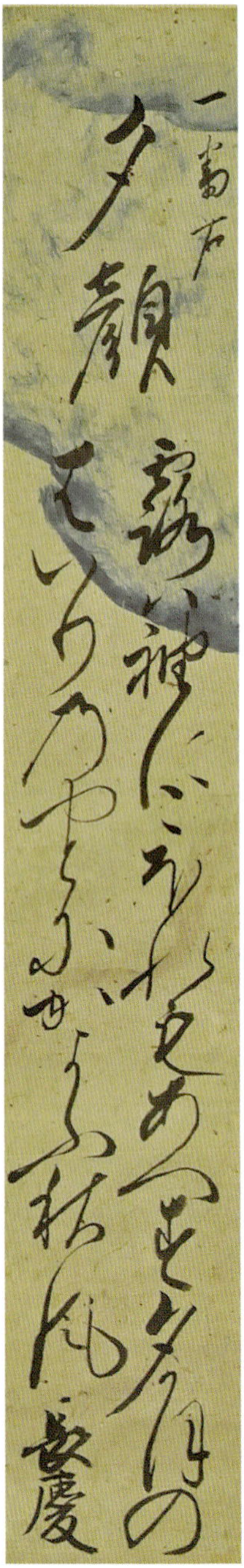

一番右
夕　顔　露は袖に　こほれもあへす　夕かほの　はいりのやとに　かよふ秋風　長慶

真観寺の三好長慶墓（宝篋印塔の塔身部分／大阪府真観寺）

「永禄七甲子　聚光院殿大禅定門　七月初四日」

三好義継が若江城より移動した聚光院の三好長慶墓（大徳寺聚光院）

三好長慶の居城 芥川山城 航空写真（高槻市教育委員会提供）
※「芥川山城跡概要図」（92頁）参照、南西方面より撮影

三好実休所持 古銅角木花入（盛阿弥作 矢筈盆添／大名物／藤田美術館蔵）

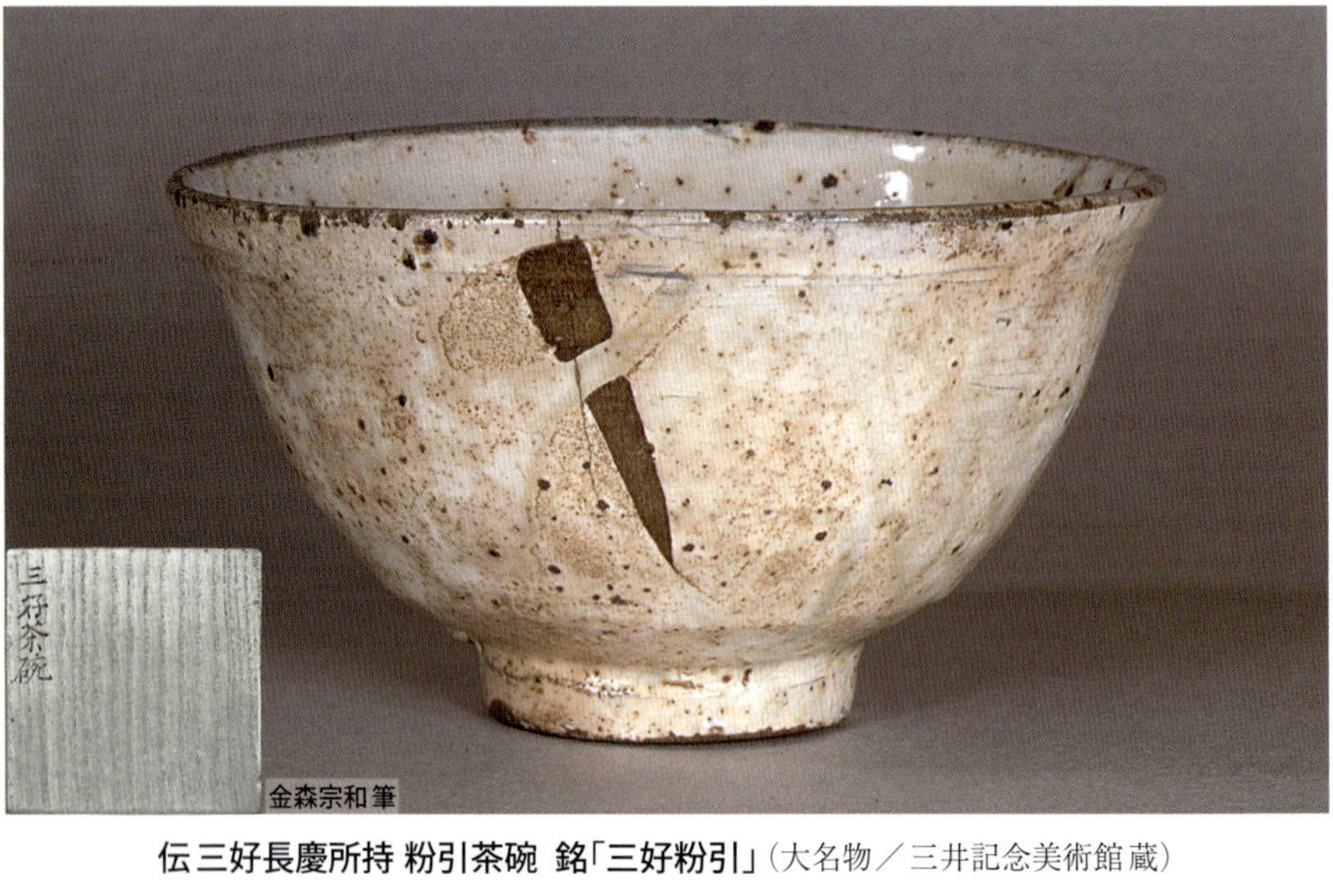

伝三好長慶所持 粉引茶碗 銘「三好粉引」（大名物／三井記念美術館蔵）

三好長慶

今谷明
天野忠幸
監修

室町幕府に代わる中央政権を
目指した織田信長の先駆者

宮帯出版社

目次

序章　総論

戦国期の室町幕府と三好長慶

今谷　明

はじめに

本書の序論を押しつけられて、光栄の至りと言いたいところだが、困惑も一方で感じている。筆者が論文「細川・三好体制研究序説」を学術誌『史林』に発表したのは一九七三年九月のことで、実に四十年近くも前のことになる。確かに戦国武将三好長慶《みよしながよし》（一五二二～一五六四）に関して、学界に対し論文として公刊したのは筆者が初めてではあろうが、筆者が三好研究に従事していたのはわずかに数年間のことで、一九八〇年代に入って以降は筆者の関心も三好政権から離れてしまった。したがって筆者がこのテーマの執筆に適任でないことは、誰よりもよく承知していることを述べておきたい。

幸い、大著『戦国期三好政権の研究』（清文堂出版、二〇一〇）を上梓《じょうし》された天野忠幸氏が、本書にも執筆されると承っているので、室町幕府と三好政権の関係については、もっぱら天野氏にお任せし、甚だ無責任なようではあるが、筆者としては、戦後の三好氏研究を回顧するという形で、筆者の責めを塞ぐことにしたい。

一時は畿内政権の覇者であった三好氏の出自を一言で要約すると、守護細川氏の守護代という地位を足掛かりにしていたということになる。織田・朝倉・尼子・龍造寺などの諸氏がそうであるが、畿内から西国筋で活躍した戦国大名には守護代出身が多い。実はそのことにかなり後になって気付いたが、三好氏に注目していた頃は、守護代出身ということには、あまり注意していなかった。これは迂闊《うかつ》だったと今になって反省しているが、当時としては何とも致し方なき次第であった。

一、戦後の研究

戦後の中世史研究を顧みると、極端にいえば荘園史と戦国大名史研究に両分されていた傾きがあった。しかも、その戦国大名のうちには三好氏など数えられてはいなかった。それには、理由がない訳ではない。歴史研究は、どうしても史料の恵まれた分野に集中する。荘園史研究では、『東寺百合文書《とうじひゃくごうもんじょ》』に反映された東寺領荘園に、戦国大名研究では後北条氏や武田・毛利氏など史料豊富なテーマに、あたかも蟻《あり》が蜜に集まるように研究が片寄りがちである。では何故、細川氏や三好氏の史料が豊富でないのか。たとえば大名の発給文書の残存率が低いこと自体、その大名における領国支配の性格のある一面を物語っているのだが、そういうことにも、駆け出しの学徒であった筆者には、見えていなかった。

そういう状況下といえども、三好氏に関して先駆的な研究が皆無であったという訳ではない。長江正一氏（一八九七～一九七九）の『三好長慶』（吉川弘文館、一九六八）が比較的早くに出版されており、筆者は、この本を唯一の導き手として、戦国時代研究に入門したということになる。長江氏は永年地元（阿波）にあって、阿波時代の三好氏について基礎的事実を発掘・調査された方である。本書はその成果を集成した労作であり、他に見るべき参考書とて、ほとんどなかった。

三好長慶像（大徳寺聚光院蔵）

筆者の関心は、当時は室町幕府であった。学部生の身分であった一九六六年に、林屋辰三郎先生（一九一四～一九九八）の「大乗院の会」に加入していたことも幸いして、室町時代ならば、時代勘があった。加えてその後、官僚の経歴も踏んでいたので、大学院入学（一九七一）後は幕府財政を専攻しようと考えていた。しかしその方面の史料蒐集《しゅうしゅう》に難渋していたことに加え、院のゼミで偶然戦国期の幕府論を報告したところ、これが案外に好評で、修論への時間も迫っていたから、とうとう三好政権の方で書く破目になったのである。しかし、当時も現在も、何といっても織田信長の存在というのが絶対的で、天下人は尾張・三河から、というのが頭から既成概念になっており、阿波や四国と畿内を結びつけて考えるという発想がなかったように思う。だが、少し遡って室町初期（南北朝期）の状況を思い浮かべるならば、当時は四国を拠点に畿内に進出、というのは細川氏をはじめ、足利一門守護の「成長コース」であったのだ。四国管領（四州総括）から幕府の管領に就任した細川頼之《よりゆき》（一三二九？～一三九二）や、さらに遡って尊氏を補佐した細川定禅《じょうぜん》（？～一三三九？）以下の守護たちの活躍が想起される。細川氏の本貫《ほんがん》地《ち》は三河であるが、南北朝期には挙族《きょぞく》して四国地方で兵を養っていた。加えて阿波は、木材と藍を産し、外港として和泉の堺を南朝より接収し、地政学的に極めて有利な地位にあった。さて、応仁の乱（一四六七～一四七七）後、永禄十一年（一五六八）に信長が入京するまで、「戦国期の室町幕府」の時代が続くのであるが、この間の研究が、ほとんど行われていなかった。ある学会（確か一九七〇年代の末頃だったと思うが……）で、桑山浩然氏（一九三七～二〇〇六）が、「『蝉の抜け殻』の如きものしか認められていない」と不満を表明されたことが、未だに耳底に残っている。もちろん、時代概説書にはそれなりに触れられてはいた。しかし、「混迷の畿内」程度の認識であったのだ。黒田俊雄氏（一九二六～一九九三）の「権門体制」論においても、応仁の乱以降は空白とされていた。要するに、室町幕府の統治と信長をつなぐ「架け橋」が見当たらず、研究者の多くは、そこに混乱以上のものを認められなかったようである。

二、細川氏の抬頭

幕府の三管領家のうち、斯波《しば》氏は最も早く衰え、家督紛争は応仁の乱前に、すでに他家有力者に左右される状況であった。畠山氏も、嘉吉の乱（一四四一）を機に家督が分裂し、将軍義政（一四三六～一四九〇、将軍在職一四四九～一四七三）期を通じて激化した。細川氏のみが一族結束し、乱後は幕閣を代表する有力守護家となった。明応二年（一四九三）の政変で、細川政元（一四六六～一五〇七）は日野富子（一四四〇～一四九六）と結んで将軍を廃立するまでになったが、政元自身は修験に凝るなど、政治から離れ、実権は安富《やすとみ》・香西《こうざい》ら守護代層に移った。その細川家も十六世紀に入ると「二川分流」と称される家督紛争が起こったが、永正三年（一五〇六）二月、細川澄元《すみもと》（一四八九～一五二〇）の先陣として上洛した三好之長《ゆきなが》（一四五八～一五二〇）は摂津西半国守護代として畿内に足掛かりを得た。四国から兵を養って畿内・幕閣進出という伝統は、南北朝初期からの長い伝統であった。

以後二年余り、曲折があって結局、細川高国《たかくに》（一四八四～一五三一）が大内義興（一四七七～一五二九）と連合して執政の地位に就き、将軍義稙《よしたね》（一四六六〜一五二三、将軍在職一四九〇〜一四九五、一五〇八〜一五二一）を擁立した。以後、大永七年（一五二七）に至るまでが三好氏の雌伏時代といってよく、船岡山の戦（一五一一）や等持寺《とうじじ》合戦（一五二〇）で細川高国に却《しりぞ》けられ中央政界への復帰は成らなかった。大永六年（一五二六）、丹波で柳本・波多野氏らが高国に反旗を翻し、阿波では三好元長《もとなが》（一五〇一〜一五三二）（長慶の父、之長の孫）が呼応して和泉・堺へ攻め上《のぼ》った。かくして翌年二月、桂川の戦（一五二七）で反高国側が大勝し、将軍義晴（一五一一〜一五五〇、将軍在職一五二一〜一五四六）、執政高国らは近江へ逃亡した。元長は義稙の遺子義維《よしつな》（一五〇九〜一五七三）を将軍跡目、澄元の遺子晴元《はるもと》（一五一四〜一五六三）を管領として擁立し、堺の四条道場引接寺《いんじょうじ》に居らしめて「堺幕府」の体裁を整えた。

三、堺幕府と三好政権

以後、天文元年（一五三二）六月まで、この義維・晴元を戴く堺幕府が畿内近国を支配した。三好元長は山城守護代に任ぜられた。

堺に三好政権を基盤とする幕府が成立したということが象徴的である。堺は南北朝期、吉野・賀名生《あのう》に逼塞《ひっそく》する南朝の外港であった。南北朝末期は、「六分一殿」山名氏の守護所となり、山名氏清（一三四四〜一三九一）・満幸（?〜一三九五）らは堺に拠って足利義満（一三五八〜一四〇八、将軍在職一三六八〜一三九四）に叛した。堺の地政学的な厄介さに手を焼いた幕府は、和泉を「半国守護制」の国とし、両守護に堺を共同統治させ、牽制《けんせい》させて「叛地」となるのを防ごうとしたが、戦国期には、材木と藍で致富《ちふ》した堺の豪商が三好氏の「政商」と化し、堺は三好政権の畿内における拠点となったのである。一方で山城守護代に任じられた三好元長であったが、京都ではなく堺を幕府としたのは当然といえよう。

京都を追放された高国は、越前から中国地方まで流遇して挽回を計ったが、享禄四年（一五三一）の「大物《だいもつ》崩《くず》れ」で晴元・元長の軍に敗死し、ここに堺幕府は盤石となったと思われた。しかし高国敗死後、晴元と元長の主従に隙《げき》が生じ、晴元は朽木に亡命中の義晴と結んで義維から離れ、堺公方府《さかいくぼうふ》は分裂した。晴元は三好軍を殲滅《せんめつ》すべく一向一揆の力を借らんとし、天文元年六月、堺の町に突入した一揆の大軍を前に、義維は逃亡、元長は敗死し、ここに堺幕府は五年の寿命で壊滅した。ここから、三好長慶の時代に入るが、はや翌天文二年（一五三三）には、長慶は幼年ながら大坂の本願寺（一向一揆）と晴元・法華一揆連合軍の噯《あつが》いを成功させ、畿内政界に隠然たる睨《にら》みを利かせた。天文八年（一五三九）には越水《こしみず》城主となり、摂津西半国守護代に任じた。かつて曽祖父之長が三十余年前に帯びていたポストである。

四、三好長慶の時代

天文十一年（一五四二）三月には、河内太平寺において、永年京畿で晴元の爪牙《そうが》として威を振るっていた山城守護代、木沢長政（一四九三?～一五四二）を敗死させた。次いで十六年（一五四七）、摂津舎利寺《しゃりじ》において、河内守護代遊佐長教《ゆさながのり》（一四九一～一五五一）を「双方槍数九百本のせり合」と称された戦争で打倒した。翌年、長慶は遊佐の女婿となって河内と同盟した。同格の守護代同士の通婚であり、当時は専ら守護代層が畿内の兵権を握っていたことが知られる。こうして畿内近国で軍事的優位を固めた長慶は、一族の三好政《まさ》長《なが》（一五〇八～一五四九）を打倒するという名目で旧主細川晴元に叛《そむ》いた。天文十八年（一五四九）六月、摂津、江口の戦は六角義賢《ろっかくよしかた》（一五二一～一五九八）の援軍が遅れたこともあって晴元方が大敗し、将軍義晴・細川晴元らは京都から撤退した。

こうして長慶は「天下人」として入京したが、なお将軍や晴元はこれに抵抗を止めず、天文二十二年（一五五三）八月の霊山城《りょうぜんじょう》合戦までは、両者角逐《かくちく》の時期が続く。将軍義晴・義輝（一五三六～一五六五、将軍在職一五四六～一五六五）父子は、六角氏の援を得て三好軍に抵抗し、いち早く鉄砲の装備も得て三好軍と京郊でしばしば戦争した。当時義晴の築城した山城中尾城には、すでに鉄砲を防ぐための礫《こいし》入りの壁が備わっていた（『万松院殿穴太記《ばんしょういんどのあのうき》』）。ということは、三好軍にもすでに鉄砲の備えはあったということである。貿易都市堺を押さえていることは、三好氏の鉄砲装備に有利に働いたはずである。このように他の戦国大名にさきがけて、鉄砲が実戦に使用された事実は、何よりも畿内の地政学的先進性を物語るといえよう。

かくして軍事力では、三好氏を圧倒し得ないと悟った義輝は、暗殺団を組織して長慶らを襲撃し、長慶は軽傷で逃れたが、岳父遊佐長教は殺害された。しかし、最終的に霊山城の戦で長慶は義輝・晴元方を敗走させ、以後、永禄元年（一五五八）末までの約五年余り、将軍・晴元らを近江朽木に幽居させたまま、真の「排他的権力」によって畿内を支配した。その勢力範囲は、山城・摂津・和泉の三畿内をはじめ、丹波と播磨の一部、淡路・讃岐・阿波を含む広大な一帯である。

しかし、長慶が勢力圏に収めた版図は一見、「金城湯池《きんじょうとうち》」であっても、長慶は「最高権力者」としてこれに臨んだものの、絶大な直接支配は困難であった。後北条氏の虎朱印状に比し、長慶の判物《はんもつ》における残存率の圧倒的な低さは、長慶の畿内支配の困難さを裏付けている。ただ、天皇も将軍も背負わない京都支配を五年余りも続けた意義は大きい。織田政権より二十年早い畿内政権であり、長慶のこの経験があったからこそ、信長も将軍義昭（一五三七〜一五九七、将軍在職一五六八〜一五八八）を追放し、試行錯誤を続けることができたのである。将軍を追放した後の三好氏の京都支配を補佐したのは、幕府政所執事の伊勢氏、その家宰蜷川《ながわ》氏であった。伊勢氏主従は他の幕府吏僚と違って、将軍の朽木亡命に同行せず、京都に留まり、長慶を補佐してその裁許を助けた。したがって、三好政権の秘鍵《ひけん》は、伊勢・蜷川主従の協力にあったといえよう。

五、三好氏研究史

さて、三好氏研究史の話に戻ろう。筆者が『戦国期の室町幕府』（角川書店）を上梓したのは、一九七五年で、前述の『史林』論文の二年後である。以後二十五年もの間、このテーマで研究書や一般書を著した人は出なかった。山田康弘著『戦国期室町幕府と将軍』（吉川弘文館、二〇〇〇）なる論文集が出版されたときは、まさに「空谷《くうこく》に跫音《きょうおん》」を聴く思いであった。もっとも『大阪府史』、『新修 大阪市史』、『宇治市史』など、畿内関係の史誌類の出版は相次ぎ、小松左京氏の『大阪タイムマシン紀行―その一五〇〇年史を考える―』（ＰＨＰ研究所、一九八二。同書では『大阪府史』を引いて堺幕府の研究が紹介されていた）などユニークな一般書も刊行され、それ相応に三好氏研究の萌芽らしき兆《きざ》しは出ていたと思われる。

山田氏の論文集が出た後しばらくも、戦国期畿内の研究は活発とはいえなかった。しかし、戦後版の『高《たか》槻市史《つきしし》』などの刊行が進み、グラビアで三好長慶の裁許状が紹介されるなど、一般にもこの時期の重要性は、やや認識されるようになったと思われる。二〇〇一年には拙著『戦国大名と天皇―室町幕府の解体と王権の逆襲―』（福武書店、一九九二）の文庫版（講談社学術文庫）が刊行され、翌年には、やはり旧拙著『言継卿記―公家社会と町衆文化の接点―』（そしえて、一九八〇）が『戦国時代の貴族―「言継卿記」が描く京都―』（講談社学術文庫）と改題の上、文庫で再版されたことも、多少この傾向をプッシュしたかもしれない。天野忠幸氏の三好研究が論文として発表されるようになったのも、この頃であった。

そうした状況下、いかなる風の吹き回しか、二〇〇四年秋、日本史研究会の大会で「戦国期の政治体制と畿内社会」が共通テーマとなり、翌年春の大阪歴史学会の大会で、天野氏の「三好氏の畿内支配とその構造」が発表され、俄《にわ》かにアカデミズムの注目が集まった。すでに久しく「ガラパゴス化」した筆者の旧著などはさて措《お》き、ようやく三好氏研究の重要性も学界において認知されるようになったかと考えると、筆者の如きも感慨無量の思いがないでもなかった。

ついでにいえば、筆者の旧著『戦国期の室町幕府』は永らく版元品切れ絶版の状態であったが、二〇〇六年六月、講談社の学術文庫に入って再版された。

さて天文十八年（一五四九）以降の三好政権は、永禄元年（一五五八）十二月の将軍上洛を境に、前期と後期に分けて考える必要がある。前期は、長慶が幕府と敵対し、三好氏独自の畿内政権を構築（試行錯誤ながら）した時代、後期は復活した幕府をいただく形で四国から畿内にまたがる空前の領国を形成した時代で、それぞれどう評価するか、という問題がある。戦国大名としては、幕府と縁が切れていた前期の方が、あくまで完成度が上とみられるが、後期は一方で京都支配を放棄したとみられる反面、従来興福寺の領国であった大和を版図に収め、河内をも併呑《へいどん》し得たことで、明らかに後の信長政権に連続する画期性がみられる。

ところで、前述したが三好氏の発給文書は残存が乏少とはいえ、小此木《おこのぎ》宗国《むねくに》・四手井《しでい》某ら長慶被官すなわち家臣らの書状は各寺社の古文書などにかなり残っている。ところがその大半は京都市域の寺社、とくに『東寺百合文書』などに集中しており、まだ活字にも翻刻されていない。だから簡単に研究に利用するという訳にはいかない。現在、市町村史の編纂事業もバブル経済期の前後に始まり、あらかた終了し、中世史料の類は例外なく学術史料として刊行されているのであるが、中世古文書の宝庫というべき京都市においては、市史の事業が比較的早く終了したことや、また物理的に中世古文書の活字化が不可能だったこともあり、まとまっては行われていない。結局、京都では、余裕があり、かつ自寺社の沿革の公開に意欲を持つ大寺院の個別「寺史」の編纂に任されている状況である。東寺と醍醐《だいご》寺の古文書に関しては、東大史料編纂所が『大日本古文書』として鋭意刊行中であるが、完成には至っていない。

したがって、三好政権については、その発給文書の全貌すらつかめない状況であってみれば、三好政権の政策や幕府・朝廷との関係に至るまで、把握するのは容易ではない。地道な研究者の努力が要請されるであろう。

六、「文弱」三好長慶

三好長慶については、その政治的評価が難しい反面、文化的な面では古来比較的多くのことが語られてきた。永禄三年（一五六〇）、入京した宣教師ガスパル・ヴィレラ（Gaspar Vilela, 一五二五？～一五七二）に対し幕府が京都革棚《かわだな》において布教を許可した（『室町家御内書案《むろまちけごないしょあん》』）。これは、長慶による実質的な内諾があった結果とみられており、また彼の後継者の一人である篠原長房《しのはらながふさ》（？～一五七二）がキリシタンシンパであった事実もあり、宣教師たちは、三好氏に好評であった。また長慶と、その弟安宅冬康《あたぎふゆやす》（一五二八？～一五六四）とが、当時としては並外れた文化人であったことはよく知られている。松永久秀（一五一〇？〜一五七七年）の縁類と推測されている連歌師松永貞徳《まつながていとく》（一五七一〜一六五四）が『戴恩記《たいおんき》』（一六四四年頃成立か）を残しており、長慶の教養を物語るエピソードを伝えている。

天文十四年（一五四五）二十四歳のとき、近衛《このえ》家の歌会に参列した他、翌年三月には禁裏歌会に座しており、戦国武将としては破格の待遇である。永禄五年（一五六二）、三好氏は畠山氏・根来《ねごろ》寺僧兵・六角氏らを相手に戦争し、そのさなか、本拠の河内飯盛城では長慶も加わって連歌会が催された。某人の「薄《すすき》に交《まじ》る芦の一群《ひとむら》」の句に一座つけ悩んでいたとき、和泉久米田《くめだ》で三好実休《じっきゅう》（一五二七？〜一五六二）が敗死したとの急報が長慶にもたらされた。長慶は従容《しょうよう》として「古沼の浅き方より野となりて」と吟じて一座の感歎を受けた後、久米田の敗戦を伝えて連歌師たちを帰らせた。実休は根来寺僧兵の砲撃に遭ったのであるが、畠山方一万、三好方一万七千という「近国無双の大合戦」（『続応仁後記』）であった。この話を伝えた細川幽斎（一五三四〜一六一〇）は、長慶の立居振舞を激賞している。畠山・根来連合軍は勝戦に乗じて北上したが、結局数日後、河内教興寺・葉引野《はびきの》の合戦で三好方が大勝し、畠山・六角軍は本国に退いている。

弟の冬康は、長慶以上に文人であった。「古《いにしえ》を記《しる》せる文《ふみ》の跡も憂《う》し　さらずば降《くだ》る世《よ》とも知らじを」の歌は、人口に膾炙《かいしゃ》し、人々の輿望《よぼう》は冬康の上にあった。しかし長慶は、この弟を誅してしまい、松永久秀が跡を握ることになる。頼朝と義経、尊氏と直義の件と同様、兄弟で武を争うときは、つねに弟が滅ぼされるという例にもれなかった。このように長慶の伝えられる「文弱」は、彼の政治上の態度とも無関係ではなかったろう。将軍義輝への微温的対応といい、果断に欠ける長慶の柔弱さは、信長のそれと比較するとき、さもありなんと首肯《しゅこう》される。果たして、長慶死後、松永久秀は三人衆と結んで将軍義輝を弑殺《しいさつ》するが、これは逆効果で、三好政権の分裂を招き、信長の上洛になすところなく敗れる遠因となる。

七、政権の置かれた特殊なあり方

三好政権と天皇の関係も特筆すべきものである。長慶は政治的には、旧主細川氏や将軍義晴・義輝父子と対立したが、朝廷に対しては中立的で、勅命により洛中に棟別銭《むなべつせん》を賦課したこともあった（『勧修寺家文書《かじゅうじけもんじょ》』）。しかし大内氏や毛利氏のように、天皇の儀礼経費や内裏修築費をとくに負担するといった貢献を行った形跡はない。長慶が帯びた官位も筑前守・修理大夫《しゅりのだいぶ》という平凡なもので、官位を戦略に利用して他大名を屈服せしめようとした政策を採っていない。また上杉景虎（謙信）（一五三〇〜一五七八）のように、長慶の京都支配下、自身上洛して天皇に運動して綸旨《りんじ》や官位を得ようとした大名もあったが、とくに長慶がそれらに対し、妨害したり関与したりした様子もみられない（拙著『戦国大名と天皇』講談社学術文庫）。

長慶のこのような一見天皇に対し無関心とも見える姿勢は、実は長慶政権の置かれた特殊なあり方、他の戦国大名とは著しく異なった立場を示している。長慶は朝廷・公家に対して、非常に難しい立場にあったことがわかる。禁裏御料や公家領荘園が集中する山城・畿内近国において、他大名のように検地や農民の直接支配、軍役の賦課等を簡単には実施し得ない状況は容易に推測されよう。だからといって、旧勢力に遠慮ばかりしていたのでは、戦争することや城郭の構築も困難である。事実、山城静原城（『唯一神精抄』裏書）や西院小泉城など、長慶が直接構えた城郭も知られている。家臣団による荘園押領《おうりょう》など、ある程度は黙許していたことと推察される。ただし伊勢貞孝（？〜一五六二）のような旧幕府吏僚を顧問として使役しているのであってみれば、土地人民の直接支配などは、思いもおよばぬ困難事であったろう。讃岐・阿波・淡路の本来の領国と、和泉堺を押さえ、他の畿内近国に対しては微温的な緩やかな体制で臨まざるを得なかったのではないかと思われる。

第一章　三好氏と阿波国

阿波守護細川氏と三好氏

古野　貢

はじめに

本書の主人公である三好長慶の活躍の源泉がどこにあったのかについては、彼の出自となった三好氏が、どのような背景を持って台頭してきたかを確認する必要がある。三好氏は、鎌倉時代の阿波守護小笠原氏の末裔《まつえい》が阿波国三好郡に土着し、地名を姓とした国人とされている。三好氏が当地で成長するのは室町・戦国時代にあたるが、この時期の阿波国は、室町幕府において管領に任じられる細川氏の庶流、阿波守護細川氏の任国であった。三好氏は、阿波守護細川氏に属し、三好郡を中心とした地域を支配することで、勢力を拡大した。長慶は、のちに、自身の主家阿波守護細川氏、さらには細川惣領家（京兆家《けいちょうけ》）からも自立して室町幕府をも相対化し、権力化を遂げるが、その出発点は阿波国にあった。

よって本稿では、三好氏台頭の基盤であった阿波国の室町・戦国時代の政治・権力機構について、阿波守護細川氏とその関係を中心に論じることにする。

一、細川氏と阿波国

阿波国で最初に守護となったのは、鎌倉時代初期、近江源氏佐々木氏である。佐々木一族のうち、経高が淡路・阿波・土佐三ヶ国の守護を兼任した。しかし経高・高重父子は承久の乱（一二二一）で朝廷方として敗死し、信濃の小笠原長清が守護に任じられた（今谷明『戦国三好一族』新人物往来社、一九八五）。以後、鎌倉期の阿波守護は、小笠原氏が相伝し、国内基盤を確立し、三好氏をはじめ、一宮・重清・河村らの有力な地域勢力が成長を遂げてきた。元弘の変による鎌倉幕府倒幕後、室町幕府が開幕されるが、数十年間にわたる南北朝内乱が生じる。阿波国では、建武二年（一三三五）に、足利氏一門である細川定禅が四国の軍勢を糾合して畿内へ進出した（『太平記』『梅松論』）とされ、さらに翌建武三年には播磨国室津での議により、細川和氏が阿波国に派遣されることとなった。阿波国と細川氏との関係はここに始まる。

しかし細川和氏の系統がそのまま阿波守護となったわけではない。阿波国内の諸勢力は南朝方が多かったため、和氏の阿波国入部は、国内諸勢力の抵抗を受けた。和氏は秋月城を根拠にするも、大西城の小笠原義盛、一宮城の小笠原長宗、木屋平・祖谷《いや》の山岳地域の勢力と激しく対立した。和氏は秋月城城下を中心に国内経営に注力しつつ、弟頼春に守護職を譲った（暦応四年〈一三四一〉以前）。男児が幼少であったためと考えられる。

このような状況のなか観応の擾乱《じょうらん》が勃発し、室町幕府内部が、南北朝内乱と連動しつつ分裂と混乱の状況が生じる。阿波国でも、小笠原頼清が南朝方の中核として蜂起し、幕府方（守護方）を攻撃した。当時の阿波国守護細川頼春は在京していたため、阿波国内での戦闘は頼春息の頼之が担当し、南朝方勢力と戦った。頼春が観応三年（一三五二）に京都で討死したのち、頼之はその跡を襲い、阿波守護に任じられるとともに、京都と阿波双方で南朝方勢力と戦い、軍功を重ねた。

貞治元年(一三六二)、頼之は、同族の細川清氏(和氏息、前幕府執事)と讃岐国白峰にて戦い、これに勝利する。観応の擾乱のなかで、いまだまとまっていなかった細川氏内部の争いによるものである。頼之はこの勝利ののちも阿波守護を務め、小笠原氏勢力や隣国伊予国の河野氏をも押さえ、ほぼ四国を統一したうえで上洛し、幕府管領に就任する。そして応安六年(一三七三)に弟頼有に守護職を譲るが、康暦元年(一三七九)、斯波義将らの画策もあり失脚する。頼有も阿波守護を罷免され、それまで南朝方に属していた清氏息正氏が阿波守護に任命されることとなった。頼之は京都を出て讃岐国へ入り、幕府追討軍を撃破したことで将軍足利義満と和解し、明徳三年(一三九二)頃には幕政に復帰し、阿波守護職にも任じられた。頼之は明徳三年(一三九二)に死亡するが、阿波守護職には義之(頼之甥、頼之弟詮春息)が補任された。義之は養子満久に守護職を譲り、以後、満久の系統が阿波守護職を相伝し、戦国期に至るのである。

二、阿波守護細川氏

細川頼之に収斂《しゅうれん》する系統が、康暦の政変以後戦国期まで活躍する細川氏同族として、室町幕府による政権を積極的に支える存在となる。義之に始まる阿波守護は、代々讃岐守を受領として守護職を相伝したことから讃州家とも称される(義之＝満久―持常＝成之《しげゆき》―政之―義春―之持―持隆―真之《さねゆき》、＝は養子)。細川氏は、十四世紀以降、一門諸氏が分国守護職に任じられ、それぞれが相伝することで「守護家」をかたちづくる。阿波守護家はそうした一族中の庶流守護家のなかで惣領家(京兆家)に次ぐ家格を誇り、庶流家としては唯一幕府相伴衆に列せられて、幕政運営にも直接関与できる存在でもある。

三好氏は、このような庶流守護家のひとつである阿波守護細川氏のもとで成長を遂げた。三好氏の台頭を阿波守護細川氏との関連で見通すならば、阿波守護細川氏の国内支配がどのような構造のもとで行われていたのかについて確認する必要がある。この点については不明な部分が多いが、阿波守護細川氏の権力構造とその変遷から見ていくことにする。

そもそも細川氏は、室町幕府が体制を整えていく十四世紀以降、京兆家を中心に庶流守護家が連合して一体となり、他の守護に対抗する細川氏同族での連合体制を採っていた(小川信『足利一門守護発展史の研究』吉川弘文館、一九八〇)。幕府体制確立期の守護は、幕府内での自身の分国の確保・拡大、その相伝が大きな課題であった。この問題はいずれも他守護との利害関係が絡むことから、いかに幕府内の意思決定の場において自家を有利な状況に置くか、が課題となった。同族連合体制は、細川氏一門が結集することでこの課題に対応しようとするものである。具体的には、各家の守護職相伝継続のための結束と、京兆家の被官を中心とした各守護家間の連携である。このうち後者は京兆家による各守護家統制につながるというデメリットはあるものの、当初の目的である同族間での連合については、有効な手段と考えられたらしい。三好氏が台頭するまでの阿波守護細川家の権力構造の特質には、以下のような点を指摘できる。

京兆家から各庶流守護家に派遣される被官は、「内衆」と呼ばれる者が多い。内衆は、その存在形態によって複数に区別できる(古野貢『中世後期細川氏の権力構造』吉川弘文館、二〇〇八)。幕府の文筆官僚に由緒を持つ者、元弘の合戦時など、古くから細川氏に従った山陽・四国の諸勢力、その他個別の理由によって編成された者などである。京兆家は、まずは文筆官僚的な内衆を各守護家に配置し、一族の結集を図った。阿波守護家においてその役割を担ったのが飯尾氏と清氏である。

阿波守護家内衆としての飯尾氏で、最初に確認できるのが応永七年（一四〇〇）の飯尾六郎左衛門尉《さえもんのじょう》頼連である。頼連は、守護義之の意を奉じて阿波国那賀郡櫛淵荘を石清水八幡宮雑掌《ざっしょう》に沙汰付けることを、守護代佐々木壱岐入道・武田近江入道に命じている（『石清水八幡宮文書』一、二〇二号）。守護代に遵行《じゅんぎょう》を沙汰しているることから、在京奉行人と考えられる。永享二年（一四三〇）に万里小路《までのこうじ》家領讃岐国衙《こくが》の年貢収納について万里小路時房と交渉する飯尾因幡入道（『建内記』永享二年十二月十一日条）、のちに法名真覚と名乗る飯尾因幡守久連が現れる。彼は阿波守護奉行人として、多くの奉書を発給し、万里小路時房は「彼家後見無双也」（『建内記』文安四年二月十九日条）と評している。康正二年（一四五六）には、阿波守護家分国の三河国とともに阿波国においても段銭奉行を務めており、地域支配に食い込んでいる（三宅克広「室町期備前国児島郡の分郡支配」、『岡山県史研究』一一所収、岡山県総務部県史編纂室、一九八九）。以後、細川成之らの使いとして飯尾善次郎（『親元日記』寛正六年正月十日条）、飯尾次郎左衛門（『親元日記』文明十三年四月二十五日条）らが見出せる。また寛正二年（一四六一）の成之主催と考えられる犬追物《いぬおうもの》参加者に飯尾常房・善次郎・掃部頭《かもんのかみ》（『阿波国徴古雑抄』寛正二年十月二十七日付犬追物手組事）が見える。こうした点から、飯尾氏は阿波守護細川家内部で重要、かつ卓越した存在であったことがわかる（末柄豊「細川氏の同族連合体制の解体と畿内領国化」、『中世の法と政治』所収、吉川弘文館、一九九二）。ここに見出せる飯尾氏は、室町幕府奉行人そのものではない。幕府奉行人の一族が細川京兆家内衆となり、その一部がさらに阿波守護奉行人となったと考えられる。末柄氏によれば、このような飯尾氏一族は京兆家内衆として、いずれも奏者や内奉行という要職としての活動が確認できる。仮名に「六」「善」を用いる者が多いことから、飯尾氏一族と考えられる。また常に在京して細川氏権力中枢に位置することから、阿波守護内衆でありながら、阿波守護を介さないで京兆家と連携することが可能である。こうした点が、京兆家による庶流守護家統制の手段として機能したと考えられている。

また清氏は、飯尾久連とともに永享八年（一四三六）に西山地蔵院に連署の借状を出している清孫三郎常連が初見である（永享八年十二月十九日付飯尾久連・清常連連署借状、東京大学史料編纂所写真帳「地蔵院文書」所収）。その後嘉吉元年（一四四一）に飯尾久連とともに書状を発給した清孫右衛門尉常連（先の清孫三郎常連と同一人物）がいるが（嘉吉元年五月三日付飯尾久連・清常連連署借状、『細川頼之と西山地蔵院文書』所収、思文閣出版、一九八八）、これは阿波守護家奉行人といえよう。また寛正六年（一四六五）には清三郎左衛門尉が阿波奥三郡で段銭奉行を務めている（寛正六年二月二十六日付飯尾真覚奉書写、「細川三好両家消息」『阿波国徴古雑抄』所収）。

このような点から、清氏の活動は飯尾氏と共通していること、京兆家と阿波守護家とを連結して細川氏同族として動く態勢が整えられていたことがわかる。

ところでこのような阿波守護家内の権力構造は、その後どのように転換するのか。三好氏の台頭は、どのように位置づけられるのであろうか。十五世紀中葉の応仁文明の乱を挟んで、阿波守護細川氏内部の権力構造に変化が生じる。

文明十年（一四七八）、阿波守護細川成之は突如出家し、息政之が跡を継いだ（『大乗院寺社雑事記』文明十年九月十六日条）。政之は、翌十一年四月に幕府に代始の出仕を行うが、その三ヶ月ほどのちに「諸篇無正体人」であるとして、被官が別の人物を当主とすることに決めたとの風聞が流れている（『雅久宿弥記』文明十一年八月十一日条）。この動きを端緒に、二年後、「被官人確執」（『十輪院内府記』文明十三年九月二十四日条）と表現される阿波守護家被官の内部対立が表面化する。具体的な対立内容は、「東条与吉見相論事出来」（『大乗院寺社雑事記』文明十三年十月六日条）としかないため、不明である。登場人物である東条氏は先述した飯尾氏らと同様、京兆家と阿波守護家とを取り結ぶ内衆、東条氏と相論している吉見氏は、後述する経緯から「三好」

氏の誤記と考えられる。三好氏は十五世紀中葉以降から、阿波守護家内部で起こした相論が畿内で記事となるような存在となっていた。

三好氏の動向が阿波守護家にはっきり見出されるのは、文明十七年（一四八五）六月、三好之長をはじめとする細川政之被官五十人ほどが高倉永継が捕らえた盗人を取り返すために高倉屋敷に押し寄せたのち、細川政元によって収拾された事件についての記述である（『十輪院内府記』『親長卿記』『実隆公記』『政覚大僧正記』文明十七年六月十一日条）。

三好之長がこのような行動を起こした背景には、阿波守護家の分裂がある。文明十四年（一四八二）七月、細川政之の被官友成孫三郎らが、京都東寺付近の野飼の馬を押し取ったため、糾明に向かった所司代浦上則宗被官に殺害された（『長興宿弥記』『十輪院内府記』文明十四年七月九日条）。これに対し政之は所司代浦上氏屋敷を囲んだ。将軍足利義政の仲裁により引き上げたが、所司代の処罰を求めた。しかしこれが容れられなかったため、政之は七月二十六日に下国に及んだ。ところがこの政之の動向に、隠居していた父成之は「子息所行不可然」として在京、さらに「被官宿老衆東条・一宮・飯尾等」も下国しなかった（『長興宿弥記』文明十四年七月二十六日条、『十輪院内府記』文明十四年七月二十八日条）。すなわち、前当主成之と東条・一宮・飯尾などの宿老衆と、政之との間に確執があった。先述した文明十七年に高倉屋敷に押し寄せた政之勢のなかに三好之長がいたということは、之長は政之方に属した被官であったといえる。

この間、阿波守護家の内衆の内部対立として、「此間彼（政之）被官東条・飯尾等、向背罷下阿州、其一党」（『十輪院内府記』文明十七年七月十六日条）、「讃州之内者共背主人」（『大乗院寺社雑事記』文明十七年七月十一日条）と記録されたように、東条・飯尾氏らが政之に背いて阿波に下向している。

さらに之長と政之との関係は、次の事例でも明らかとなる。この頃之長は、諸家被官、京中の悪党、土一揆などと連携し、張本として徳政を企てていた。八月九日朝所司代多賀高忠が討伐のために之長の宿所へ向かったところ、彼はすでに細川政之の屋敷に移っていた。追討者が政之屋敷を囲み、之長の差し出し・処罰を求めたにもかかわらず、政之はこれを拒否している（『十輪院内府記』『後法興院記』『蔭凉軒日録《いんりょうけんにちろく》』文明十七年八月九日条）。阿波守護家内部の対立状況のなかで、政之からきわめて重要視されていたのが三好之長であったといえる。

細川氏が阿波守護家として活動していた室町期から内衆として支えてきた飯尾・東条氏らは、三好氏の台頭とともに、阿波守護細川氏より離反することになる。「讃州太守陪臣東条（中略）東条謀反発覚、太守毀其宅也」（『鹿苑日録《ろくおんにちろく》』延徳元年六月五日条）と記録されたように、東条氏らは下向した阿波国で反乱を起こしたらしい。十月十二日には「国人等致緩怠故」に成之・政之父子は揃って下向（『大乗院寺社雑事記』文明十七年十月二十五日条）、その際、「先陣三吉、後陣河村」（『蔭凉軒日録』文明十七年十月十二日条）とあり、三好氏が阿波守護家の有力家臣として位置づけられたことがわかる。

三好之長像
（見性寺蔵・藍住町教育委員会提供）

三好氏の台頭は、従来からの阿波守護家の権力構造を変質させた。次章では、室町期を通じて長きにわたって阿波国守護を務めてきた細川氏権力を分裂させるに至った三好氏について注目する。

三、阿波三好氏

三好氏に関する史料の初見は、寛正六年（一四六五）に「三好式部少輔」に対して、守護細川成之が風呂銭の役を務めるよう「三郡」に触れるよう命じたものである（寛正六年二月二十四日付細川成之奉行人飯尾真覚奉書写、「細川三好両家消息」『阿波国徴古雑抄』所収）。寛正六年の段階ですでに阿波国内三郡に守護の命令を触れる（実行する）ことができる力量を持っていたと考えられるが、このような力量は、何をもとにして育まれたのであろうか。

中世の阿波国といえば、四国山地が大部分を占め、その間を吉野川が貫流し、鳴門海峡で淡路国と、紀伊水道で紀伊半島と境を接しているという自然環境がある。荘園などは吉野川下流域の平野部に存在し、農業生産も米・綿・苧などに限られたイメージがある。しかし今谷明氏は、著名な『兵庫北関入船納帳』（文安二年〈一四四五〉）の分析により、新たな阿波国の中世像を提示した（今谷明『戦国三好一族』新人物往来社、一九八五）。『兵庫北関入船納帳』によれば、阿波国沿岸には多くの港湾が存在し、畿内へ向けて物資が回漕《かいそう》されている。今谷氏の成果から引用すれば、土佐泊（藍四石、大豆一五石、小麦一〇石、米一二石）、撫養《むや》（藍三〇石、小麦六石）、別宮《べっく》（荏胡麻《えごま》四〇・五石）、惣持院（藍一四石）、平嶋（材木一八六五石、塩四〇石、塩鯛一〇駄）、橘（材木四三〇石）、牟岐《むぎ》（材木一六九〇石）、海部《かいふ》（材木九四五〇石）、宍喰《ししくい》（材木二四六〇石）となる。他に阿波国産の材木を一二六四〇石運んだと考えられる淡路由良《ゆら》港船を加えると、材木二八五三五石、藍七一石が阿波国から畿内へ運ばれている。また阿波産の藍を運んだ兵庫港船の分を加えると、藍の回漕量は四〇〇石を超えるとみられている。材木と藍が、中世の阿波国の二大物産といえる。

『兵庫北関入船納帳』によれば、阿波国以外から藍が回漕されたとの記録はなく、阿波国が少なくとも西国では唯一の藍の産出地であった。近世以降、阿波藩藩主となった蜂須賀氏が藩の特産品として藍の栽培を奨励し、藩経済に大きく寄与したことはよく知られているが、少なくとも十五世紀中葉以前から大量の藍が生産されていた。畿内における藍を原料とする染料のシェアの過半を占めていたと考えられる。

また材木は、戦乱や自然災害等による家屋や城塞、寺社等の再建には不可欠な物資で、その需要は大きかった。畿内に近く、海運で大量かつ大きな材木を運べることは、大きな利点であった。今谷氏によれば、この二大物産が三好氏の台頭に大きな影響を与えた経済基盤であったとされている。

このような畿内の消費を支える生産性、経済性を背景に三好氏は成長し、阿波国の守護支配の一翼を担うようになったと考えられるのである。ただし、この阿波国の条件は、他の在地勢力にも開かれていたわけで、三好氏がひとり台頭し得た十分条件とはいえない。三好氏が藍や材木の生産地、出港地自体を押さえていたわけではなく、それを実現して勢力を拡大し得た理由は、いまだ明確にはなっていない。おそらく三好氏は、室町期の阿波守護細川氏の権力構造で重要な位置を占めていた飯尾・清・東条といった各氏と対抗するなかで、敢えて細川政之と組み、三好一族の成長の契機としたと考えられる。また結果論的にいえば、三好氏は強力な軍事力を保持していた。阿波国内はもちろん、畿内へ入って以降も三好氏はその軍事力によって畿内を席巻し、細川氏からの自立を実現する。

最初に確認される式部少輔以降、三好氏は、之長—長秀—元長—長慶と続く本宗家、長慶弟の実休から形成された阿波三好家、同じく長慶弟の冬康が入った安宅家と一存《かずまさ》が入った十河《そごう》家が中心的な役割を果たすようになる（天野忠幸「総論　阿波三好氏の系譜と動向」、『阿波三好氏』所収、岩田書院、二〇一二）。また芥川家・池田家なども存在し、以後の畿内政界に大きな足跡を残すことになるのである。

おわりに

すでに述べたように、三好氏の台頭は阿波守護細川氏の権力構造に内部分裂をもたらした。旧来から形成されていた細川氏内衆を紐帯《ちゅうたい》のひとつとして細川氏一族が連合するという体制は、国内の経済基盤をもとに在地勢力である三好氏が台頭してきたことにより、変質を遂げる。応仁文明の乱が起こり、社会の状況や政治機構が変質するなか、阿波国においても、在地勢力が国内政治機構に関与する状況が生じた。三好氏はその体現者であった(山下知之「阿波国守護細川氏の動向と守護権力」、『四国中世史研究』六所収、四国中世史研究会、二〇〇一)。十五世紀中葉以降、それまでの幕府と守護の連携によって地域支配が実現されていた政治体制(システム)が変質する。戦乱の地方拡大にともない、その鎮圧のために安定的な権力が希求されるようになると、それに応えて各国守護は在京をやめ、各分国に下向する。在京する守護が行使する権限とそれが貫徹するシステムは、この段階に至って変質し、各国内に在国する諸勢力の実力が地域支配上、優越する状況が生じる。阿波国における三好氏の台頭も、既存の政治システムによる国内支配(守護細川氏と飯尾・清・東条氏ら守護代、奉行人など)と、在地支配に由緒を持つ勢力(三好氏)との対抗という側面を見出すことができる。より現実的に、国内拠点の把握や領域支配の実現といった課題を実現した勢力が地域支配の主導権を握る。三好氏の台頭と展開は、他地域でもみられるそのような状況を体現したものといえる。そしてこの三好氏の台頭は、ひとり阿波守護細川氏との関係のみではなく、惣領家である京兆家と阿波守護家との関係にも影響を与えるようになった。従来守護被官として活動していた飯尾・清氏らは、京兆家を核とする細川氏同族が連合する際の紐帯として配置された者である。これらと対立する三好氏の存在や行動は、京兆家と阿波守護家との関係を危うくし、同族連合そのものをも相対化する恐れがある。

細川氏は、十五世紀末から十六世紀前半にかけて、嫡子のいない京兆家細川政元の後継をめぐり、分裂状態に入る。九条家からの養子である澄之、阿波守護家からの養子である澄元、そして京兆家の分家である野州家出身の高国である。分裂抗争は、澄之と澄元の間で端を発するが、その直前、明応三年（一四九四）に阿波守護家内部で最有力となっていた三好之長が、阿波守護細川義春の山城守護職就任を謀った。この件は京兆家政元の反対によって頓挫し、京兆家と阿波守護家は対立関係となった（末柄豊「細川氏の同族連合体制の解体と畿内領国化」、『中世の法と政治』所収、吉川弘文館、一九九二）。澄之を最初に養子とした政元には、公武合体の政権を構築するとの狙いがあったとも考えられるが、これに反対した一部の京兆家内衆は、阿波守護家出身の澄元を養子とさせた。

澄之を破った澄元は高国に敗れ、澄元の息晴元を助けて三好氏は本格的に畿内進出を図る。長慶は細川氏権力を相対化して自ら権力化を遂げるが、その前提には、堅固な権力構造を持つと考えられる阿波守護家細川氏権力内部の三好氏の台頭があったのである。

三好元長の動向

古野　貢

はじめに

三好元長は長慶の父である。三好氏は阿波守護細川氏のもとで台頭し、畿内を活躍の場として成長する。長慶は、のちに細川氏から自立して権力化を遂げるが、彼の活動の下地を作ったのが三好元長である。

ここでは、三好元長の活動を編年的に追うことでその特徴を明らかにし、長慶以降の三好氏の活動への展望を試みる。

一、三好元長の登場

三好元長は、三好長秀の息で之長の孫にあたる。之長は三好氏で最初に実名が判明する人物で、永正三年（一五〇六）に阿波守護出身の細川澄元が細川京兆家（惣領家）政元の養子となった際、その後見人として上洛している（天野忠幸「総論　阿波三好氏の系譜と動向」、『阿波三好氏』所収、岩田書院、二〇一二）。「三吉（三好）」と記されて文明年間から阿波守護細川氏とともに在京していたと考えられる三好氏の実名が之長とされる（山下知之「阿波国守護細川氏の動向と守護権力」、『四国中世史研究』六所収、四国中世史研究会、二〇〇一）。之長は、細川京兆家の内紛のなか、細川澄元に従って永正十七年（一五二〇）五月に政元の後の家督を細川高国と争った結果敗れ、京都百万遍（京都市上京区）で自害した（『二水記』永正十七年五月十五日条）。

元長の父長秀は、永正六年（一五〇九）の如意嶽の戦いで之長が高国に敗れて阿波国へ敗走した際、伊勢山田で北畠材親《きちか》に討たれた（「（永正六年）八月九日付細川高国感状案」、『三好長秀誅罰感状案』所収）。長秀は、父之長に先立って死亡している。

元長は、幼名を「千熊」といい、之長とともに畿内に出陣したあたりから、その活動を確認できる（永正十七年〈一五二〇〉）。祖父之長の敗死の翌年、阿波に帰国するが、岩倉（現美馬市）の安楽寺の還住について発給した文書（「永正十七年十二月十八日付三好元長書状案」、『安楽寺文書』所収）が阿波国での活動を示す。

その後、元長は、細川氏の内紛のなかで、阿波守護家から出た澄元、および晴元とともに細川高国と争う。その過程で将軍後継候補の義維、細川晴元らとともに堺に上陸し、一定の政権、「堺幕府」とも称される権力を確立する（今谷明『戦国三好一族』新人物往来社、一九八五）。その後高国を自害に追い込んで（享禄四年〈一五三一〉の「大物崩れ」）、晴元の権力化に大きな役割を果たす。しかし翌五年には晴元と対立し、その被官である柳本甚次郎を殺害した罪に問われ、出家させられている（「開運」と称する）。晴元との対立はこののちも解消されず、享禄五年（一五三二）六月、晴元に与《くみ》した一向一揆に攻められ、堺顕本寺で自害している。

以上、三好元長の活動を概観したが、以下では元長の動向を畿内の政治状況のなかに位置づけるため、まず細川氏の内訌《ないこう》を元長登場前段階とし、そこでの三好氏の動向を描く。その後元長自身の活動に注目し、細川高国との対立、堺で成立した公方権力とのかかわり、そして細川晴元との対立に至る各段階にわけてその実態に迫る。

二、元長登場前夜――細川氏内訌と三好氏――

細川高国は、細川京兆家の分家である野州家出身で、実子のない細川政元の後継者をめぐる内紛のなかで台頭してきた。三好元長とのかかわりを理解する前提として、まず細川氏の内紛を通じて、畿内周辺地域の政治史的動向について確認しておく。

明応二年（一四九三）、細川政元は、近江出陣中の第十代将軍足利義材《よしき》を廃し、関東公方足利政知の息香厳《こうごん》院清晃《いんせいこう》を第十一代将軍義澄とするクーデター（明応の政変）を断行した。義澄は幼少であったため、政元がこれを後見したが、政元自身、実子がいなかったため、養子を迎えた。まずは前関白九条政基の息澄之である。澄之を養子としたのは、公家のトップである九条家から養子をとることで、公武が一体化した政権を構築するという意図があったと考えられる。しかし細川氏内部には、細川氏の血脈を重視すべきとの声があり、阿波守護家から澄元を迎えて二人目の養子としている。このような細川氏内部の動向には細川氏権力を支えた内衆と呼ばれる有力被官の存在があり、その声を無視することは困難であったためと考えられる。澄之と澄元を擁するそれぞれの勢力が政元後継をめぐって争ったのを契機に、高国も加わって展開された細川氏の内紛を永正の錯乱と呼ぶ。

永正三年（一五〇六）、細川澄元は、阿波国衆を率いて上洛する。このなかに三好之長もいた。細川京兆家内部で、政元の後継者候補として位置づけられた澄元に従って三好之長が台頭するなか、それまで細川氏権

三好元長像
（見性寺蔵・藍住町教育委員会提供）

力を支えていた内衆との間に疎隔が生じ、対立に発展する。永正四年（一五〇七）六月二十三日、澄之を擁する内衆薬師寺長忠・香西元長・竹田孫七らは、入浴中の政元を襲い、殺害する。翌二十四日、薬師寺らは澄元・三好之長らの屋敷を攻撃し、これを近江国に敗走させたのち、澄之に家督を継がせた。一方高国は、敗走した澄元をはじめ、典厩家《てんきゅうけ》細川政賢・淡路守護細川尚春らと連携し、澄元を政元後継者とすることで合意した。澄元・高国方は、まず七月二十八日に薬師寺元一が薬師寺長忠を茨木に攻め、翌二十九日に高国らが香西元長を嵐山城に攻め、さらに八月一日に三好之長が澄之を遊初軒に攻めて自害させるに及んだ。翌二日、澄元は将軍義澄に閲し、細川氏家督と管領職を継いだ。

細川政元によって追放されていた前将軍義尹《よしただ》（義材から改名）は、明応八年（一四九九）以降、周防の大内義興を頼っていた。義興は、永正四年（一五〇七）末、澄元・高国が澄之を破り、澄元が細川家家督を継いだことを受け、上洛の機会をうかがった。澄元は、義尹を擁する義興と和議を結ぶため、高国を派遣しようとしたが、高国はこれを機に伊賀にのがれ、義尹・義興と結んで澄元に対抗、摂津の伊丹元扶《いたみもとすけ》・丹波の内藤貞正らと連携した。これは澄之討滅に功績のあった三好之長が澄元政権内で発言力を強めたため、かつて九条政基息である澄之に対抗して、細川氏の血脈に連なるという点で澄元に与した京兆家内衆らが反発し、もう一人の後継者候補である高国に連なることとなったためである。永正五年（一五〇八）四月、澄元は将軍足利義澄らとともに近江に逃げ、これに代わって高国が入京、月末には堺に入港した大内義興を迎え、高国が細川家家督を継いだ。同年六月、義尹は将軍に還任されて義稙と改名、義興は山城守護職、高国は管領職を得た。

永正六年（一五〇九）、近江に退いていた細川澄元・三好之長らが京都への侵攻を試みるも、細川高国・大内義興により、撃退されている。さらに同年十月、高国方が近江へ攻め込んで攻撃したため、澄元・之長は阿波へ逃亡している。このとき三好長秀は伊勢に逃げたものの、北畠材親に攻められ自害している。長秀の子元長が之長から三好氏家督を継いだことにはこうした理由があった。

永正八年（一五一一）、澄元は細川政賢・尚春らとともに芦屋河原で、河内守護畠山尚順《ひさより》と和泉深井で戦闘に及び、さらに播磨守護赤松義村と連携して京都に攻撃をかけた。高国・義興はこれに敗れ、将軍義稙とともにいったん丹波に撤退する。この澄元方の攻勢のなか、義澄が病没する。高国・義興は京都船岡山の合戦で勝利し、澄元は再び阿波へ逃亡することになった。

永正十四年（一五一七）、三好之長は淡路に侵攻し、淡路水軍の掌握を図った。この之長の動きにより、淡路守護細川尚春は堺に逃亡している。これ以前から、大内義興の分国周防や長門において少弐《しょうに》氏などの在地勢力が自立的な動きを見せ始めていた。将軍義稙を擁し、高国に協力して在京していた義興は、再三下国の意思を表明していたものの、京都における政権の安定的維持を口実に、下国は許可されなかった。しかし周防などに加え、出雲（尼子氏）や安芸（武田氏）といった反大内氏の動向が明らかになったことにより、永正十五年（一五一八）八月、義興はついに京都を離れて周防に下国し、以後上洛することはなかった。大内氏は室町幕府のシステムや構造を取り込み、幕府や将軍に親和的な守護ともいえる。義稙を擁して上洛し、高国とともに幕府を支えたのはその表れといえる。しかしその義興にしても、自身の分国支配の方が中央政府（幕府）における栄達に優先するというのが十六世紀の状況であった。幕府という政治システム、構造のなかで生きることは、地方勢力にとっては困難な環境となってきた。三好之長は、こうした状況下で、細川氏の内紛のなか、澄元方として活動している。

永正十六年(一五一九)五月、細川尚春は澄元方に降ったものの、之長に殺害された。同年十月、澄元・之長らは、高国が派遣した摂津国人、池田・河原林・塩川らの諸氏を味方としている。高国は、畿内支配を行うにあたっては、大内義興の軍事力を基盤にした影響力に依存していた。しかしそのことが、摂津国人を十分に編成しえない状況を結果したといえる。同年一一月、澄元・之長は、高国方の河原林政頼が籠もる越水城を囲んだ。河原林政頼は翌永正十七年正月になっても持ちこたえていたが、同じ頃、京都近郊において土一揆が発生し、徳政令の発布を求めた。対応に苦慮する高国は、澄元との対陣を維持することができなくなった。このような状況のなか、河原林政頼は同年二月に三好之長に和議を申し入れて越水城は開城した。高国方は澄元・之長の攻勢に近江に退き、将軍足利義稙は澄元方に通じることとなった。この段階では、澄元・之長方が圧倒的に優勢であった。しかし近江に敗走していた高国は、同年五月、六角定頼・京極高清・内藤貞正らとともに京都へ攻め入り、等持寺付近で澄元・之長と戦闘となり、これを破った。捕らえられた之長は、高国に助命を願ったが、かつて自分が殺害した尚春の遺児彦四郎の要請に応じた高国によって自害に追い込まれた。澄元は摂津に敗走したのち、阿波国へ退き勝瑞城で病死した。

澄元方と高国方の一連の戦いの過程で、越水城落城の頃、将軍義稙は、一時的に澄元を細川氏家督とせざるを得なかった。澄元優勢の時期であったとはいえ、高国方と懸隔を生じさせることとなった。澄元が死亡して間もない大永元年(一五二一)三月、義稙は一部の幕府奉行人とともに高国のもとを離れ、淡路に出奔する。河内の畠山尚順との連携を模索して、高国に対抗しようとしたのである。この将軍義稙の行動は、のちに幕府機能が京都を離れても存続する堺公方権力の基となった。幕府、将軍権力のあり方が、三好元長の権力化、および当該期にさまざまな変化を見せる政治構造の前提となる。

三、細川高国との戦い

さて、高国によって畿内支配が落ち着きかけた大永六年（一五二六）、高国の弟尹賢《ただかた》が摂津中島の堀城を築城していた際、助勢していた香西元盛（高国重臣）との間に、双方の人足同士で諍いが生じた。遺恨を持った元盛被官は堀城への乱暴行為を働いた。これを問題視した尹賢は兄高国へ訴え、これを受けた高国は同年七月、元盛を殺害するに至る。この元盛の義兄に波多野稙通《たねみち》、実弟に柳本賢治がいた。波多野稙通は丹波八上城城主で、丹波守護を兼務した細川京兆家（勝元）のもとで多紀郡代を相承してきた。柳本賢治も丹波に勢力を持っていた。稙通・賢治は元盛の殺害が冤罪《えんざい》であるとし、尹賢、および高国に叛することとなった。阿波には澄元息六郎（のちの晴元）がおり、芝生城《しぼうじょう》では之長の孫元長が三好氏惣領となっていた。前代の澄元・之長の支持勢力との連携も図った。

高国・尹賢方は、稙通・賢治が籠もる丹波八上城などを攻撃したが攻めきれず、その間に同じく丹波氷上郡黒井城の赤井氏が稙通・賢治の後援として出張ってきたため、高国方は敗北、撤退を余儀なくされる。高国方としては、丹波守護代内藤国貞（八木城主）が離反したことも大きかった。敗退する高国方を追い、阿波勢力である三好勝長・政長らが摂津へ進出したが、元長はこの時点ではまだ勝瑞城にいた。

大永七年（一五二七）正月、柳本賢治は丹波より京都に迫った。高国方は老ノ坂に近い野田城で防戦するも陥落、これを受けて尹賢は北野に布陣して防衛を固めたが、柳本賢治は入京しないで南下して摂津へ向かい、山崎で摂津守護代薬師寺国長を高槻に追った。この勢いに押され、芥川・茨木などの摂津国人は、賢治方に与することとなった。一方高国方は、若狭守護武田元光と連合した。同年二月十三日、京都桂川で高国方と晴元方、すなわち賢治、三好政長らが激突した。結果は高国方が大敗した。高国は将軍義晴を擁して再び近江へ敗走、波多野稙通、柳本賢治らが入京し、治安維持に努めることとなった。幕府の奉行人らが京都を出て、実質的に幕府が機能停止に陥ったからである。

同月二十二日、阿波から細川晴元、三好元長、そして足利義維らが堺に上陸した。応仁文明の乱を経た十六世紀頃になって、堺は兵庫に代わり、瀬戸内海の港湾の盟主の地位を占めるに至っていた。交易によって富裕となった都市民が自立的に活動する都市と化していた。三好氏ら阿波勢力が渡海するにあたっても堺が渡航地、および畿内地域における拠点のひとつとなった。また同じ頃、京都や堺では法華宗を信仰する都市民が増加してきていた。三好氏も法華宗檀越《だんおつ》であり、堺にも多くの寺院を建立している。こうした点が、三好氏と堺との密接な関係の前提となったと考えられる（天野忠幸『戦国期三好政権の研究』清文堂出版、二〇一〇）。

四、堺公方権力の確立

堺の引接寺に入った細川晴元ら阿波勢力を実質的に取り仕切っていたのは三好元長である。それまでの細川氏権力は、京兆家被官（内衆）を庶流守護家に配し、細川氏同族の血縁関係と内衆のネットワークによって他守護に対する一族結集を形成していた。その核となる内衆には、原則京兆家被官が登用され、分国の国人らを採用することはなかった。しかし度重なる細川氏の内訌を経て細川氏権力を支える内衆が失われてきた。一方土一揆の発生に見られるように、在地社会の把握は、支配権力にとっては喫緊の課題である。こうした点を踏まえ、元長は摂津の茨木長隆を晴元の奉行人に据え、従来の細川氏権力とは異なる構造に基づく体制の構築を図った。

また元長らは、堺にありながら、没落した将軍義晴に代わって、幕政を担う姿勢を見せる。いわゆる「堺幕府」と称される権力体、堺公方権力である。大永六年（一五二六）七月、朝廷は足利義澄の子義賢に「義維」を名乗らせ、従五位下、左馬頭《さまのかみ》に任じた。この官位は将軍就任前の武家の棟梁が任じられるものであることから、義維が将軍後継者としての地位を確保したことを意味する。このことから、堺において「幕府」が成立したとの理解も成り立とう。また、これは義維を将軍に擬すものであるともいえる。細川晴元は細川氏家督となり、摂津をはじめとする細川氏分国の守護および管領に任じられた。元長は山城守護代の地位を得て、若年の晴元を支える重要な位置に立ち、堺公方権力の実の部分を掌握するに至ったのである。

大永七年（一五二七）九月、近江に脱している高国に与する姿勢をとり続ける伊丹元扶を討つため、元長は伊丹城を囲んだ。しかしこの隙に近江に脱していた足利義晴が高国・六角氏・朝倉氏らとともに入京した。十一月には京都西院で元長方と義晴方が合戦に及び、朝倉勢が多数討たれた。こののち約一ヶ月にわたって両軍の戦いが続いたものの、全体としては元長方が優勢であった。劣勢に立たされた高国は、元長と賢治との関係を悪化させて内部分裂させる策をとり、元長と和睦するような動きを取った。これに反応した賢治や波多野稙通らは、翌大永八年正月、堺にいる晴元に元長の行動を訴えた。晴元はこの讒言を容れ、元長を警戒するようになった。しかしこうした高国の工作も実を結ばなかった。すでに京都に在陣する元長ら三好軍が撤退することはなかったし、晴元の疑念の発端となった和睦工作も頓挫した。大永八年（一五二八）五月、高国は近江の永源寺へ、義晴は同じく近江の朽木谷へ逃れた。

この年八月、年号が大永から享禄に替わった。朽木谷にいる義晴に改元の件を相談した朝廷が、義維には通知しなかったため、義維はこれに怒り、自身の発給文書にしばらく享禄年号を用いなかった。このような対応は、義維やその周囲が義維を将軍になぞらえていることを表しているといえよう。官位の面では次期将軍の条件を整えているので、当然といえる。しかし朝廷としては、義維に将軍宣下したのち、すぐに討たれるということがないようにするために、容易に義維に将軍宣下をしなかった。しかし義維に従う奉行人が出した多数の奉書も確認できることから、実態の面では、堺に所在する義維以下、元長の勢力が幕府としての機能を果たしていたといえよう。こうしたなかでも三好元長と柳本賢治との対立は深まり、大永八年八月、元長は堺から阿波へ帰国した。元長が帰国したのちに畿内に残った阿波衆は、之長の甥政長が率いることになった。

このような内部対立を孕《はら》んだ元長方（義維方）であったが、一方、高国は畿内以遠の勢力に対して、上洛し自身に味方することを要請した。伊賀守護仁木氏、伊勢国司北畠氏、越前朝倉氏、出雲尼子氏などである。高国自身がそれぞれの勢力の拠点を訪れて口説いたが、色よい返事は得られなかった。しかし備前三石にて、播磨・備前・美作三ヶ国守護であった赤松氏の宿老ともいえる浦上村宗を陣営に引き入れることに成功した。村宗は没落した赤松氏に代わる播磨支配を目指しており、高国はその野望を実現させるために利用可能な存在だったのである。

享禄三年（一五三〇）六月、村宗は、高国を擁して東播磨へ進出、ちょうど三木城へ出張っていた柳本賢治を暗殺した。さらに七月にかけて小寺・三木などの城を落とし、播磨一帯をほぼ支配するに至った。しかしあくまで上洛を目指す高国は、村宗の軍勢を率いて八月に摂津に入り、先鋒が神呪寺に達するに至った。これに対し、元長を欠く晴元勢は、高畠甚九郎を伊丹城、薬師寺国盛を富松城に入れて防衛線を張った。しかし九月には富松城が落城、薬師寺国盛は大物城に退いた。さらに十一月になると高国方の内藤彦七が丹波から入京した。高国方は摂津、京都両面から晴元勢に圧力をかける状態となった。晴元方では、京都方面には木沢長政が、摂津方面には薬師寺国盛が対峙したが、国盛は大物城を明け渡した。翌享禄四年二月には伊丹城、三月には池田城が落城、摂津の大半が高国方となった。池田城落城を受け、京都方面に出張っていた木沢長政勢が姿を消し、高国は京都に帰還した。このような高国方の攻勢に対し、晴元方は一時は放逐した三好元長に勢力の回復を委ねざるを得なくなった。元長は再三の渡海要請を得たのち、阿波守護細川持隆から兵力の援助を受け、同年二月堺に渡った。以後元長は、晴元方の主力として、高国方との戦闘の主役となる。

享禄四年（一五三一）三月、高国方の主力である浦上村宗は摂津国欠郡（西成・東生《ひがしなり》・住吉・百済《くだら》の神崎川以南の四郡）に侵攻、先頭は住吉郡勝間に布陣した。一方晴元方はこれを受け、天王寺・木津辺りまで押し返し、対峙することになった。高国は欠郡浦江に本陣を置き、浦上村宗は野田・福島に布陣したので、高国方は西成郡一帯に軍勢を展開させたことになる。これに対し元長は、持隆から預かった軍兵の多くを堺警護にまわし、義維・晴元の防衛にあたらせた。二ヶ月ほどのにらみ合いの末、同年閏《うるう》五月、元長は沢の口・遠里小野に、三好之長の弟一秀が阿波勢を率いて我孫子《あびこ》・苅田・堀に、香川中務丞《なかつかさのじょう》は木津川口など住吉郡に布陣し、西成郡の高国勢と矢戦を繰り返し始めた。この攻防のなか、高国方の主力浦上村宗の後詰（神呪寺付近に布陣）に赤松政村がいた。政村の父義村は播磨守護であった際、浦上村宗と対立し、村宗に殺害されている。高国勢では、こうした背景を持つ政村が村宗を裏切り、元長方に付くとの推測がささやかれていた。六月四日、元長は一気に攻勢をかけ、高国方を追った。政村内応の噂などをもとに、高国方は崩れ、村宗勢は敗退を余儀なくされた。こうしたなか、政村勢は村宗勢を攻撃することになった。味方の同士討ちもあって後退した高国勢は、浦江から野里へかかったところ、政村勢の攻勢に遭い、中津川で多くの軍勢を失った。細川澄賢・伊丹国扶・河原林日向守・波々伯部《ははかべ》兵庫助らである。浦上村宗の行方もわからなくなった。高国のみが大物城を目指したが、入城はできず、町家に隠れていたところを確保され、六月八日に尼崎広徳寺で切腹させられた。この高国の死亡に至る戦いを大物崩れという。

五、細川晴元との対立、一向一揆の蜂起

大物崩れで細川高国を倒した三好元長は、足利義維・細川晴元によって形成された堺公方権力の中枢に再び立つこととなった。山城守護代をはじめ、河内八箇所（北野社領、門真市・大東市）を得ている。しかしこの元長への権限集中は権力内での軋轢《あつれき》を生む。特に摂津に根拠を持つ国人らは、奉行人を務める茨木長隆を窓口として、木沢長政（堺公方権力における河内守護代）らに愁訴を繰り返すことになった。長政は元長に対抗しうる勢力としての期待から、河内国内のみならず、京都などでの活動も目立っていた。このような長政の行動は河内守護畠山義堯《よしたか》との間に疎隔を生じ、享禄四年（一五三一）八月頃には両者が争い合う状況が生じた。河内国内は守護義堯と守護代長政との間で分裂抗争に陥った。この状況で晴元は長政を支持し、畠山義堯が晴元の姉と婚姻関係にあったにもかかわらず援軍を送っている。また阿波守護細川持隆は一貫して元長に与しており、義維・晴元権力内の分裂は一触即発の緊張状態となっていた。

この堺公方権力内の分裂は、整理すると、足利義維・細川持隆・三好元長・三好一秀に連なる阿波勢力と、細川晴元・木沢長政・茨木長隆・三好政長に連なる摂津勢力との対立の構図で説明することができる（今谷

明『戦国三好一族』新人物往来社、一九八五)。今谷氏によれば、この構図は永正の錯乱から天正年間の石山合戦まで、畿内の政治過程の背景に横たわる根深い構造であったとされる。この理解に立つならば、幕府管領を務め、摂津など畿内の守護職を保持した細川京兆家(政元後)の家督争いの内実とその意義、争いの主役となった澄元・晴元や、その下で活動した三好氏など阿波守護細川氏に淵源を持つ勢力を解明することによって、当該期の中央政界を理解することができる。各局面は複雑な様相を呈するものの、このような状況は、畿内およびそれに隣接する地域それぞれに根拠を持つ勢力の利害関係によって規制されるものといえる。細川京兆家内部での内衆相互の利害関係の衝突が細川氏同族全体へ拡大し、これが畿内の政治構造そのものに波及した。そのような動向を牽引《けんいん》したのが三好元長だったのである。

元長は、享禄五年(一五三二)正月、先に播磨三木城で死亡した柳本賢治の息神二郎が籠もる京都三条の城を包囲し、攻撃を加えた。元長にとって賢治は先に晴元のもとから追放された際のきっかけを作った人物であり、同じ堺公方権力内でありながら対立する間柄であったからである。同月二十二日に三条城は落城し、神二郎らは落命した(『実隆公記』『言継卿記《ときつぐきょうき》』『厳助往年記《げんじょおうねんき》』)。しかし元長のこの行為は、主君にあたる晴元からすれば容赦しがたいものであった。家臣同士が主君の命令のないまま戦闘行為に及ぶとなれば、統制がとれなくなるからである。元長は堺顕本寺に籠もり、剃髪して開運と称し、謹慎の体を示した(『二水記』)。しかし晴元はこの元長の戦闘行為を容易には許さなかった。元長に与する細川持隆が晴元との間を取り持とうとするものの、結局失敗に終わり、持隆は三月に阿波勝瑞城へ下向した。持隆は晴元と「義絶」したとされる。ここに至って元長は、いよいよ晴元との直接対決が避けられなくなった。そこで畠山義堯・波多野稙通らとの連携を強化した。一方の晴元も、堺公方権力として戴いていた足利義維と手を切り、近江に逃れている足利義晴と結ぶことを模索し始めた。堺公方権力内で対立する元長ら阿波勢力を廃し、新たな公方権力の構築を目指そうというものである。室町幕府の再建構想ともいえる。義晴にとっても高国以後の管領候補者が細川晴元以外にはなく、これと結ぶしかないという状況にあった。晴元・義晴両者の思惑が一致したのである。

ここに至り、堺を舞台に元長と晴元との間に緊張が高まった。五月、元長方の畠山義堯は三好一秀とともに飯盛山城に籠もる木沢長政を攻撃し、長政軍は敗退直前まで追い詰められた。この晴元方の窮地を救ったのが本願寺勢力である。茨木長隆らの働きかけに応じ、本願寺は摂津・河内・和泉の一向一揆を動かし、五月十五日に坊官下間《しもつま》氏の指揮のもと、飯盛山城へ迫った。軍勢の数は三万人ともいわれる。畠山義堯・三好一秀軍はこれに抗することができず敗退し、義堯・一秀両名も討ち死にした。この後の一揆の攻撃対象は堺の三好元長である。堺を目指す一揆勢力は十万人ともいわれ（『細川両家記』）、同月十九日、元長の籠もる顕本寺を囲んだ。元長とその近臣は自害して果てた。政治・軍事面からの支えであった元長を失い、堺公方権力は実体を失うことになった。

おわりに

堺顕本寺で囲まれた際、三好元長は息千熊丸（のちの長慶、当時十歳）を阿波に落としている。長じた長慶は、父元長を攻めた本願寺と晴元との講和の仲介に始まり、晴元被官として活動を開始するが、天文十八年（一五四九）に至り、摂津江口の戦いで晴元を破り、細川氏から自立した権力として立ち現れることになる。長慶の事跡は、本書で詳細に描かれようが、三好長慶の出現は、それに先行する三好元長の動向とその結果に由緒を持つのである。

三好長慶の阿波国支配

出水康生

はじめに

天皇が存在して独特の重層的な支配社会を形成する京畿を「天下」と理解し、最初の「戦国天下人」三好長慶の「天下」支配と、それを支える長慶の兄弟姉妹による阿波・讃岐・淡路の支配からなる二重構造的なものと解釈して論述したい。

三好長慶は、天王寺合戦(大物崩れ、一五三一)、「堺幕府」の崩壊(一五三二)の後に、曽祖父三好之長、父三好元長ら父祖の京畿での事跡を継承しながら、細川晴元政権の下で十七年間にわたって雌伏していた期間に、阿波・讃岐・淡路の本拠と連携して、京畿に独自の家臣団、地域支配体系を形成した。そして江口の合戦(一五四九)で細川晴元政権を崩壊させ、将軍足利義輝を近江に追放(一五五三)し、「戦国天下人」としての三好政権を樹立した。

一方、長慶の長弟三好実休(之虎)の阿波支配、次弟安宅冬康の淡路支配、三弟十河一存の讃岐支配が形成される。この勢力の支援があって、三好長慶を中心とする「三好本宗家」の「三好政権」が成立する。それに対して、三好実休を中心とする「阿波三好家」の阿波支配、そして讃岐と淡路との関係、さらに長慶の京畿・

堺支配との関係を画期しながら論述する。平成六年以来現在に至るまでの、十七次にわたる科学的な「勝瑞城館跡」発掘調査の結果、同城館跡が国指定史跡とされている重要性を基盤として考えたい。

これまでの日本史の時期区分においては、信長の上洛（一五六八）が近世の始期とされてきた。その結果、直前の細川・三好時代が埋没させられ、その時代の天文文化が織豊時代の安土桃山文化に吸収された。絢爛豪華な安土桃山文化の母胎が細川・三好時代の天文文化であることの評価がされなかった。長慶は松永久秀と共に「戦国乱世の下剋上の悪者・梟雄《きょうゆう》」として一蹴され、戦国三好一族の本拠の阿波徳島においてさえ、三好長慶とその一族の「天下」制覇の偉業が顕彰されることがなかった。

しかし、最近の日本史研究では、それまでの中世、近世の時期区分ではなく、中近世移行期という時期区分に基づく新しい研究成果が続々と発表されている。三好氏が織田信長の直前二十年に三好時代を日本史上に記録したことは、厳然たる事実である。それを踏まえ、長慶を大黒柱とする戦国三好一族の「天下」制覇、その兄弟姉妹の京畿・阿波・讃岐・淡路での支配形態と生死のさまを想像してみたい。

「いつもいつも信長・秀吉・家康」とする「常識」を反骨をもって打破する意図の下、筆者の所感・推論をも記述するものである。忌憚《きたん》のないご叱正・ご教示をいただくとともに、共に研究、行動する一人でも多くの人々からの共鳴・共感を得られることを念願する。

一、三好長慶の兄弟姉妹

三好元長の子、つまり長慶の兄弟姉妹は五男六女であったとされる。元長は三十二歳で逝去したので同腹

図① 戦国三好氏の関係要図

による五男六女は不可能であろう。この時代の系図の常として個別事例については不詳であるが、兄弟姉妹の協力関係は十分に推測される。元長の血を継ぐ五男六女の配置、三好氏の関係要図を示すと図①のようになる。

長慶が元服直後の若武者として京畿に飛躍して、最初に越水城（西宮市）を拠城とする。長弟実休が阿波の芝生城・勝瑞館を本拠とし、次弟冬康が淡路水軍の安宅氏を継いで炬口《たけのくち》・由良を本拠とし、三弟の一存が讃岐十河氏を継いで「十河額《ひたい》の鬼十河」の武勇を誇った。末弟の冬長は淡路志知の野口氏を継ぎ、播磨灘から淡路・東讃の交流の役割を果たすはずであったが、槍場の合戦（一五五三）で戦死したとされる。六人の姉妹のうち四人は、阿波国内の要所を占める有力国人である有持氏（上浦城主）、海部氏（海部城主）、一宮氏（一宮城主）、大西氏（大西城主）の正室として嫁したことが伝えられる。一人は三好長慶が「天下」支配の本拠とする芥川山城の城主であった芥川孫十郎に配された。

有持氏は吉野川平野の阿波藍生産の中心地に位置する。海部氏は海部川流域の材木を京畿に移出する要地に位置し、海部水軍を率いる。一宮氏は阿波一宮の大宮司の家系で、現在の徳島市南西部に位置する。承久の乱後に守護として入国した小笠原氏と縁戚となり、南北朝期には南朝方としての「阿波の山岳武士」を統括するなどした。大西氏は阿波と土佐・伊予・讃岐の交流の要地である池田大西城・白地大西城に位置した。西讃・東予に影響力を持ち、三好氏の広域支配の中で、東予の轟城（四国中央市川之江）を通して大内氏・大友氏・毛利氏などとの外交を担当する役割を担った、といわれる。

二、阿波守護細川氏と守護代三好氏

中近世移行期約百年の時期の細川氏は、細川成之―政之―之持―持隆―真之の五代である。之持の兄の澄元が京兆家細川政元の養子に迎えられて「永正の錯乱」の一方の旗頭となる。澄元の子の晴元が「堺幕府」の管領格で、その崩壊後、将軍足利義晴の時代、一五三二年からの天文期に京兆細川家の家督を継いで、細川晴元政権として幕府の実権を掌握する。

この阿波守護細川氏五代に相当する守護代三好氏は、三好之長―長秀―元長―長慶・実休・冬康・一存―義興・義継・長治・存保の五代である。

三好氏は阿波奥三郡（三好・美馬郡と麻植郡もしくは阿波郡か）の守護代の地位にあったとされる。この之長が応仁の乱後の文明十七年（一四八五）に在京していた。徳政一揆の張本人に担がれて、京洛の地を諸国からの足軽・小者などの窮迫者を引き連れてデモ行進をして有名人となり、以後の三好氏の栄枯を予告することになった（『蔭凉軒日録』）。この時の乱後の京洛の荒廃を、阿波の飯尾庄（吉野川市鴨島町）を本貫地とする幕

三好長光像 模本（京都大学総合博物館蔵）

府奉行人の飯尾常房が、「汝や知る都は野辺の夕雲雀《ゆうひばり》上るを見ても落つる涙は」と詠んだ。

三好之長勢がどれほどのものであったかは不詳であるが、支配下の国人衆を率いて吉野川の水運を最大限に利用した阿波勢による京畿への出陣であったと思われる。

次に三好勢が京畿へ渡海したのは、前記の細川澄元が京兆家細川政元の養子とされて、九条家から入ったもう一人の養子の澄之と、京兆家の家督と管領位を争奪した時期である永正三年（一五〇六）の二月であった。同年四月の時点の軍勢は「上下人数七千許云々」（『多聞院日記《たもんいんにっき》』）とされる。この時、細川澄元には摂津守護職が与えられ、三好之長には摂津半国守護代の地位が与えられて、後の戦国三好一族の飛躍の基盤とされた。

澄元と澄之による京兆家の家督争いはどうなったか。澄之の命を受けた刺客が細川政元を湯殿で暗殺し、澄之が家督を継いだが、その期間は一ヶ月ほどで、澄元を後見する三好之長勢がこの体制を転覆させて、澄元が京兆家督と管領位を継いだ。しかし、周防山口に流浪していた前将軍足利義稙が、大内義興の大軍に担がれて瀬戸内海を東上し、上洛した。細川澄元、三好之長勢は惨敗して近江から丹波、播磨英賀《あが》（姫路市）を経て阿波勝瑞の守護所に帰還した。

三好之長は本拠の芝生城（三好市三野町）にいる時は、祖谷山に狩猟したり支配下の国人衆と交流したりしていた。そして次なる京畿への渡海を果たし捲土重来《けんどちょうらい》を遂げるため、讃岐の寒川勢と共に淡路に侵攻して、それぞれが水軍を率いる安宅・船越・菅《かん》・田村・梶原・野口・島・武田・塩田などの淡路の十人衆を、安宅氏を棟梁として支配下に置いた。それは永正十四年（一五一七）七月以降のことで、九月には淡路守護の細川尚春を追放した（永正十六年に殺害）。これによって淡路を三好氏が実質的に支配して炬口の安宅氏を三好氏の代官とし、後に冬康を安宅氏の養子に入れて継がせることになる。

大内義興勢が上洛したことで、復位した将軍足利義稙、管領細川高国、管領代大内義興による一時の平穏がもたらされた。しかし、大内勢の十年来の在京にともない、その兵士八千の兵糧がままならぬことになり、また出雲の尼子経久の威勢増によって本国周防の国人が動揺したために、急遽、大内義興が帰国した。

これを好機として、永正十六年（一五一九）に三好之長が細川澄元を担いで再び上洛して、澄元に京兆家の家督を継がせた。澄元と之長は得意の一時期を迎えるが、澄元の発病により阿波国人の海部・久米・東条・川村氏らが敵方の細川高国方に寝返ったために大敗して、三好之長と長光・長則の父子は京都百万遍で自刃に追いこまれた。澄元はほうほうの体で勝瑞に病輿で帰還した後に病死した、享年三十二歳。之長は六十二歳での逝去であった。それは永正十七年（一五二〇）五月十一日のことで、この日は前年に滅ぼした淡路守護細川尚春の一周忌の命日であった。そのため、尚春の遺子彦四郎の報復による因果応報とされた。

このように三好之長の時代には、阿波国人全体に対する動員権はあくまで阿波守護と一体であった澄元にあって、三好之長は細川澄元との直接的な結合により畿内に勢力を扶植する一方、細川成之・政之父子からは阿波国人に対する軍事指揮権を守護に代わって委任される存在であった、とされる。

三好之長と長光・長則父子の自刃の後の三好勢は阿波に逼塞し、三好元長を当主として本拠の芝生城で勢力を養成して再びの京畿への渡海・出陣を期した。

その機会が、今谷明氏が大永年号と享禄年号の幕府奉行人奉書の並存から結論づけた「堺幕府」（一五二七～三二）の成立に際し、一族の三好政長などの先陣の後に、足利義維（義冬）を堺公方（堺大樹）、細川晴元を管領格、三好元長を軍事後見役として、勝瑞から堺に渡海した時であった。

この「堺幕府」は畿内における阿波国衆による最初の中央政権とされる。元長には山城下五郡守護代の地位が与えられ、再び三好氏の畿内での基盤が構築された。

この事実を論証した今谷明氏は『室町幕府解体過程の研究』（岩波書店、一九八五）を基礎として、一般向けに『戦国三好一族』（新人物往来社、一九八五）を発刊した。これにより、それまでの三好長慶に対する「戦国乱世の下剋上の悪者・梟雄」という評価、視点が大逆転した。三好氏の本拠であった阿波徳島においても、戦国三好一族・三好長慶・松永久秀の名誉挽回が図られる気運が生まれ、故郷の歴史を再認識する視点が生まれた。本稿もこの今谷氏の論理の上に展開されるものである。

そして今谷明氏の提唱が、新進気鋭の天野忠幸氏らにより、批判的継承されている。

三好元長は大永元年（一五二一）には、祖父之長が堺における三好氏の拠館として築き始めていた「三好海船政所」を完成させていたとされる（『全堺詳志』）。この「三好海船政所」は一次史料で実証されていないことから十分な評価を得ていないが、堺市北部の桜之町・綾之町の二ヶ所にその遺跡碑が建てられているように、「東西三六〇歩、南北その倍す」として存在しても不思議ではない。堺の南庄・北庄に材木町の地名があり、海船浜の地名が残されることから、戦乱によって焼失した京都・大和の寺社の再建のために、阿波や土佐から大量の材木・榑《くれ》などが移出されたことが推測される。それが三好氏の活躍の経済的基盤とされ、三好氏と堺の会合衆との共生・共栄関係を形成し、堺の〝黄金の日々〟を出現させたものとも思われる。文安二年（一四四五）の『兵庫北関入船納帳』以後の一次史料は欠如しているが、それ以後の一世紀に京畿での材木需要は増大したであろうから、「三好海船政所」は堺を兵站《へいたん》基地とする三好氏と堺の会合衆が共存共栄した拠点であったと考えることは、あながち的外れではないはずだ。

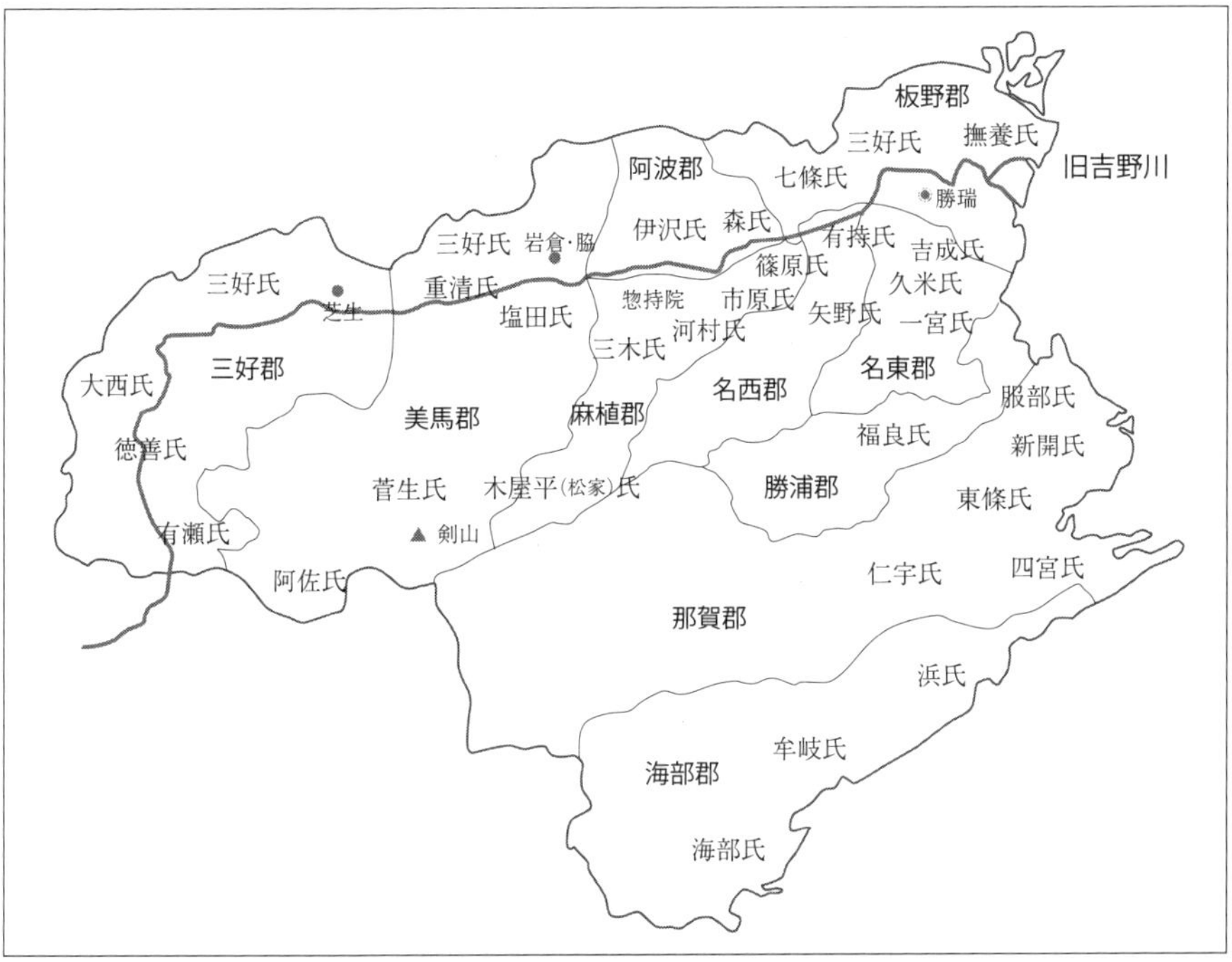

図② 阿波国国人所在図

三好元長が堺へ渡海した後の活躍を支えた塩田胤光は、細川晴元とその奉行人茨木長隆の下命を受けて、山城下五郡の在地支配にあたったとされる。塩田氏は三谷城主（美馬市）である。三谷城は吉野川中流域の三好氏の本拠である岩倉・脇の対岸に位置し、そのすぐ下流に『兵庫北関入船納帳』に記載される多くの港の中で唯一の川港とされる惣持院が存在する。そこから阿波藍が移出されることから、材木と共に、染料となる阿波藍の重要性が再認識される。

塩田氏と共に三好元長の活躍を支える双璧とされる加地氏は、三好之長が淡路守護細川尚春を追放し、滅亡させた後に淡路に知行地が与えられた。

この他に森氏（切幡城主、阿波市）、市原氏（青木城主、吉野川市）らがおり、図②のように、三好郡・美馬郡・阿波郡・麻植郡地域の国人衆が三好元長の京畿、堺への進出を支えたのである。しかし、天王寺合戦での大勝利を頂点とする三好元長の得意の時は長くは続かず、細川晴元、木沢長政との対立から一向一揆衆十万に囲まれて、堺の顕本寺で側近二十余人と共に十文字切腹で自刃して血天井伝説を残した。

天王寺合戦で細川高国勢を破った細川晴元勢は、①晴元自身が動員した細川典厩家と讃岐国人香川氏勢、②三好元長に直属する軍勢、③阿波守護細川持隆の動員した久米・河村・東条・七条・一宮氏らの軍勢の三者が協力しながら布陣したとされる。このことから、三好元長の時代にも阿波全土の国人に関する軍事動員権は阿波守護細川持隆にあり、三好元長はその指揮権を持つに過ぎなかったとわかる。元長が直接に軍勢催促をできるのは三好氏の年寄中である吉野川中流域の国人だけであった。そして当時の細川晴元権力は澄元段階より格段に整えられて、茨木長隆・飯尾元運・飯尾為清などの奉行人、可竹軒・三好政長・木沢長政らの御前衆と呼ばれる側近衆も形成されていた。この晴元権力の整備は阿波守護細川持隆や三好元長の地位を低下させ、時には彼らと晴元との対立の局面を生み、三好氏と京兆家の関係は不安定となる。澄元段階の之長権力に比べて元長権力は、京兆家との直接的な結合関係が薄らいだ。

このような動向を基盤として、三好長慶段階においては、長慶が江口の合戦（一五四九）で京兆家細川晴元を、三好実休が阿波守護細川持隆を排除したことによって、畿内では三好政権の樹立、阿波では三好実休が阿波国主となっての支配が実現する段階となる。この長慶・実休による晴元・持隆の排除が〝下剋上の悪者〟とされる要因である。

三、三好実休の阿波・讃岐・淡路支配

着実な研究の進展によって、これまでの恣意的な解釈が是正される。織田信長の上洛直前二十年の、三好氏が阿波・讃岐・淡路を本拠として活動した三好時代が再評価されて、正当な位置づけが与えられつつある。

三好長慶は室町幕府の将軍足利義輝との直接対決を経て、将軍・管領・奉行人を近江に追放した。そして「理世安民」の政治の旗幟を掲げる三好政権を天文二十二年（一五五三）に樹立した。当時の京都の人々は東山の八坂の塔に掲揚される「旗幟」によって時の権力者を知ったと伝えるが、そこに「三階菱に釘抜の家紋と理世安民の文字」を染め抜いた旗幟を掲揚したのである。

三好長慶が掲揚する「理世安民」の旗幟は「天文二二年正月二七日ニ三好筑州越水ノ城ヨリ上洛アリ、公方様エ御出仕アリ伊勢守貞教ト評定シテ理世安民ノ政ヲ大夫殿ニ申サレ二月中在京ナリ」と『足利季世記』巻五に記述されている。理世安民の典拠は『太平記』巻一の「誠ニ理世安民ノ政、若シ機功ニ付テ是ヲ見レバ、命世亜聖ノオト称ジツベシ。惟恨ムラクハ斉桓覇ヲ行イ、楚人弓ヲワスレシニ叡慮少キニ似タル事ヲ。是レ則チ草創ハ一天ヲ并スト雖モ守文ハ三載ヲ越エザルノ所以ナリ」であろう。後醍醐天皇が王道を忘れて覇道的で狭量であったことが、天下を併せながら維持することは三年を超えられなかった理由であるとされることから、理世安民という王道の理念を掲げたものである。理世安民の根源は『管子』覇言の「夫博国不在敦古、理世不在善政、覇王不在攻曲」、『漢書』食貨志の「治国安民」、『蜀志』蒋琬伝の「其為政以安民為本、不以修飾為先」といった思想にあるのだろう。『新古今和歌集』の真名序に「理世撫民之鴻徽」と記録され、仮名序では「世をおさめ民をやわらぐ道とせり」と訳記されている。文武相備の三好長慶が掲げる旗幟にふさわしいもので

三好実休像 粉本（永禄五年〔一五六二〕／京都市立芸術大学芸術資料館蔵）

伝 三好実休像（堺妙国寺蔵・堺市博物館提供）

三好実休像 粉本（京都市立芸術大学芸術資料館蔵）

ある。

この「理世安民」の旗幟の掲揚と同時期に、長慶の長弟三好実休が、京兆家の細川晴元と従兄弟の阿波守護細川持隆を自刃に追いこんで排除し、阿波国主となる。勝瑞騒動・見性寺事件と呼ばれる。天文二十二年（一五五三）六月十七日のことである。京都に将軍・管領・奉行人が不在となったことから、細川持隆は、「堺幕府」の崩壊後に自身が迎えて阿波公方と呼ばれていた足利義維を室町将軍とし、自らは管領にという野望を持つようになった。そのため三好実休との間で時局判断の相違が生じたことが、この事件の原因とされる。

この天文二十二年が三好氏の京畿、阿波でのあり方の画期となる。同時期に細川氏の下から自立して、三好長慶が「戦国天下人」に、三好実休が「阿波国主」にと、連動してなる。

三好政権による広域支配を、藤田達生氏の提示される「環大阪湾政権」のイメージで想像すると、京畿に形成された三好政権、すなわち三好長慶の「三好本宗家」による支配構造と、三好実休らの「阿波三好氏」による阿波・讃岐・淡路の支配構造が、二重構造的なものとして相互に密接な関係を保持しながら展開したものである。例えば「三好本宗家」としての長慶の下で、松永久秀・長頼が他の畿内の国人衆と共に重要な役割を担い成長していくことが、天野忠幸氏の論稿（注①）で明らかにされてみると、これまでの三好長慶・松永久秀への評価が如何に一方的で根拠のない「常識」によるものであったかが納得される。〝松永久秀の名誉回復〟と共に、「勝瑞騒動・見性寺事件」と「槍場の義戦」における三好実休の評価、その阿波国支配が再認識されなければならない。

　阿波国主三好実休を中心として形成される「阿波三好家」が、勝瑞（板野郡藍住町）の三好館を拠点に阿波国支配を行い、讃岐・淡路支配と連携する。この勝瑞城館は天正十年（一五八二）の中富川合戦以来、四百余年埋もれていて、三好氏の居館は〝空中の楼閣〟のようなものとされていた。しかし平成六年、勝瑞城館跡の発掘調査が始まった。発掘は現在も継続されており、『日本歴史』六三一（吉川弘文館、二〇〇〇）や「阿波の守護所」（『守護所と戦国城下町』所収、高志書院、二〇〇六）で、発掘に生涯をかける重見高博氏が中間的な報告をしている。平成十三年一月に国指定遺跡「勝瑞城館跡」とされ、同十九年二月には新たに確認された部分が追加指定された。五〇、六六〇平方メートルの広さで、「出土する遺物や検出される遺構の内容や規模、保存状態は全国的に見ても一級品である」とされている。

　従来は、阿波守護所、三好館、勝瑞城が、三つ重ねで見性寺寺域に存在していたものと考えられていた。しかし見性寺跡発掘によって、見性寺寺域に存在する勝瑞城跡が、土佐の長宗我部《ちょうそかべ》元親《もとちか》の阿波侵攻に備えて急造されたものであることが、土塁や出土品から科学的に証明された。そこで、それでは三好館は別に存在するのではないかということになり、地形・航空写真などの再検討がなされた。その結果、現在も調査、公園化が進展する「勝瑞城館跡」が三好館であることが実証された。

その会所跡・広大な洲浜のある庭園跡が、「武士にして数寄者」とされる三好実休の再評価につながった。また、それでは細川持隆・真之までの阿波守護所・細川館はどこにあるのかという問題が浮上したのだが、三好館より北方の馬木の辺に存在したことが予測されながら、未だ実証されていないのである。このように現代の科学的発掘調査によって、「点」から「面」に阿波守護所・三好館・勝瑞城が展開し、日本史上の「三好政権」の再評価が急進展している、というわけである。

勝瑞の地名は、室町幕府の初代管領細川頼之に由来するとされる。頼之は四国管領でもあり、足利義満の花の御所造営に携わり、北山文化の形成を支えた人物である。頼之は南北朝の争乱の時、讃岐での白峯合戦で、奇跡の逆転勝利を遂げた。それを記念して、「勝利瑞祥」の語から二文字をとって命名したと伝承される。

阿波三好氏が、本来の本拠である芝生城・岩倉城・脇城から守護町勝瑞に本拠をいつ頃移したかは、一次史料の欠如のため、発掘調査によっても正確な年次は確定されていない。三好元長が吉野川中流域に存在した宝珠寺を、祖父之長（見性寺殿喜雲道悦大居士）の菩提寺見性寺として勝瑞に移転させ、「井隈之内勝瑞分壱町壱段」を寄進したことが大永七年（一五二七）に記録されること（「見性寺文書」）、元長の自刃の前夜に母と共に堺から脱出した千熊丸（長慶）・千満丸（実休）が、見性寺に領地を寄進した記録があることから、三好元長の時代から移転・築城が開始され、実休が成人して実力を持つこととなる一五四〇年代には確立されていたものと推測される。このことは、弘治二年（一五五六）の年末に、堺の会合衆である天王寺屋津田宗達が勝瑞を訪れ、三好実休の点前による「一客一亭」の茶会を開いたことを記録する『天王寺屋茶会記』によって傍証される。また弘治四年（永禄元年）正月五日の『今井宗久茶湯書抜』に記録される三好実休の茶会は、開会場所が記録されていなかったために疑問とされていたが、勝瑞城館跡の発掘調査によって、千利休・今井宗久・北向道陳を招いて勝瑞城館で開かれたものであると確信されることになった。

このように現在進行形の勝瑞城館の発掘、調査研究によって、三好実休の支配が〝空中の楼閣〟ではないことが認められ、確固たる基盤が与えられた。勝瑞の位置の地理的考察、吉野川の水運、京畿・堺への一衣帯水の水運などからの多面的な研究成果が蓄積されている。

淡路の支配については、前記のように淡路水軍の機動力を支配下に置いた三好之長の時代から進められた。大永八年（一五二八）の安宅次郎三郎の謀反を契機として、三好元長の三男冬康が安宅氏の養子とされた。これにより、安宅氏の拠点炬口・由良を中心にして淡路水軍が形成され、畿内の三好政権にとって重要な役割を果たすのである。

讃岐支配については、三好氏の本拠の吉野川中流域と阿讃山脈の峠道で結ばれる山田郡（高松市）の、十河城の十河氏との関係強化で行われた。元長の四男一存を養子として周辺の国人衆への影響力を強め、軍勢を動員して、京畿での三好長慶の危急を救援したのである。一存の十河氏継承については未詳の状況にあるが、十河氏は東讃の関税免除特権を持つ国領船の船籍地である方本・庵治を管理し、讃岐の西方守護代香川氏の多度津、東方守護代安富氏の宇多津の管理と同等の権益を持っていたとされる。多度津・宇多津は西讃に位置するが、方本・庵治は津田・引田などと共に東讃に位置して、淡路との関係を強く持っていたのである。

十河一存が、十河城周辺に位置する山田郡・香東郡の三谷氏（三谷城主）や岡氏（岡城主）などの在地領主層を被官化し、十河家中を形成して讃岐勢として京畿に出陣するのである。一存は京都近郊の竹田三ヶ庄、堺の五ヶ庄や淀の塩合物過料銭徴収権を持ち、他の兄弟に比べて、京畿に強固な経済基盤を形成していたとされる。しかし、十河一存は讃岐全土を一国支配する存在ではなかった。東讃・西讃の支配は三好実休を中心とし、その子長治の阿波国支配期には篠原長房を中心に展開される。

淡路・讃岐両国の軍勢は、安宅冬康・十河一存がそれぞれ有力国人の一人として、三好氏全体の威勢を背景とする支配力をもって動員したもので、国全体の国人を編成したものではなかった。淡路、讃岐両国の領主編成は、長慶の委任を受けた三好実休が責任者となったと考えられる。

このことは、天文二十三年（一五五四）に四人兄弟が叔父の三好康長らの斡旋《あっせん》で、冬康の拠城の洲本城（洲本市）に集会して、広域支配体系の確認がなされた。弘治二年（一五五六）には戦国三好一族の全盛を誇示するように、父三好元長の顕本寺での二十五回忌法要にあわせて、堺に南宗寺（元長の法名は南宗寺殿海雲善室統慶大居士）を、大林宗套《だいりんそうとう》を開山として建立することが確認された。さらに、将軍足利義輝の帰洛という京畿の時勢の激変があるとともに、三好長慶が河内から大和への支配力の展開を図り、長慶と実休の間が険悪になったとされる永禄二年（一五五九）に、三好康長の斡旋で再び四兄弟が尼崎で集会して、結束を確認した。

そして永禄五年三月五日の久米田の合戦で実休が戦死した後に、三好長治・篠原長房による阿讃淡の支配が展開されるのである。

勝瑞から堺、そして高屋城を往来する戦国武将でありながら、茶人でもあった物外軒三好実休の活動は、藤井学『本能寺と信長』（思文閣出版、二〇〇三）に特筆して紹介されている。

毛利元就《もとなり》の子、毛利隆元・小早川隆景・吉川元春の三人兄弟の「三本の矢」の教訓より二十年も前に、三好長慶兄弟四人の環大阪湾の「四方陣」が形成されていたことが再認識される。

四、三好長治・存保の阿波・讃岐支配

三好実休が永禄五年（一五六二）三月五日の久米田の合戦で戦死した後、幼少の長治を阿波の国人衆が「水

魚の交」で支えることが高屋城で「起請文」として宣誓され、九人が連署した。九人は、篠原玄蕃助《げんばのすけ》長秀・加地六郎兵衛尉盛時・三好山城守康長・矢野伯耆守虎村・吉成出雲守信長・三好備中守盛政・三好民部丞盛長・市原石見守長胤・伊沢周防守長綱である。また、阿波三好家の戦国家法として中田薫『法制史論集』巻四（岩波書店、一九六四）で認定されて有名な「新加制式」が篠原長房によって制定され、これによって阿讃淡の支配が行われる。

三好実休の死後約十年間の阿讃淡の政治は篠原長房が中心となって行われる。実休戦死の前年の十河一存の病死、次いで永禄六年の三好本宗家の三好義興の急逝、そして同七年五月の安宅冬康の誅殺、七月四日の長慶の病死で、それまでの支配構造が根本的に動揺したのである。京畿の三好本宗家には十河一存の嫡子の義継が養嗣として入れられ、三好三人衆（三好長逸《ながやす》・三好宗渭《そうい》・石成友通《いわなり》）と松永久秀の連立で京畿支配が継続された。永禄八年五月に将軍足利義輝が弑逆《しいぎゃく》された後、阿波公方足利義栄《よしひで》を将軍位に就けるため、篠原長房は総勢二万で出陣した。ようやく永禄十一年二月に足利義栄が十四代の将軍宣下を受けるが、その七ヶ月後の九月には、義栄と従兄弟の義昭を奉じて信長が上洛、三好氏の京畿支配が崩壊するのである。織田信長は三好三人衆との対立抗争から信長に味方した松永久秀の知恵に学び、久秀を必要な存在として多聞山城での大和支配を安堵し、京畿、「天下」の支配体系を形成する。

それに対して、堺会合衆の支援を受けた三好三人衆が、将軍足利義昭の所在の本圀寺を攻めた本圀寺合戦、さらに大坂本願寺を中心とする信長包囲網を形成した時に、篠原長房が参謀となり、屋形の細川真之を主将、三好長治を副将として阿讃淡勢二万が出陣した野田・福島の合戦で、三好氏は信長勢と決戦した。しかしその後、信長と長房との和睦によって阿讃淡に撤退する。

三好三人衆と松永久秀との抗争、足利義栄の将軍就位運動の途中で、三好本宗家の義継が久秀に同調し、

三好家四代（左から長治、実休、元長、之長）**の墓**（見性寺・藍住町教育委員会 提供）

共に信長に味方して飯盛山城と北河内支配を安堵された。しかし、信長と将軍足利義昭の決別の時に義昭を匿ったことが罪とされ、天正元年（一五七三）十一月、信長勢に若江城（東大阪市）が攻められて義継が自刃し、三好本宗家は滅亡した。天正三年（一五七五）五月、信長に三日月葉茶壺を献上して降伏した三好康長は、信長の三男信孝を養子として重要な役割を担い、本能寺の変後に信長の後継者となった秀吉の甥の秀次を養子として三好の姓を名乗らせるなどした。

このような京畿での変動に応じて阿波でも、信長との主戦派であり、その後に毛利勢の脅威に備えて讃岐を強力に支配する篠原長房が、成人した細川真之、三好長治に忌避されて天正元年（一五七三）の五月から七月の上桜合戦によって討伐され、戦死者千三百とも三千人とも伝承される悲劇的な最期を遂げた。以後、三好実休が勝瑞騒動によって阿波国主となった後の二十年来は戦乱のなかった阿波に、戦乱が展開されることになる。その動向に応じて、土佐一国を統一した長宗我部元親が阿波南部から侵攻して、海部郡と那賀郡南半を支配下に置いた。天正三年の秋のことである。それで長宗我部元親と結んだ細川真之、一宮成助などと対立した三好長治が別宮長原（板野郡松茂町）で自刃に追いこまれた。その直後の天正五年の春以降、大歩危《おおぼけ》・小歩危《こぼけ》の難路七里を越えて阿西から侵攻した元親が、三好郡を支配下に入れ、白地大西城を居城として西讃・東予へ展開する。

三好長治の自刃の後、その弟で十河氏を継いでいた存保《まさやす》が勝瑞に迎えられた。天正十年（一五八二）、存保は長宗我部元親が率いる土佐の兵二万三千と戦う。中富川の合戦である。この結果、細川氏・三好氏の本拠とされて発展した守護町勝瑞が灰燼に帰し、四百年の間埋もれるということになるのである。三好存保は抗戦のために、現在見性寺が位置する所に急遽勝瑞城を築城したのであるが、抗し得ずして九月二十一日に和睦・開城し、讃岐虎丸城（東かがわ市）に退陣した。それで長宗我部元親の三年ほどの阿波支配となる。その後、豊臣秀吉の四国平定戦の結果、元親は土佐に押し込められた。阿波は秀吉旗下の最初の大名（龍野）となる蜂須賀正勝に与えられたが、老齢の故をもって子の蜂須賀家政に譲られた。家政が阿波国主、阿波藩祖となり、関ヶ原の戦いを経てその子の至鎮《よししげ》に与えられ、明治維新まで蜂須賀家十五代は存続する。

三好（十河）存保は、天正十四年（一五八六）の秀吉の九州平定戦で、昨日までの仇敵であった長宗我部元親と共に先陣を命じられ、軍監仙石秀久の失策によって豊後の戸次川の合戦で壮烈な戦死を遂げた。子の千松丸は相続が認められず、毒殺されて、阿波三好家も讃岐十河家も消滅する、ということになる。

おわりに

以上、〝故郷の歴史の再認識〟の視点で、特に三好実休を中心に戦国三好一族の活躍の推移を概観してきた。なお、論稿の表題は当初与えられた「三好長慶の阿波国支配」より「三好実休の阿波国支配」としたほうがより適切と思われるが、三好長慶研究を中心に、最近の研究の急進展を意識するために逆説的にそのままにしたものである。執筆当初の読み物風原稿は、編集段階ですっきりとした学術論文風に改変されてしまったが、本書発刊が一里塚・一画期となって三好長慶の研究がさらに進展し、正当な位置づけ・再評価・顕彰が展開することを念願したい。

最後に、信長に「岐阜」の名と「天下布武」の印章、旗幟を与えたとされる沢彦宗恩と共に、信長に儒教的な世界を教示し、安土城の天守閣の最上階の装飾画に影響を与えたとされる策彦周良が、三好実休の肖像画に次の賛を書いていることをこの論稿作成中に知り、三好長慶や三好実休について、まだまだ知られざる事実の多々存在することを実感した。三好長慶と実休の〝賛〟を、笑嶺宗訢《しょうれいそうきん》と策彦周良が、その当時にした情景と人物評を偲びながら紹介したい（笑嶺宗訢による長慶の賛は、口絵参照）。

扶宗護法振威風　彷彿毳袍裴相公
提起握中三尺剣　截来脚下一条紅
　　　　実休之賛　同（策彦）

（『大日本仏教全書』「翰林五鳳集」巻五七）

（書き下し文）
宗を扶《たす》け法を護り威風を振るう　毳袍《せっぽう》の裴相公を彷彿す
握中の三尺剣を提起す　脚下に截来《せつらい》す一条の紅

〈注〉

① 天野忠幸「松永久秀と滝山城」（『歴史と神戸』所収、神戸史学会、二〇一一）
天野忠幸「松永久秀を取り巻く人々と堺の文化」（『堺市博物館報告』三一所収、堺市博物館、二〇一二）
天野忠幸「松永久秀家臣団の形成」（『戦国・織豊期の西国社会』所収、日本史史料研究会、二〇一二）

第二章　三好長慶と摂津・河内

三好長慶もう一つの姿

――河内国十七箇所「御代官」懇望の背景から――

湯川敏治

はじめに

長江正一氏が吉川弘文館の人物叢書シリーズで『三好長慶』（一九六八）を学界へ紹介して、今年で四十五年経つ。そこでは合戦に明け暮れる一人の戦国武将を描いただけでなく、三好長慶の行動を人間として捉え、評価しているところに意義があった。長江氏の著書の末尾に挙げられた「主要参考文献」を見るに、軍記物だけではなく、各種の史料を駆使して論じたからであろう。その中で私は長慶の三点の事柄に注目しておきたい。

一、天文八年（一五三九）六月、当時幕府政治を主導していた細川晴元に対し、幕府料所の河内国十七箇所の代官職《だいかんしき》を懇望したこと。

二、長慶の勢力増大に伴い居城を摂津越水（兵庫県西宮市、天文八年）・芥川（大阪府高槻市、天文二十二年）・河内飯盛（同四條畷市・大東市、永禄三年）と移し替えていったこと。

三、飯盛に在城中の永禄六年（一五六三）、キリシタンを保護し、家臣の受洗を許可したこと。

落語の三題噺《さんだいばなし》ではないが、この三点を視野に入れて考えることで、長慶をして戦国武将であり「教養人」であったことだけでなく、もう一つの長慶像を語ることができるのではなかろうか。

私が考えるもう一つの長慶像は、長慶研究に先鞭《せんべん》を付けられた秋永政孝氏『戦国三好党―三好長慶―』（人物往来社、一九六八）、冒頭の長江正一氏、次いで今谷明氏「細川・三好体制研究序説―室町幕府解体過程―」（『史林』五六―五所収、史学研究会、一九七三。後に『室町幕府解体過程の研究』所収、岩波書店、一九八五）、同「三好・松永政権小考」（同書所収）、『戦国三好一族』（新人物往来社、一九八五）、天野忠幸氏『戦国期三好政権の研究』（清文堂出版、二〇一〇）のそれぞれの論著で全く触れられていないこともない。さらに私がこれから触れていこうとするには、文芸面からの研究成果も必要とする。鶴崎裕雄氏「飯盛千句　解題」（嶋津忠夫他編『千句連歌集』所収、古典文庫、一九八八）・同「「瀧山千句（仮題）」と三好長慶」（『中世文学』三四所収、中世文学会、一九八九）・同「三好長慶と松永久秀」（『寝屋川市史』第十巻第一章第六節、二〇〇八）・「淀川・大和川の水運」（同書第三章第二節）・「文芸の世界」（同書第四章第二節）がそうである。五人とも私がここで書こうと思っていることは既に気付いていると思うが、管見ではそれを伝える決定的史料がないため、慎重にしているものと考えられる。そこでこれら先学の研究を踏まえ、私なりにもう一つの長慶像について考えてみたいのである。

一、河内十七箇所

三好長慶について、年譜を用いて語ることが望ましいのであるが、紙幅の都合もあり、必要があれば本書

「付録」の年譜を参照していただくとありがたい。

まず、第一点目に挙げた長慶が河内十七箇所「御料所」の「御代官職」を要求したことである。その記事は、『大館常興日記』天文八年（一五三九）六月二日条に、

一、河州十七ヶ所（茨田郡）御料所也御代官職事、以三好孫二郎（長慶）懇望旨被仰付候て可然存候趣、内々佐方（大館晴光）迄以愚札申入之、宮内卿御局被申談之可申入事肝要候哉之由申之也、

とある。日記の記主は大館尚氏で、常興は法名。幕府内談衆で故実に通じた人物である。

河内十七箇所は現在の大阪府寝屋川市（池田・点野《しめの》・高柳・仁和寺《にわじ》・葛原・大利《おおとし》・対馬江・黒原・神田《かみだ》）、守口市（大庭・大久保・寺方・高瀬・橋波《はしば》）、門真市（門真・稗島《ひえじま》）の各市にまたがる地域を指し、戦国期には総称（東光治「河内十七ヶ所」、『上方』八七所収、一九三八。森田恭二「「河内十七箇所」の変遷」、『市史紀要』四所収、寝屋川市教育委員会、一九九二）として史料に現れる。

十七箇所の個々の地は淀川左岸にある地名で、この地一帯には、今から約六〇〇〇～五五〇〇年前の縄文時代、現在の大阪湾の東、上町台地に遮られたもう一つの湾、地質学では河内湾と呼ばれる湾が存在しており、寝屋川・門真・守口から東の生駒山麓付近まで浸食していた。その後縄文時代後期に入り、海に面した上町台地の西側の砂礫《されき》が沿岸流により削られながら北へ運ばれ、砂嘴《さし》・砂州《さす》を形成していった結果、湾口は狭くなり河内湾は河内潟へと進んだ。弥生時代中期以降、淀川と大和川（戦国期の流路は現在とは異なる。柏原市付近から北流し淀川と合流する）が運ぶ土砂により、自然堤防や扇状地が作られる一方で、氾濫と堆積が繰り返され、河内湖ができあがっていった。さらに時代が下るにつれ淀川・大和川が運ぶ土砂は次第に河内湾を

埋め立て、平野を形成してゆく。そうした地であったことから大雨による洪水が起こりやすく低湿地でもあった。十七箇所が戦場になったときなど、作戦上堤を切って、淀川から水を流し、敵陣所を「難儀」にしてしまうことが興福寺大乗院門跡尋尊の日記『大乗院寺社雑事記』に見え（文明十五年八月二十二日・二十八日条）、また、本願寺証如の『天文日記』天文八年九月七日条の記事に、洪水が起こっている事実を見ることができる。十七箇所の地形は低湿地で構成されていたとともに、永正年間（一五〇四～二一）ごろに発給されたとする「遊佐順盛書状」（『寝屋川市史』第三巻「土屋文書」）によれば、現在とは違い、まだ島も点在していたことがわかる。

十七箇所の中で比較的早くから、荘園名として史料に見える地は左表のとおりであり、それらは皇女・摂関家・寺院の所有する荘園が形成されていたのである。

十七箇所の名を史料に見る最初は、足利義満・義持・義量《よしかず》の三将軍の時代の人事・法令・合戦など諸事を記録する『花営三代記』応安二年（一三六九）四月二十二日条に見える、楠木正成の三男正儀《まさのり》が「河内十七箇所」へ向かったという記事であるが、このとき十七箇所として立荘されていたかどうかは不明である。十七箇所が荘園であったことがわかるのは、永享五年（一四三三）ごろのものとされる「南御所御料所十七ヶ所年貢所当目録」（『寝屋川市史』第三巻「宝鏡寺文書」）である。この史料は、足利義満の正妻、康子が南御所へ与えた十七箇所からの年貢九七九貫の書き挙げで、年貢の取次を行っていたのは河内守護畠山基国であった。

南御所は将軍の子女が入室する寺院で、代々南御所が十七箇所の領主であったことは『大乗院寺社雑事記』文明十四年（一四八二）八月三十日の記事に「河内十七个（箇）所之領主也」とあることからわかる。しかし十七箇所の地、一円が南御所に与

地名	荘名	所有者	時代
池田	池田荘	宣陽門院	平安末
点野	点野荘	摂関家	同
高柳	高柳荘	室町院	鎌倉末
仁和寺	仁和寺荘	同	同
葛原	葛原荘	妙法院	南北朝初

えられた地ではなく、七三頁の表「十七箇所荘園領主表」に見るように複数の荘園主がいたことが知られており、年貢高についてわかるものもある。

「十七箇所荘園領主表」の「御料所」「御領」「御知行」と記したところは史料に従ったのであるが、当時のしきたりでは、天皇や将軍・貴人の行動や使用物・職名などは「御」を付けて記される。したがって目録にも「南御所御料所年貢所当目録」というように「御料所」とし、また畠山基国に対しても「御取次」と記すのである。他に「御代官」や幕府（将軍）領、将軍の子女の荘園も「御料所」「御領」である。幕府（将軍）料所や南御所の料所の年貢の「御取次」や「御代官」も同様である。

左表で「御料所」「御領」「御知行」と書いた以外は、皇族や幕府（将軍）でない別の荘園主が知行していたことになるのであって、たとえば④は十七箇所のある地域を越智家栄が知行していた。さらに十七箇所のうち、鞆呂岐《ともろぎ》は『蔭凉軒日録』によれば、蔭凉軒に属する蓮花院の領地であった。ただ、明応二年（一四九三）閏四月二十一日上原元秀は畠山基家から十七箇所を拝領したのである（『大乗院寺社雑事記』）。拝領した元秀がこの地を知行したのか、代官として支配したのか不明であるため、表へは掲げなかった。それらの荘園主が錯綜して所有していたことが推測される。

十七箇所は淀川・大和川が運ぶ良質の土壌に育まれた生産地であったと考えられ、左表に記した米の他に、低湿地特有の農産品である蓮根の栽培も行われていた様子である（『蔭凉軒日録』長享元年七月二十五日条・『私心記』天文二年八月四日条）。そのように生産性のある荘園であったため、長慶が天文八年に幕府「御料所」十七箇所の「御代官職」を「懇望」したと考えられるのである。しかし細川晴元の拒否にあい、大館常興が宮内卿局（幕府女官）を通じて将軍義晴に諮った。その結果は記されていないので長慶の思いどおりとなったかどうか不明である。

このとき長慶はまた、十七箇所のうち本願寺が所有する十七箇所の代官であったことがわかっている。

『天文日記』天文七年（一五三八）五月三日条に

吉田源介（十七ヶ所三好代官）へ任先日約諾之旨、一腰・馬（青毛）一疋以綱所之者遣候、

十七箇所荘園領主表（『寝屋川市史』第三巻 古代・中世史料編 参照）

	荘園主	銭・石高	表記	代官等	典拠
①	南御所	九七九貫文	御料所	畠山基国	永享五年「南御所御料所十七箇所年貢所当目録」
②	幕府	三千疋	御料所	盛都聞	『蔭凉軒日録』寛正二年七月晦日
③	幕府		御料所	畠山播磨守	『経覚私要鈔』寛正六年十月二十一日
④			知行	越智家栄	『大乗院寺社雑事記』文正二年二月二十六日
⑤			知行	興福寺学侶	『大乗院寺社雑事記』文明三年七月四日
⑥			御領	畠山義就	『晴富宿祢記』文明十年十二月十九日
⑦			〃	畠山義就→畠山政長	『晴富宿祢記』文明十一年八月十六日
⑧			知行（鞆呂岐のみ）	蓮花院	『蔭凉軒日録』文明十八年十二月十六日
⑨	南御所		御知行	畠山政長	「足利義政御内書」長享元年四月十三日
⑩	南御所		御料所		「室町幕府奉行人連署奉書」永正五年十二月十九日
⑪	幕府	五百石	御料所	畠山尚順	『守光公記』永正十年十二月二十三日
	南御所	五百石		畠山尚順	『守光公記』永正十年十二月二十三日
⑫	幕府	二千石	御料所	畠山政長	「伊勢家書」室町幕府連署奉書大永五年閏十一月五日

とある。

　本願寺は蓮如が文明七年（一四七五）の秋に河内へ赴き、出口（大阪府枚方市《ひらかた》）を拠点に布教活動を始めた。出口は十七箇所に近い地で、後に蓮如の長男順如がここへ光善寺（出口御坊）の基となる寺院を創建する。本願寺が十七箇所の一部を入手したのは、布教活動を通じてのことであろう。天文七年ごろの本願寺は蓮如の曾孫、光教証如の時代であった。

　天文と改元される年の享禄五年（一五三二）一月、三好氏の主家、細川晴元と長慶の父元長との間に確執が生じ、元長は堺の顕本寺へ入り謹慎する。しかし晴元は元長打倒のため本願寺光教を頼り、本願寺門徒（一向一揆）を動員。本願寺門徒が加担したことで、元長は敗れて顕本寺で亡くなった。一揆は元長を破っただけでなく、その後晴元へも反旗を翻すこととなって、一揆と晴元の間に立って仲介するのが長慶であった。長慶が本願寺との接点を持った契機はおそらくこの仲介であり、以後十七箇所の代官も任されるようになったと考えられる。

　先に見た『天文日記』から、長慶は吉田源介を現地へ置き、代官の任に充てていたのである。本願寺は長慶にとって、父元長を敗死の憂き目に遭わせているにもかかわらず、仲介の労をとっただけでなく、同年七月十四日に長慶は亡父の七回忌を本願寺に託している。また長慶の母が死去した際には「香奠千疋」が本願寺から贈られている（『天文日記』天文八年六月二十三日条）ように本願寺との関係は深まっていく。

　長慶が十七箇所に魅力を感じたのは、父元長が十七箇所に隣接する北野社領八箇所代官職を得ていた（「山城守護代三好元長請文」享禄四年七月十二日条、「北野神社文書」所収）ことなどが影響したのかもしれない。

二、長慶と禁裏御料所

次に長慶と荘園に関して看過できないことは、朝廷の荘園である山国荘との関係である。戦国期に朝廷という語は諸家の日記には出てこない。朝廷を指す言葉としては、専ら「禁裏」「内裏」が使われている。戦国期から江戸初期まで禁裏の女官が記す業務日記に『御湯殿の上の日記』がある。そこに三好氏のことが記される最初は、文明十七年（一四八五）八月九日である。

　けさ《（今朝）》ほの〳〵にみよし《（三好之長）》たいち《（退治）》とて、やすとみふんこ《（安富豊後）》せむ《（攻）》るとて時のこゑ《（声）》きこゆる、三しう《（讃州）（細川政之）》へわけ入て、各々むつかしくなる、

女官の日記は漢字がほとんど用いられず、大半が仮名で書かれ、濁点・半濁点がない。この記事は長慶の祖父之長のことに触れている。すなわち、徳政を要求する一揆の風聞のもとは三好之長であったことがわかり、之長鎮圧のため安富豊後以下が派遣されたときの記事である。
長慶の父三好元長に関する記事は、大永七年（一五二七）十一月十八日の記事で、一度だけ掲載がある。

　やなきもと・はた野・みよしなと五条・六条へうちいつる、

がそれである。

長慶の記事は、天文二十二年（一五五三）八月二十三日条で、

昨日つのくに《(津)》あく田川《(芥)》しろ《(城)》おちて、みよし《(三好長慶)》にかうさん《(降参)》して、しろをみよしにわたすよし、みな〳〵申、

とある。長慶が摂津芥川を居城とすることが『御湯殿の上の日記』にも記されたのは、このころから禁裏の女官にとっても長慶の芥川入城は印象に残っていたからであろう。

三好氏に関する右の三つの記事はいずれも、女官が風聞を得て記したものであるが、次の記事からは、禁裏が直接、長慶と関わりを持つようになり、長慶のことが具体的に記されるようになる。

『御湯殿の上の日記』天文二十四年（一五五五）四月六日条には、

みよしに山くにの事おほせいたさる、、

と禁裏御料所について、長慶に勅命が下った記事がある。「山くに」は丹波国桑田郡にあった禁裏御料所山国荘のことで、最近まで京都府北桑田郡京北町であったのが、現在は京都市右京区に編入されている。

山国荘は古代の山国杣が荘園となったところで、戦国期になっても材木が貢納されていた（『御湯殿の上の日記』天正三年六月十九日条）。材木が貢納されることで思い出すのは、長慶の出身地阿波国の特産も材木であったことである。

今谷明氏は『戦国三好一族』で『兵庫北関入船納帳』文安二年（一四四五）の記事を例に、室町期の兵庫港に入港し、畿内へ運ばれる船積物資のうち、阿波国の材木の量を紹介し、材木は三好氏の経済基盤の最も特徴

的な戦略物資であると指摘した。『御湯殿の上の日記』の記事は、三好氏が商品価値のある材木の扱いに慣れた武士と見たのか、時の天皇後奈良天皇は長慶に対して、勅命を「おほせいたさ」れたのである。しかし記事は右のとおりで、他に詳しい内容は記されていない。これよりも前、『言継卿記』天文二十一年（一五五二）四月四日条によると、長慶は後奈良天皇に勅筆の写本古今集を求め、謝礼として銭一万疋を進上しているが、このことが、天皇の長慶を知る契機となったのかもしれない。

次に『御湯殿の上の日記』永禄四年（一五六一）二月二十四日条による長慶と山国荘に関した記事は、

　新宰相（高倉永相）ふけ（武家）（足利義輝）へまいらせられ候、たけのうち（竹内季治）へかき色〳〵まいらせられ候、山くにの事、三好ちくせん（筑前）（長慶）、まつなか（松永久秀）におほせいたさる丶の御あんないあり、ふけよりは、たけのうちにおほせられ候はんよし申され候て文申いたさる丶、なかはし（長橋）より新宰相まて、ふけへの文いつる、

とあり、翌二十五日の記事には、

　両てんそう（伝奏）くわんしゆ寺（勧修寺晴秀）・ひろはし（広橋国光）、みよしちくせん・まつなか所へ山くにのことに御つかいとして、たけのうちかたよりの一かき・せいし（誓紙）など、ふたりにうつさせられ候ていたさる丶、

とある。二十四日の記事では、新宰相の高倉永相《ながすけ》は天皇の命で、将軍足利義輝の下へ参り拝謁した。宰相とは参議の唐名で、永相はこの年の二月に参議に任ぜられている。また、竹内季治へは「かき」（書カ）を届けた。季治は久我《こが》家の家僕（諸大夫）で、山国荘の代官を務めていた（『厳助往年記』弘治二年五月）。いずれも山

国のことであり、長慶と松永久秀へは禁裏から山国荘のことを仰せられた。翌日、伝奏《てんそう》の勧修寺晴秀と広橋国光の二人で写した「一かき・せいし」などを勅旨として長慶と久秀のところへ持参した、というのが右の二つの記事の内容である。記事中の伝奏は廷臣で、幕府との間に起こる諸事の解決のため折衝する役職である。これより一ヶ月後の三月二十七日、将軍から山国の「御返事」を持って両伝奏が長橋局《ながはしのつぼね》へ報告している。長橋局は宮中の長橋の間に詰める女官であるためこの名がある。女官には尚侍《ないしのかみ》・典侍《ないしのすけ》・掌侍《ないしのじょう》・女嬬《にょじゅ》の職名があって、長橋局は勾当内侍《こうとうのないし》のことで、掌侍の筆頭者である。このとき任にあった女官の実名は不詳。とにかく、右の二つの記事からは、長慶に下った勅命の経緯などは知ることができない。

八月八日になって長慶には長橋局から山国のことを「れうし《聊爾》なきよう（軽々しくいいかげんにしないよう）」（『御湯殿の上の日記』永禄四年八月八日条）申し伝えられ、久秀へも広橋国光から同様のことが伝えられた。『御湯殿の上の日記』には、山国荘に関して長慶が関わった記事は、先に紹介した天文二十四年四月六日の記事と右の記事の四つだけで、長慶が関与した山国荘のことはこれ以上はよくわからない。

長慶は山国荘に関与するだけでなく、他にも禁裏と接触することがあったと示す記事を『御湯殿の上の日記』は伝えている。弘治二年（一五五六）四月十五日、長慶は禁裏の四方の築垣のことで、上京・下京の住民へ「かとそめ《初めカ》」を申し付け、御大工が来て「おのはしめ《斧初め》」が行われた。その約四ヶ月後には、禁裏修理の勅命が下り、長慶は「めでたきと申て」、伝奏の勧修寺尹豊《ただとよ》を通じ、禁裏へ樽代三百疋を贈っている。

永禄二年（一五五九）四月十二日に宮中で能が催されたとき、長慶も参列し十荷十合を進上した。その後、御庭で一献進められている。「かたしけなきとて」馬・太刀を禁裏へ進上した。このとき「馬」は折紙だけだったのだろうか、二十四日に「御のう時の御むま《馬》の代三百疋」を贈った。翌永禄三年正月二十一日には長慶は禁裏へ修理大夫と、息子の義長（後義興と改名）には筑前守の官途を要望したことが『御湯殿の上の日記』に記されている。

　みよし父子申、おやはしゆり大夫、子はちくせんと〔を〕申、

とあるのがその記事で、長慶の要望どおり父子に天皇から修理大夫・筑前守が与えられ、翌年の二月十六日、長慶は「御れい三百疋」を贈った。父子で官途を要望した年の二月二十六日、「みよししゆり」として永禄三年正月二十七日に行われる正親町《おおぎまち》天皇の即位式の警固を命ぜられた。その日は天気も良く、「御しよくゐ（即位）するするとめてたし〱、御けいこみよししゆり（三好修理）の大夫なかよし（長慶）なり、御たちたふ、万疋しん上する」と『御湯殿の上の日記』にある。

右に見た長慶の禁裏への進上や献納は、かつて私が紹介した周防守護の大内氏・丹波守護代波多野氏などにも見ることができる（拙稿「大内義興、従三位叙任の背景と武家伝奏の職務―『守光公記』を中心に―」、『山口県史研究』一九所収、山口県史編さん室、二〇一一。同「『守光公記』と戦国期丹波国禁裏料所について―丹波国守護代家波多野氏再考―」、鶴崎裕雄編『地域文化の歴史を往く』所収、和泉書院、二〇一二）。禁裏の修理や天皇からの官職・官途の受領は武士にとって名誉なことであった。

三、長慶領の拡大とキリシタン保護

長慶は天文八年（一五三九）、十八歳で幕府御料所である十七箇所の代官を懇望して後、八月十四日には、居城を越水とした。続いて同二十二年（一五五三）には芥川城、永禄三年（一五六〇）には畠山政長の孫、高政を破り飯盛城へと居城を移していったことはよく知られている。それら長慶が移った地について、研究者は一様に主要な街道に面し、近くには水運に便利な海や川があることを指摘する。

長慶は芸能や文芸の愛好家であったため、これらの居城では連歌を主催することがあった。前述の『寝屋川市史』掲載の鶴崎裕雄氏の論考にある長慶の連歌興行を見ると、越水にいたときの弘治二年（一五五六）七月、長慶の父元長の二十五回忌には家臣の松永久秀を配置した滝山城で「滝山連歌」を興行している。滝山は越水城の西方、現在の神戸市中央区のＪＲ山陽新幹線新神戸駅近くにある。滝山での連歌「滝山千句」は摂津の難波・住吉・水無瀬・玉江・湊川・初島・須磨・生田・芦屋・布引・羽束山の各地名が発句に詠み込まれている。永禄四年（一五六一）五月に飯盛城で催された「飯盛千句」では詠まれる発句の地名が五畿内の各所に及んでいる。その地名は石清水・氷室山（山城）、春日野・初瀬（大和）、天野川・交野（河内）、五月山・堀江（摂津）、信田《しのだ》の森・吹井《ふけい》（和泉）で、「滝山千句」と比較して、長慶の勢力拡大・領土拡張を象徴的に示し、摂津から畿内への志向を表すことを鶴崎氏は連歌資料を用いて指摘した。一方で、天野忠幸氏は長慶の摂津支配の構造を越水期と芥川期について、地域支配レベルと畿内支配レベルと位置づけた（天野忠幸「三好氏の摂津支配の展開」、『戦国三好政権の研究』所収、清文堂出版、二〇一〇）。二つの研究成果は、国文的理解での方法と歴史的理解での方法と、異なった研究視点から同じ結論が導き出されている。それぞれの結論へ導くプロセスには興味をそそられる。

飯盛城における連歌会で、五畿内を詠み込んだ飯盛千句が行われた二ヶ月前の三月二十九日、長慶は将軍義輝を京都の自邸に迎えている。将軍の御成である。長慶は「家の面目天下の聞こえ、過ぎるべからず」と歓待した（『細川両家記』）。義輝の御成は長慶父子が幕府の御相伴衆に加えられたことと、息子義興が義輝から「義」の一字を拝領し義長となったこと、さらには桐御紋の拝領があったことによる（『足利季世記』）。義輝は御成の席上、長慶と晴元の和を取り計らうのである。義輝が晴元と長慶に講和を求めるまでには次のことがあったからである。

天文十八年（一五四九）、長慶が一族の政長と争ったとき、晴元は政長に加担した。そのため長慶は晴元に背き、政長を摂津江口（大阪市東淀川区）に討った（『足利季世記』天文十八年六月十一日〜二十八日条）。勝った長慶は、晴元一族で前管領細川高国の養子、氏綱を奉じ入洛した。このことで晴元は前将軍義晴・義輝父子とともに近江へ逃れたのである。ここに晴元政権は崩壊し、政権は長慶に移ることとなる。

三年後の天文二十一年正月、将軍義輝は細川氏綱を晴元の家督と定め、晴元の子聡明丸（昭元）を伴い入洛し、長慶と講和する。一方、晴元は出家して（法号心月一清）丹波へ出奔し（『足利季世記』天文二十一年正月二十八日条）、その後、上洛を試みるが果たせなかった。そして話は永禄四年三月二十九日の将軍義輝の長慶邸への御成になる。同年の五月に入って長慶は晴元を摂津富田（高槻市）の普門寺に迎えたが、同六年三月一日晴元は病により没する。

六月となって飯盛城にガスパル・ヴィレラが奈良へ行く途中立ち寄り、長慶の家臣たちに洗礼を行うのである。長慶がキリシタンに対し、好意的な態度であったことは『耶蘇会士日本通信』（村上直次郎訳　渡辺世祐註『耶蘇会士日本通信』上巻、駿南社、一九二七）の書簡からわかる。『耶蘇会士日本通信』とは、フランシスコ・

ザビエルが天文十八年（一五四九）に鹿児島へ来て布教を始めて以来、それに従うイエズス会の会員が書いた報告書で、布教地の実情やその成果を、イエズス会総長・インド管区長だけでなくローマ・ポルトガル・インドの会友・同僚へ送ったものである。

飯盛城で長慶は、既に洗礼を受けていた家臣の結城左衛門尉の求めに応じ、京都から日本人修道士ロレンソを飯盛城へ招き布教を行うことを許した。その模様は『耶蘇会士日本通信』に記されるだけでなく、ルイス・フロイスが著した『日本史』にも記されている。それによれば飯盛にいる長慶の家臣七十三名がキリシタンに改宗している。改宗した武士の中に三箇《さんが》伯耆守（頼照）なる者もおり、彼は教会を持つことも長慶から許され、飯盛城麓の淡水湖（深野池《ふこうのいけ》）の傍の寺院を教会に変えた（ルイス・フロイス著　柳谷武雄訳『日本史2―キリシタン伝来のころ』第三十八章、平凡社、一九六五）。

飯盛城を訪れたヴィレラは長慶に会い、

彼大に厚遇しデウスの事を聞き甚だ神聖なりと認め、会堂及びキリシタンを保護すべし
（一三「一五六四年十月九日附、平戸発、イルマン・ジョアン・フェルナンデスより支那の某パードレに贈りし書翰」、『耶蘇会士日本通信』上巻所収）。

との言葉を長慶から聞くことができ、安心して奈良へ向かうのである。

むすびにかえて

「はじめに」で挙げた三点の事柄について、先学の業績をたどり長慶像を決定づけるには、もう一つ考慮しなければならないことがあるのではなかろうかということを指摘した。その結果を先に言うと、長慶には武将としての素質だけでなく今にいう経済的感覚を持った人物であったと考えたのである。それが備わっていたのは、三好氏が代々阿波特産の藍・木材を戦略物資（今谷明『戦国三好一族』）として扱い経済基盤としていたことで、幼少期から経済の仕組みを学ぶ機会にめぐまれていたためである。さらに次の説も加えることで、長慶像が整う。

長慶の祖父の代から、三好家が堺商人の財力を背景に成長して来たこともあり、若年の頃は堺に関係が深く、長慶の連歌経歴は堺の連歌師達によって形成されたと推測される。（傍点筆者）

これは奥田勲氏「三好長慶―その連歌史的素描―」（秋山虔編『中世文学の研究』所収、東京大学出版会、一九七二）で長慶の連歌について評価したものである。付け加えるならば、財力ある堺の連歌師と交流があったからこそ、連歌だけでなく経済的才能も育まれたと考えることができる。本願寺領河内十七箇所の代官であったにもかかわらず、幕府料所の河内十七箇所の「御代官」を懇望したのも、経済的価値観を備えていたからである。その価値観ゆえ「元長段階までは、三好氏は畿内で不利な状況に追い込まれると阿波に撤退していたが、長慶が越水に入城して以後は、どんな不利な状況になっても阿波に帰国することはなく」なり、越水城が長慶の本拠地として形成され、芥川城へ移ってからは、そこが京都支配を行う地となっていくのである。飯盛へ移ってからも芥川城同様の性格と位置づけで、畿内を支配する公権力として認められていった（天野忠幸「三好氏の摂津支配の展開」）。

そしてキリスト教への理解と保護である。堺の商人たちにとっては、「貿易を行ふ為め当町に来集せし異郷人の洗礼を受けたる者更に多し」（八「一五六二年堺発パードレ・ガスパル・ビレラより耶蘇会のパードレ及びイルマン等に贈りし書翰」、『耶蘇会士日本通信』上巻所収）とあるように、洗礼を受ける目的は貿易にあった。長慶の場合、阿波在住時に藍や木材を他国と交易する仕組みを学んでおり、堺で商人と交わる間に「異郷人」との交易にも関心を持ったと考えることは容易である。したがって長慶は武将であったと同時に商人的才覚もあったと考えたのである。

最後に長慶が「参内あるいは天皇を政治的に利用しようとした」（今谷明『戦国大名と天皇　室町幕府の解体と王権の逆襲』講談社、二〇〇一）ことの有無について触れておきたい。『御湯殿の上の日記』での管見ではあるが、三好氏に関する記事は本論で紹介したものを含め、三十八件ある。そのうち長慶に触れた記事は天文二十二年八月二十三日条から永禄五年六月二十六日条までの二十三件である。二十三件のうち本論で紹介した以外は女官が聞いた長慶の合戦記事である。本論で示した禁裏との関わりがある記事の中には、長慶が天皇を利用しようとしたことが窺える確かな記事はない。しかし当時の他の実力ある武将同様に、天皇の権威の傘下に入ることにあこがれていたことは推測できる。すなわち、長慶の官途受領や内裏の修理、さらには禁裏への物品の進上や金銭の献納などである。

長慶は永禄七年（一五六四）七月四日飯盛城で死を迎える。四十三歳であった。一度は京都を押さえたもののそれが全国制覇へ向かうものであったかはわからない。没したときの年齢からいうと道半ばであったかもしれない。

芥川山城と三好長慶の政権について

堀　孝

一、「芥川城」名称について

芥川城の名称については、古記録などでは平野部の西国街道沿いの芥川宿の北側に字「殿町《とのまち》」があり、現芥川町三・四丁目・紫町・殿町地内にあったと想定される城跡も、大字原地内の山間部にある山城跡も、従来同じく芥川城と呼ばれていた。いずれも大阪湾に注ぐ淀川の支流である芥川沿いの中流域と上流域に位置する。

現芥川町内にあったとされる平城は芥川氏が支配した城である。芥川氏は平安末期以降、摂津国嶋上郡芥川宿を根拠に成長し、鎌倉時代初期には幕府の御家人となった武士である。西国街道は、上宮天満宮《じょうぐうてんまんぐう》から西進して約三〇〇メートル先で急に南に折れ曲がり、約一〇〇メートル先の芥川一里塚前から再び西方向に戻るという具合に、人工的に施工されている。城を隠蔽《いんぺい》ないし回避したためと考えられ、東西約四四〇メートル×南北二二〇メートルと相当広大な城域であったものと想定されている。

しかし、城が芥川氏段階から存在していたことは文献上や、南北朝時代から戦国時代にかけての遺物が検出されていることから分かるものの、城郭を示す遺物や遺構らしきものは検出されていない。戦国時代まで関銭を徴収していた芥川関（内蔵寮《くらりょう》支配の芥川率分所《りつぶんしょ》）の役割をも務めていたという説もある。そこで西国街道沿いの芥川城跡をそのままの名称で呼ぶ。一方、大字原地内の山間部にある山城跡は、種々の文献や遺構などから三好長慶らが居城していたいわゆる芥川城であることが明確になってきた。誤解を避けるために区別し、後者を「芥川山城」（『高槻市史』に初見）と呼ぶようになった。

二、芥川山城の概略

永正十三年（一五一六）正月に連歌師・柴屋軒宗長《さいおくけんそうちょう》が、その頃親交があり連歌に造詣が深かった芥川城主能勢頼則（同年八月に逝去）を有馬の湯治に行く途中訪れた。宗長は、

芥川能勢因幡守新城にて祝いの心を
うちなひき　いつこかのこる　春もなし

と詠んでいる。この新城とはどこかという疑問はあるが、新しく築城されたことは間違いない。宗長が新城で祝いの連歌を詠んだのが永正十三年正月であるから、前年の永正十二年（一五一五）には完成していたに違いない。

能勢頼則は本来摂津国能勢郡あたりを本拠地としていたが、細川政元の有力な被官であった。細川高国が摂津守護となると、頼則もその被官となった。

そして「国守ハ上郡芥川ノ北に当タリ、可然大山ノ有ケル城郭ニソ構ヘルカ昼夜朝暮五百人・三百人ノ人夫、普請サラニ止時ナシ」（『瓦林正頼記《かわらばやしまさよりき》』永正十七年十月）とある。瓦林正頼は摂津国武庫郡付近の豪族で、細川高国の被官となり鷹尾城《たかおじょう》（現芦屋市）・越水城（現西宮市）の城主であった。これらのことから連歌師宗長が新城で祝いの連歌を詠み、芥川の北の大きな山に多くの人夫が昼夜兼行で大城郭を築いていて、正頼が仰天したというのは、まさに芥川山城そのものである。現在では細川高国が能勢頼則に命じて築城されたという説が定着している。したがって、永正十二年（一五一五）に築かれた新城・芥川山城の初代城主は能勢頼則である。

元亀四年（一五七三）、最後の芥川山城主・高山飛騨守が高槻城主になってのち、廃城となった。築城から廃城まで半世紀を超える約六十年の長きに及ぶ城主の変遷を簡単に追ってみよう。

初代城主の頼則は宗長と祝いの連歌の会を催した永正十三年（一五一六）の八月に逝去し、跡を頼明が継いだ。さらに大永三年（一五二三）に国頼が城主になっていた。大永七年（一五二七）細川高国と晴元との合戦により高国側が敗れ能勢氏は芥川山城から姿を消した。その後、しばらく芥川山城の名は歴史上から消えるが、天文二年（一五三三）頃、一向宗に追われて淡路にいた晴元は軍勢を立て直して芥川山城に入り、当城を拠点に勢力を広めた。天文五年（一五三六）には京都に移ったが、ことあるごとに芥川に戻って指揮をとり、『高槻市史』では芥川体制とさえ呼ばれた。その間は芥川豊後守が城主の任にあたったといわれる。ところが天文八年（一五三九）、晴元と対立する三好長慶が入城したがその後和議が成立して退城し、薬師寺氏が城主として入った。

その後、芥川山城は細川氏綱に奪われたが、天文十六年（一五四七）には長慶が奪還し、自らの縁者である芥川孫十郎を城主に就けた。しかし五年後の天文二十一年（一五五二）には、孫十郎が長慶を討とうとするはかりごとが発覚した。孫十郎に対する遺恨が晴れず、翌二十二年七月ついに長慶は帯仕山《おびしやま》に陣を構えて芥川山城を攻めた。一か月余後の八月二十二日には孫十郎は降参し、阿波に逃げ延びた。その後、長慶（三十一歳）と嫡男・義興（十歳）の父子が芥川山城に入城し、当城を拠点に畿内をはじめ広く天下に号令をかけた。長慶が飯盛城に移り義興が城主となってから永禄四年（一五六一）頃までの芥川山城は最も隆盛を極めた。芥川政権と『高槻市史』が呼んだ時期でもある。そして永禄六年（一五六三）八月、城主義興が当城で二十二歳の若年で病死した。その後三好三人衆の三好長逸が城主となったが、永禄十一年（一五六八）九月には足利義昭を奉じて織田信長が摂津に攻め入り、同二十九日、天神馬場（上宮天満宮前）に陣を置き城を攻め落とした。翌日、信長は芥川山城に入城、同十月十四日まで居城し、各層から祝いの挨拶を受け門前市をなしたといわれている。そして和田惟政《これまさ》が入城した。惟政は翌年高槻城主となり、後に高山飛騨守が入城した。

高槻城主・惟政が白井河原の合戦で荒木村重ら池田勢に敗れ逝去し、惟政の長男・惟長《これなが》が後を継いだが、元亀四年（一五七三）三月、高槻城のクーデター（『高槻市史』第一巻）で高山右近により惟長は城を追われ、芥川山城主であった高山飛騨守が高槻城に入った。その年の八月、高齢の飛騨守は子息の右近に高槻城主を譲ったといわれる。この頃から芥川山城は歴史上に現れなくなり、放棄・破却されたのだろうというのが定説となっている。

三、芥川山城の形状と縄張りと遺物・遺構

立地は大字原で地元では俗称・城山と呼ばれ、現在の地図では三好山である。標高一八二メートル、範囲は東西約四五〇メートル×南北約四五〇メートルに及び、広さは甲子園球場約五つ分に相当する。そして北・

西・南の三方は急崖で、丹波層群の巨岩を露呈した芥川・通称摂津峡と呼ばれる深い渓谷を形成し、水の急流もあり、まさに天然の要害をなす（写真①参照）。

芥川山城跡の概要は近年調査が進み明らかになりつつある。縄張りは図①のとおりで、頂上には主郭（本丸）を構え、そこから四方八方に階段状に大小二十八か所の郭を築造し、虎口四か所、堀切七か所がはりめぐらされ、防衛戦略上さまざまな検討を加えられてきたことがうかがえる。現在の城郭で興味を引くのは山中に存在する多くの平らな郭、誰の目にも明確な一筋の縦土塁、堀切を伴う土橋、南の現・城山集落からの大手道を登りきる直前にある大きな花崗岩《かこうがん》による石積みなどである。近くには石切り場も残存する。また、水が湧き出て枯れたことがなく、今日でも不思議にさえ思われている場所がある。

平成五年に高槻市教育委員会が発掘調査し、遺構や多数の遺物が確認された。

調査対象は山頂の主郭部分である。注目すべきは北側から建物礎石が秩序よく設けられ、全体は未確認なものの東西約六・五七メートル以上、南北約三・九メートル以上の規模があるとみられることである。礎石は扁平《へんぺい》な河原石が用いられ、その配置から回り廊下を巡らしたかのような複数の部屋を持つ建物があったことが確認されている。管領級の城主が度々居城したことから当時としては相当な規模を誇ったであろうと思われる。家臣たちの戦略会議が行われたり、諸争論の裁許を求め村の惣中や有力者が来城したり、そして優雅な連歌の会を催したりと、まさに戦国時代の政所であり、文芸の館である。

なお、遺物も数々出土している。土師器皿、同釜、瀬戸美濃の陶磁器類、すり鉢、鉢壺、唐津の陶磁器、中国製陶磁器、硯《すずり》、瓦などの破片、二枚の銭貨（一〇三九年初鋳の皇宗通宝・一三六八年の洪武通宝）などのほか、煤《すす》で黒ずんだ皿の破片（燈明皿か）や碁石さえも検出されている。碁石といえば囲碁の歴史は古く、奈良時代に上流社会で盛んに打たれ、正倉院に碁盤が収納されているのはよく知られている。室町時代には武士

写真① 三好山(芥川山城跡)の遠景(あくあぴあ芥川から撮影)

写真③ 土橋と観察する歴史愛好家たち

写真② 上から見た縦土塁

や庶民にも広がり、桃山時代には初代本因坊《ほんいんぼう》算砂《さんさ》が誕生しているくらいであるので、記録はないが、さぞ芥川山城でも打たれていたのであろう。戦国時代の城主たちの暮らしのロマンがしのばれる一面でもある。なお、大量の灰の土層が検出されていて、これは弘治二年正月五日の『多聞院日記』に「一芥田川ノ城焼失云々、藤二郎礼ニ来了」(『高槻市史』第三巻 史料編Ⅰ)とあることを裏付けるものであろうといわれている。

現在、主郭跡には江戸期に建てられた三好長慶らをまつる祠(宝暦七年に再建と

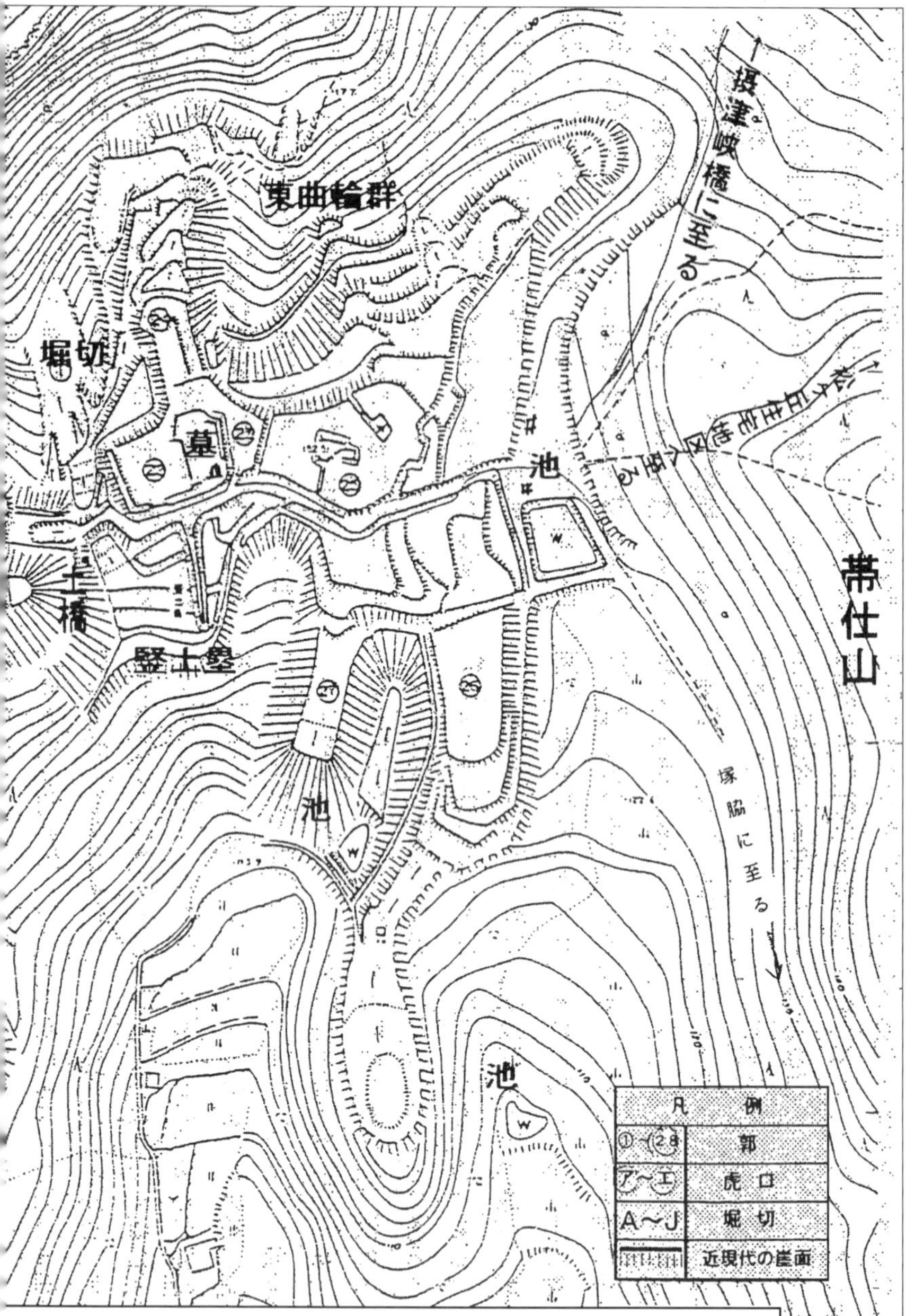
東曲輪群
堀切
墓
土橋
竪土塁
池
池
池
帯仕山
摂津峡橋に至る
塚脇に至る
凡例
①〜㉘　郭
ア〜エ　虎口
A〜J　堀切
近現代の崖面
200m

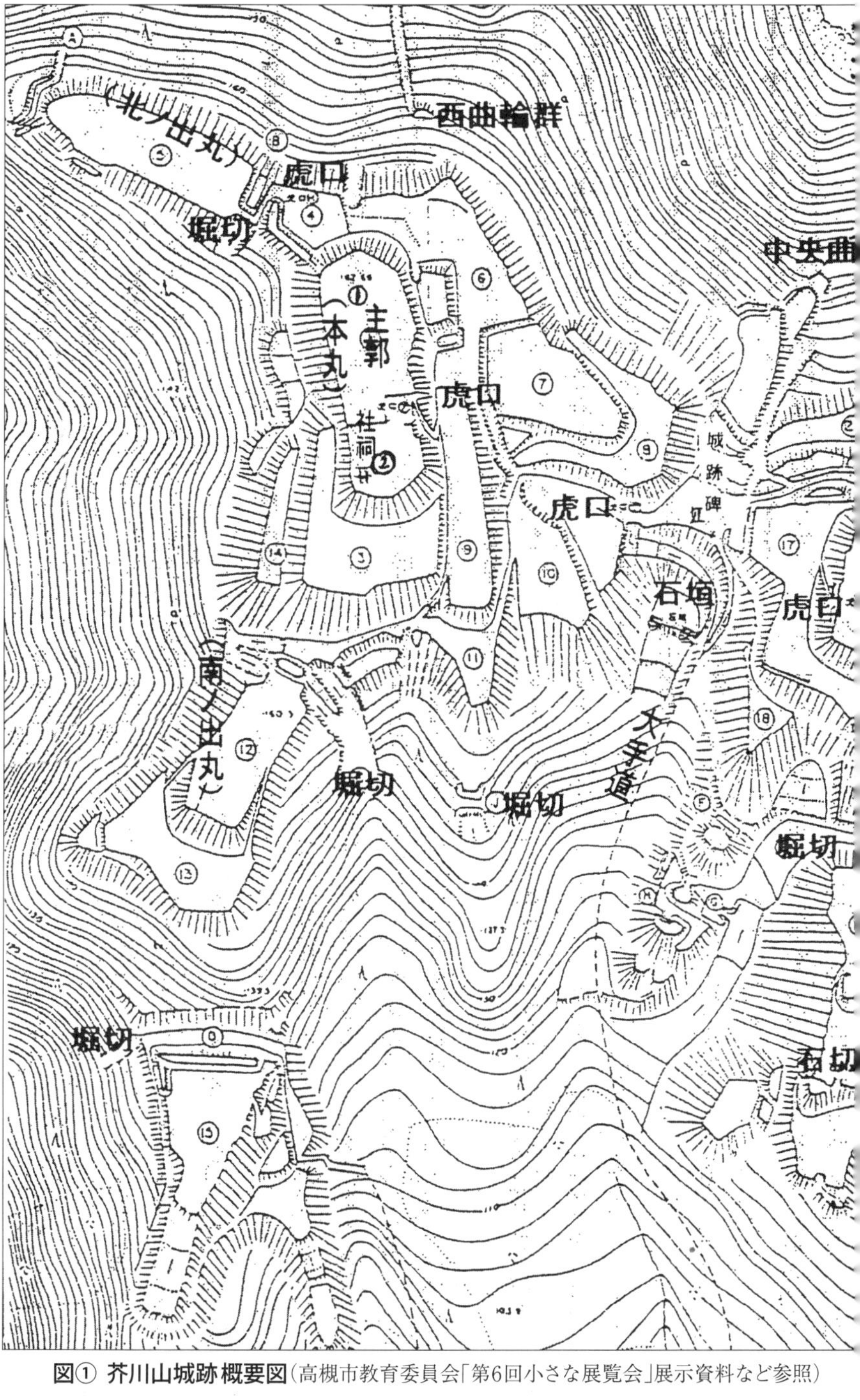

図① 芥川山城跡概要図（高槻市教育委員会「第6回小さな展覧会」展示資料など参照）

写真④ 図②のC区で検出された礎石の配置状況
（高槻市立しろあと歴史館『三好長慶の時代』より転載）

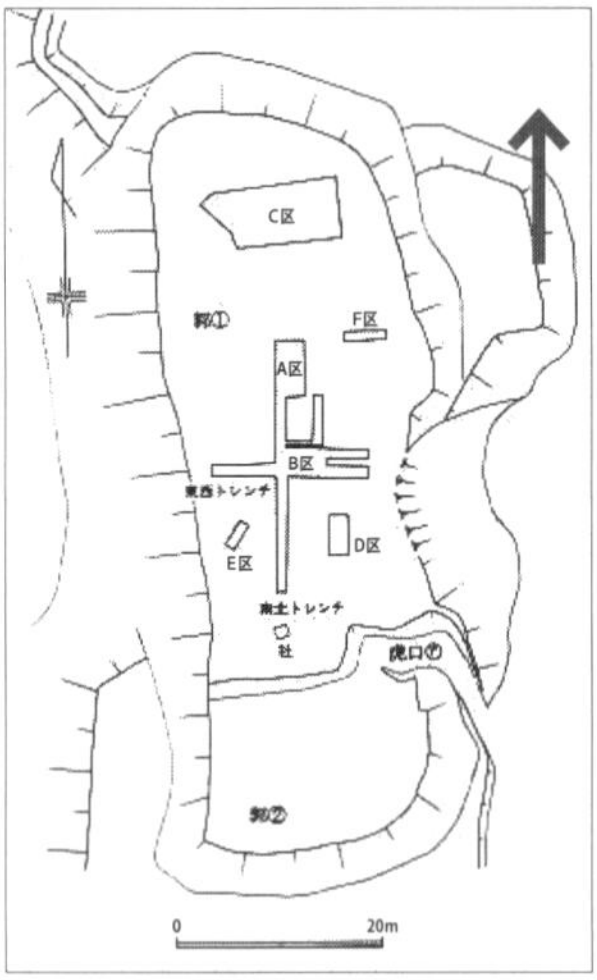

図② 芥川山城跡主郭部調査位置図
（『高槻市文化財年報 平成５年度』）

写真⑤ 図②の主郭部から出土した遺物
（高槻市教育委員会提供、徳島市立徳島城博物館
『勝瑞時代 三好長慶天下を制す』より転載）

の棟札がある）があり、古くから郡家の人たちが参詣し、今も長慶の命日には祭礼が行われている。そして地元では芥川山城跡を通称・城山と呼んでいるが、早くから地図では「三好山」と命名され表示されている。なお、三好氏一族をはじめ家臣・松永久秀など多くの茶湯の精通者がいたにもかかわらず、茶道用具類は検出されていない。貴重品ゆえ当然移動時に持ち出されていたのであろう。

四、三好長慶十代の飛躍の頃

細川晴元の被官として、堺幕府と呼ばれた頃の中心的存在であった千熊丸（長慶の幼名）の父・元長は晴元から疎まれ、それがもとで晴元に煽動《せんどう》された本願寺一向一揆に攻められた。元長は妻と千熊丸を阿波に帰し、天文元年（一五三二）六月二十日、堺の顕本寺で三十二歳の若さで自刃して果てた。長慶十一歳の時である。

それから四八一回忌の年を迎えた平成二十四年六月二十日、顕本寺で同寺住職・菅原善隆氏を導師として「第一回 元長忌」が、関係者を招いて厳《おごそ》かに開催された。

長慶が阿波に帰って母や関係者からどのような話を耳にしたかは知る由もないが、祖父の長秀は永正六年（一五〇九）に高国の縁戚・北畠材親に攻められ三十一歳の若さで自害、曾祖父の之長は永正十七年京都知恩寺にて自害したとのことである。いずれも細川京兆家の家臣であり、その宗家の内紛やそれに関わる讒言などによる、いわゆる戦士の死である。当時十一歳の多感な少年長慶は、母や側近たちの聞き伝えや当時の現実からいかなる武士道を会得したのであろうか。

晴元は本願寺の門徒衆の力を借りて元長を討ったあと、わずか一年後には手の平を返したように法華宗信徒らをして山科本願寺を焼き討ちせしめたことから、一向一揆とせめぎあいとなった。しかし天文二年四月には晴元は体制を立て直し、京都に近い芥川山城へ有力家臣を伴って入り、居城とした。以後京都に影響力を発揮し、芥川政権とさえ呼ばれる時期を迎えることとなる（『高槻市史』第一巻）。同年六月には晴元と本願寺光教（証如）との和談が成立し、この時「三好仙熊に扱いをまかせ」（『本福寺跡書』）たといわれる。これは十二歳の千熊丸の名のもとに三好勢の代理の者が和談させたのであろうが、三好の勢力の強さを示すものである。

早くもこの年齢にして、晴元に対する遺恨もないかのように和談に導く三好勢の中心人物として登場するのは、父元長が信頼されていて、長慶もそれなりの人格を備えていたからであろう。

長慶は、同年九月には越水城を奪回、翌三年には本願寺に味方して晴元軍と戦ったが、木沢長政の仲介で晴元に属することとなった。

そして、畿内の一向宗門徒弾圧のため晴元に利用された法華宗寺院や信徒勢力であったが、天文五年七月、晴元・木沢長政・六角定頼らは比叡山延暦寺などの僧兵の協力を得て京都の法華宗徒を襲撃し、法華宗二十一本山を焼き払った。いわゆる「天文法華の乱」である。

晴元勢力に反対する勢力は一掃され、晴元は芥川山城を離れて京都に入り、十二代将軍義晴に謁見した。一向宗門徒・法華宗信徒を中心とした相剋《そうこく》も収束した同年十一月、長慶は「公事無為を賀し、右京兆え、三好仙熊一献す」（『鹿苑日録』）と、十五歳で堂々と晴元を招いて平和の宴を開いたといわれる（長江正一『三好長慶』吉川弘文館、一九八九）。

長慶は天文八年一月、晴元を招宴中に河内十七箇所の代官職を自分に与えるよう要求した。晴元は承諾しないので直接幕府に訴え、ここから長慶と、政長およびそれを支援する晴元との争いに発展する。長慶が二千五百人ばかりを引き連れて上洛したところ、将軍義晴が妻子を避難させたり出兵を要求したりしたことにより京中は混乱したが、一方で義晴は長慶と晴元・政長の和談を進めたり京都の治安維持を長慶に命じた。同年七月には京都妙心寺付近で政長と戦うが、義晴や六角定頼の和談を承諾し、芥川山城を定頼に任せて越水城に入り、その後そこから幕府に出仕した。

長慶十九歳の天文九年、八上城主波多野秀忠の娘と結婚したといわれる。

十代の長慶は早くも主家の頭越しに将軍に直訴したりしていた。争いにはしばしば将軍らが調停に入るなどして和談に至っている。

五、長慶二十代躍動の時期　将軍・管領らとの争いに弟ら援軍が参加

天文十一年芥川山城には晴元が入り、木沢長政は太平寺合戦に敗れた。父元長の戦死の一因をつくった長政を討ったことになる。山科言継は芥川山城の晴元に戦勝祝賀の書簡を送ったが、帰京する長慶はその返書を言継に届けた。しかしこの時長政の援兵に来ていた大和の筒井勢が逃走し、長慶の家臣松永久秀らは山城に布陣する契機となる。

天文十二年十二月高国の跡目と称して細川氏綱が堺を攻めたが、晴元勢に敗れた。八月芥川山城にいた晴元は長慶を堺に出陣させ氏綱を追った。

天文十五年、河内守護代遊佐長教を中心に将軍らが、細川家の家督を晴元から氏綱に変えようと画策した。このはかりごとを知った晴元は、長慶に堺で兵を整えさせた。ところが、それを察知した氏綱は大和の筒井

氏らを加えて堺を包囲した。長慶は準備不足で堺の「会合衆」に仲裁を依頼し包囲を解かせた。一方芥川孫十郎が守る芥川山城は氏綱に攻められ、同年九月に開城する。この頃、長慶らは連敗を重ねたが、淡路の弟・安宅冬康、阿波の弟・三好実休らが続々と到着し上洛した。それを知った将軍義晴は勝軍地蔵山《しょうぐんじぞうやま》に築城を始め、十一歳の嫡子義輝に将軍職を譲った。晴元はまず摂津を平定し将軍に対抗しようと三宅城などを陥れた。

この頃、管領の一被官である長慶に幕臣が知行保護の書状を送っていた。また芥川山城も薬師寺元房が城主を降り芥川孫十郎に返された。

七月には将軍義輝は晴元勢に追われ近江の坂本へ逃亡、長慶勢は天王寺の舎利寺で氏綱勢に大勝した。「近代無双の大せりあいなり」(『足利季世記』)という。義晴は晴元を退けて氏綱を起用しようとしていたが、その目論みは長慶の力により崩れた。天文十七年対陣中の長慶兄弟らと畠山政国・遊佐長教との間を六角定頼が和談させ、その後、長慶は長教の娘と再婚した。昨日の仇敵は今日の味方、まさに政略結婚である。長慶は五月越水城に帰り協議し、三好政長・政勝父子は曲事《くせごと》をするので、晴元があくまでも政長父子を保護するのであれば晴元をも敵とすると決めたといわれる。

そこで、天文十七年八月長慶は晴元の被官らに政長父子の誅伐を願い出た。長慶は長教らに出兵を求め、一方、晴元の岳父定頼は、三好長慶謀反として和泉の岸和田兵部大輔、根来衆徒にも出兵を求めた。天文十八年六月政長は江口に陣し、長慶は弟・安宅冬康と十河一存を遣わし攻めた。政長は大敗し足軽に討たれたといわれる。

同十八年細川氏綱を擁し、長慶らは京都に上洛した。天文十九年五月に前将軍義晴は四十歳をもって逝去したが、弟一存・芥川孫十郎・三好長逸らが中尾城を攻め、松永久秀らは大津まで追撃した。

六、長慶全盛期の三十代　将軍近江に二度目の追放

天文二十年、三好長逸は禁苑の拝観を申し出て許された。将軍不在の京都は実力者長慶に依っていて、長慶は同三月市中に地子銭を課すまでになっていた。しかし、同三月七日に伊勢貞孝を招宴した際と、同十四日伊勢貞孝の宿所へ向かった際の二回暗殺未遂に遭遇、いずれも将軍の近侍が企てたといわれている。洛中は長慶にとって伏兵がおり危険な都でもあった。

同年七月近江の将軍義輝らは京都回復を熱望し、その兵三千余が京都に進み、長慶の家臣松永久秀らが敗走させた。天文二十一年、細川氏綱は細川家の家督に任じられている。

天文二十二年七月長慶は京都から帰り、謀反を図った芥川孫十郎がこもる芥川山城を攻めるべく帯仕山に向城を築いた。その頃京都では晴元勢が三好方の宿所に放火したとの知らせが入り、長慶も芥川山城に抑えの兵二千を置き、八月一日入洛した。その軍勢は二万ともいわれている。

八月五日将軍義輝らは近江に逃れた。将軍にとっては二度目の近江である。長慶はこの時、将軍の供として近江に行った者の知行を没収するとの通達を出したので、奉公衆らは帰京し、将軍のもとにはわずかしか残らなかったといわれる。注目すべきは、この年七月に山科言継が桂川用水の件で、幕府でなく長慶に訴え解決を依頼していることである。また、翌年には今里村（京都府長岡京市）と植野村（同向日市）との水論をめぐって同じようなことが起きた。芥川山城に両村の代表が登城し長慶の裁許を仰いでおり、天文二十三年六月十八日に裁許している。

長慶が京都から遠くない将軍の朽木の居城を攻めようとした形跡はない。これについて「下剋上の標本の

ようにいわれる三好長慶は自己の権益を主張する以外に案外伝統を尊重する律儀者であったといえる」と長江正一氏は『三好長慶』で述べている。先祖が戦に起因して斬首や自害により世を去った悲しみを知る彼の人格がもたらした結果であろう。

一方芥川山城の芥川孫十郎は降参して五百の兵とともに堺へ退き、三好実休を頼って阿波へ去った。同八月二十五日長慶は息子・義興と晴元の子・聡明丸を呼び寄せ芥川山城に入城した。将軍、晴元らは近江へ、そして芥川孫十郎は阿波へ去り周りに敵はなく、越水城よりはるかに京都に近い芥川山城を居城として七年間天下に号令を発することになる。

また、宮中から禁裏の堀を浚渫《しゅんせつ》する費用を洛中に課するよう長慶が命じられている。同十二月には長慶よりかねて依頼のあった『玉葉和歌集』の写しを、山科言継が届けている。これは長慶が和歌にも通ずる文芸家である証左である。

弘治元年（一五五五）長慶は御料所について勅命を受け、同十月には勅命により、禁裏の築地《ついじ》修理に対し洛中から費用を徴し修理作業を行っている。同十二月には内蔵寮領率分について糾明し、物集女《もずめ》の武士に天竜寺の公用を速やかに納めるよう命じたり、百姓には年貢や地子銭を寺院へ納付するよう命じたりしている。

弘治二年四月には宇治橋を造り替えている。東寺に対して不正をただすよう指示し、また六月十五日には父元長の二十五回忌を営み、七月には堺における菩提寺として南宗寺を創建している。

弘治三年九月には後奈良天皇が崩御し、正親町天皇が践祚《せんそ》される。

長慶は芥川山城で連歌会を催し、それには長慶・弟の安宅冬康・当代連歌界随一の谷宗養・里村紹巴《じょうは》など十名が参加して芥川百韻が興行された。

冬も雄鹿の行きかえる道

など長慶は十六句を詠んでいる。長慶は文芸にも秀でていた。永禄元年（一五五八）には晴元の子を芥川山城内で元服させる。この頃長慶は摂津を中心に山城・丹波・和泉・阿波・讃岐・播磨の一部まで支配していた。ところが近江にいた将軍義輝が帰洛しようとしたため、同六月長慶との戦いが起こった。長慶が義輝と戦うのは三度目であった。九月に清水寺に、十月には大山崎に禁制を出し、四国などから援軍が続々集結した。一方、六角義賢より将軍との和談を持ちかけられた。幾度となく和談が将軍側から破られてきたため信用できないといったんは拒否したが、尼崎で兄弟らと協議して和談に応じた。

将軍義輝は同年十一月帰京、将軍にとっては五年四か月ぶりの京都であった。

永禄二年二月には長慶は子・義興を伴って入洛し将軍に面会させており、三月には将軍側近を招宴した。四月には宮中に能・太刀・馬代を献上し、天盃《てんぱい》を戴いている。五月には将軍の供をして上賀茂神社での故将軍義晴の忌辰《きしん》に列席している。

同五月十九日、芥川山城の地元である真上村と郡家村との間で長年争われてきた水論に対して、長慶は現地に検使を派遣し調査した上で、井堰の位置を示した絵図を添えて、郡家惣中あての水論裁許状を出している（口絵参照）。絵図の表には奉行の署判があり、裏面に長慶の署判がある。この史料が公になるのは、昭和四十四年『高槻市史』編纂にあたって資料を収集した時に、郡家財産区代表者宅に保存されていた多数の古文書とともに、高槻市に寄託されて以来である。同五十九年に高槻市有形文化財に指定されている。

表①が、将軍が朽木に逃れ、京都が無政府状態となった中、三好長慶が政権を担っていた証拠である。『高槻市史』は芥川政権と呼んでいるが、まさにそう呼んでも過言ではない時期であった。

表① 三好長慶が発給した裁許状の年代と数（芥川政権・三好芥川政権と呼ばれる根拠の一つ）

西暦	和暦	発給数
1554	天文23	(1)
1555	弘治元	4
1556	2	2
1557	3	4
1558	永禄元	3
1559	2	2

（今谷 明『室町幕府解体過程の研究』より。（　）内は今里村と植野村との水論裁許）

一方河内に出陣するため芥川山城に帰城し、八月には高屋城を攻め落とし、飯盛城をも攻め落とすという、交誼《こうぎ》に戦にと非常に多忙な時期であった。

同十二月長慶の子は将軍義輝の偏字「義」を直筆でもらい、名を義長と改めた。

永禄三年正月に長慶は幕府に出仕して相伴衆に加えられ、さらに修理大夫に昇任し、子・義興は筑前守に任官した。

この頃、長慶は幕臣やかつての主家さえ指揮下におさめ、将軍もその力に依存していた。同一月二十七日には正親町天皇の即位式に数万の拝観者が詰めかけている中、長慶の家臣ら百余名が烏帽子《えぼし》を冠《かぶ》り、警護にあたった。

前年の永禄二年八月の正親町天皇の綸旨が禅寺・霊松寺に与えられている。

霊松寺は行基菩薩が開基したという古刹《こさつ》である。西国街道のごく近く現高槻市天神町二丁目にあり、芥川山城から京都への途上に位置している。長慶も幾度か立ち寄ったであろう。長慶は当寺に禁制を出している。朝廷に関わる諸事柄を円滑に処理し、権力があり信頼もある長慶の居城の近くの当寺に天皇から綸旨が与えられたのであろう。なお、今日の当寺には表参道の入口に「正親町天皇勅願所」の石碑が建立されており、境内の墓地には長慶が唯一寵愛し、期待していたにもかかわらず早世した子・義興の墓や、かつて三好方の武将であった入江春正、江戸時代の高槻城主・土岐《とき》定義の墓もある。

永禄三年二月一日に長慶と義興が将軍家へ出仕した時、義興・久秀は御供衆に加えられ、松永久秀は弾正少弼《だんじょうしょうひつ》に任ぜられた。このように三好長慶は最盛期を迎えた。

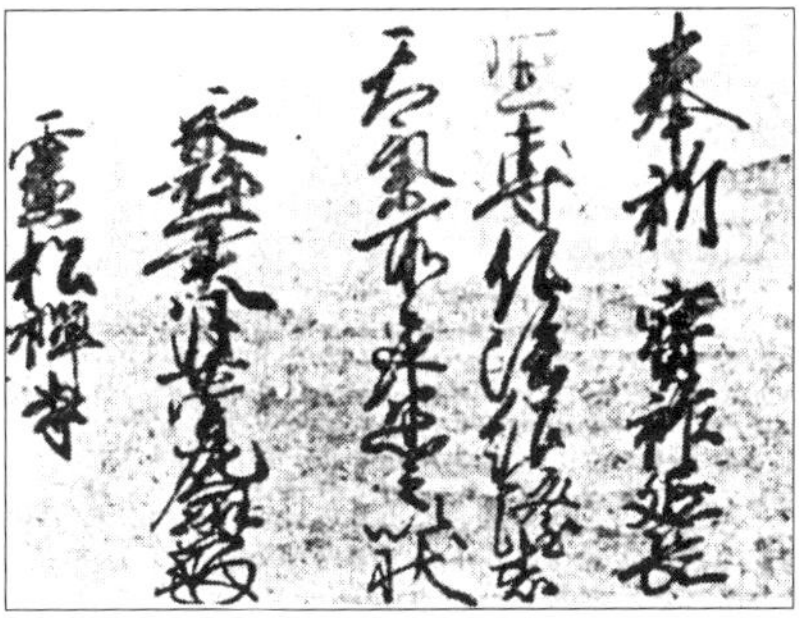

写真⑥　正親町天皇綸旨
（霊松寺文書、『高槻市史』第一巻より転載）

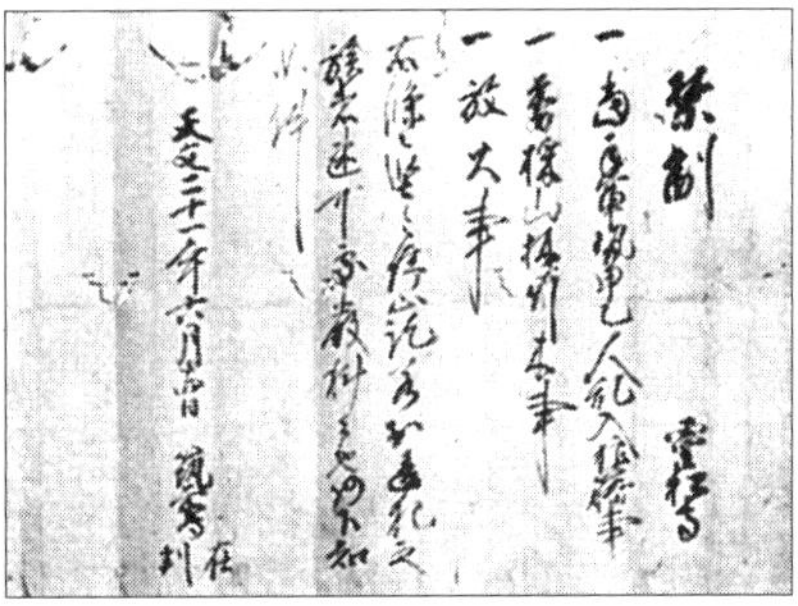

写真⑦　三好長慶禁制写
（霊松寺文書、『高槻市史』第一巻より転載）

四月には長慶は淡路洲本で弟の実休と会談した。昨年、高屋城を陥れ復帰させた畠山高政に不信がつのり、長慶は十月飯盛城・高屋城を攻め開城させた。こうして河内は三好の領地となった。長慶は高屋城を実休に与え、そして自らは十一月三日飯盛城に入り居城とした。その頃、家臣の松永久秀は大和を支配していた。その久秀の配下として沢城主を務めた高山飛騨守（その子はのちにキリシタン大名として高槻城主となる右近）が永禄十一年、三好勢が敗退し織田信長に占拠された芥川山城の城主になろうとは誰が予想できたであろうか。

七、三好長慶の極盛期から急衰退の四十代　結末と芥川山城の廃城

永禄四年一月には義興と久秀はともに従四位下に昇位。また二月には義興と久秀の両人は桐紋を拝領した。三月には将軍・義輝に三好邸への「御成り」を請うて認められ、三好勢が総出で一行を豪華に歓待し、三好邸に一泊させた。

同月十九日には河内の高屋城主の実休が相伴衆に列せられる。

一方、四月には長慶の弟で勇猛な「鬼十河」と恐れられた十河一存が逝去。五月、将軍から和議の依頼を受けた長慶の懇情により、晴元もついにかつて家臣であった長慶を頼って普門寺（高槻市）に隠棲し、永禄六年に同寺にて逝去した。

三好長慶の権力とその人格を知るよすがとすべく『足利季世記』巻之五（『高槻市史』第三巻 史料編Ⅰ）の古記録を見てみよう。

同年五月六日、細川晴元入道一清ヲ三好ヨリ御迎ヲ奉リテ、摂州富田庄普門寺エ入被申、則富田庄ヲ御知行有ヘキ由ニテ御馳走アリケリ、誠ニ多年旧功ノ主従ナレハ三好殿旧懐ノ涙頻リナリ

とある。文意から、晴元に対する数々の不信や怨念を乗り越え、主であった晴元に懇情を寄せている人柄が読み取れるのである。普門寺といえば境内に晴元の墓と伝える宝篋印塔《ほうきょういんとう》がある。足利義栄が三好勢の保護のもと将軍の宣下を受けたところとして、また、江戸時代には宇治の黄檗宗《おうばくしゅう》総本山・万福寺の創建者である中国の高僧隠元禅師《いんげんぜんじ》が六年間滞在したことで知られる。現在、方丈は国の重要文化財で、庭園は北摂随一の名勝である。

永禄四年十一月に三好勢は六角義賢と勝軍山で、また畠山高政とは岸和田でそれぞれ熾烈な合戦を繰り広げた。明けて永禄五年には三好義興と六角義賢とが戦った。三好勢は山崎に退き、三月には実休が久米田の戦いで戦死した。しかし、五月には義興らが高政に大勝した。長慶はこのように連戦を繰り返す中、力は衰微の方向にあり、弟・実休が戦死するも支援にかけつけるでもなかった。

明けて永禄六年二月には連歌会を催している。長慶は文才に優れていた。連歌を始めたのは天文十一年

写真⑧　三好義興墓（霊松寺）

（二十一歳）からで、連歌会は分かっているだけで延べ二十七回以上、千句会三回以上、発句十六回以上。「この時期の連歌界の有力者で中心人物と名づけるゆえんである」と木藤才蔵氏は『連歌史論考』（明治書院、一九九三）で仔細に述べている。

戦国時代、百戦練磨の長慶が文武両道を突き進んだ。しかし同六年八月二十五日に長慶の最愛の子・義興が芥川山城にて二十二歳の若さで逝去した。長慶は有望な子を亡くして、さぞ落胆し打ちのめされ意欲を喪失したと思われるのである。

後世に作成された『続応仁後記』巻八には次のように伝えられている。

其年八月廿五日摂州芥川ノ城ニ於イテ三好長慶ノ一子筑前守義興俄ニ卒去セラレケレハ、父長慶ハ不レ及レ云、公方家迄モ御愁傷有リ、此人父祖ニ不レ劣器量優レテ、一度ハ天下ノ乱ヲモ可二相鎮一人ナリシニ、角死去セラレタリト云テ其皆人惜合ケリ、是ハ近習ノ者食物ニ毒ヲ入レテ殺シケル共云ヒ、又松永弾正カ角ハカラヒケル共風聞ス、何レニモ義興頓死セラレシ故ニ諸人ノ雑説止サリケリ

明けて永禄七年五月九日飯盛城で弟・安宅冬康を横死させ、わずか三年あまりの間に有力な弟や息子を亡くし、同七月長慶も十三歳の若齢の養子・義継を遺し四十三歳で永眠する。

その後四年間、三好一族が芥川山城を保持し戦略を展開するが、織田信長勢の攻撃を受け三好勢は退城、永禄十一年（一五六八）九月三十日、信長が入城して翌月十四日まで滞在する。「芥川十四日御逗留の間、門前

に市をなす事なり」（『信長公記』）とあり、かつて将軍を凌駕《りょうが》する権勢を持ち畿内を支配した三好長慶の拠点であった芥川山城が占拠されたことにより、三好政権から信長政権に時代が変わることを、門前に群がった有力者の面々が感知してのことであろう。

むすび

三好長慶は三代にわたって築かれた畿内の基盤をもとに管領の相続争い、それにまつわる将軍や地域の武将らとの争いに巻き込まれつつも、将軍を近江に追放し、実質的に政権を掌握したといっても過言でなかろう。天下に号令を発するまでになったが、幕府と和解してしまった。長慶は先代から自由都市で経済力のある堺と強い結託を保持し、海上も弟たちの水軍が即応でき、しかも入洛するに最短距離の摂津を早くから支配し、京都の隣地・高槻の芥川山城を中心に強固な城郭を築いた。連歌などの文芸にも優れたが、多くの讒言を聞き入れたなどの伝承も残したのである。

いずれにせよ、三好の家督を継ぎ三十余年にわたって文武両道の武将として活躍した三好長慶は、信長・秀吉・家康の天下統一への足掛かりへの先駆者であるといえる。

飯盛山城と三好長慶の支配体制

須藤茂樹

実休の死、飯盛山城連歌会逸話――「はじめに」にかえて――

飯盛山城というお城で連歌会が開かれていた。

扨いいもり(飯盛)には連歌の会ありて永義(長慶)、冬康、宗養、紹巴など列座す、三の折すぐる時分に実休討死の注進状を永義に捧る、永義一見して懐中し、座を動らず、色を変えず、時に傍人、芦間にまじる薄一村と云々、座中つけわづらいしに、永義、ふる沼のあさきかたより野となりて、とありしかば、諸人皆興に入り、冬康は殊に歌道の達者にて、いにしへをしるせる文のあともうしさらずはくだる世ともしらじといへる歌もよみたる人也、連歌はてて後、実休うちじにの由を座中へ披露し、さだめて敵発向あるべし、はや入洛せよとて、宗養、紹巴以下の客を帰し遣さると云々、

三好氏の盛衰を記した軍記物の一書『三好別記』(『群書類従』二十一輯、続群書類従完成会、一九六〇)の一節である。わかり易く記すと、

永禄五年（一五六二）三月五日、その日、三好長慶は飯盛山城にいた。著名な連歌師の谷宗養、里村紹巴をはじめ連歌数寄を招いて連歌の会を主催していた。そこに早馬で一通の手紙が届いた。開いてみると、長慶の片腕と頼んだ実弟三好実休の戦死を報《しら》せるものであった。岸和田城の郊外、久米田という地で畠山勢と合戦に及び、戦死したというのである。長慶は動ぜず、顔色ひとつ変えず、「芦間にまじる薄一村《すすきひとむら》」という句に居並ぶ人々が続けられずにいると、長慶が「ふる沼のあさきかたより野となりて」と付けて、皆を感心させた。連歌が終了すると、長慶ははじめて実休の討死を皆に伝え、飯盛山城に敵が攻めてくるだろうから早く京都へ戻るようにと告げて、宗養、紹巴以下の客を帰した、ということだ。

となる。この逸話は、『常山紀談』など江戸時代の諸書に見られるものの、確実な史料に見えないことや、江戸時代の随筆である儒者橘南谿《たちばななんけい》（一七五三～一八〇五）著『北窓瑣談《ほくそうさだん》』（『日本随筆大成』Ⅱ期十五巻、吉川弘文館、一九七四）では京都に向かう道中での出来事とされていることなどから、事実と認定することは困難である。しかし、永禄五年十二月九日に行われた長慶・宗養両吟「於河州飯盛城道明寺御法楽何船百韻」が残されていることなどから、飯盛山城で連歌会が行われていたことは間違いのない事実である。この逸話は、長慶が飯盛山城に集った公家衆や連歌師を適確な判断で、かつ速やかに城から立ち退かせたことから、長慶の冷静な人物像を表現しようとしたものと考えられる。三好長慶といえば、戦国の梟雄のひとりに数えられるが、一方で連歌に長じた一流の武家文化人であった。そんな長慶の文化的教養の高さを物語る逸話ともいえよう。

一、長慶、飯盛山城に入城す

さて、その飯盛山城に三好長慶はどのようにして入城したのであろうか。

河内国守護畠山氏は名門武家であったが、戦国期には内乱が絶えなかった。永禄元年（一五五八）一月三十日に畠山高政が堺、ついで紀伊に逃れたため、長慶は高政に加担し、これを迎えようと図った。河内に勢力を及ぼしたい長慶の加勢により、高政は河内に復帰したが、ついで翌二年にはその高政が長慶に対して、高政が独断で長政を守護代に復帰させるという背信行為を行ったため、長慶は怒り、これと対立することとなった。両者の間に高屋城の攻防が行われ、同三年十月二十四日には飯盛山城を包囲した。飯盛山城の高政家臣・安見宗房が十月二十四日堺へ退去し、高屋城は落城した。ここに、河内は長慶の支配下に入った。永禄三年七月には長慶の禁制が発給されていることからこの地域の支配の痕跡が見える。

永禄三年（一五六〇）十一月十三日、長慶は畠山高政を追って飯盛山城に入った。それまでの拠点は芥川山（別称・三好山）にある芥川山城であったが、拠点を飯盛山城に移したのである。十一月二十四日付で十三代将軍足利義輝は三好修理大夫、すなわち長慶に対して、「飯盛に到り入城候の由、いよいよ静謐に属すべし、珍重に候」と飯盛移城、河内静謐を讃えている（『細川両家記』。今谷明『戦国三好一族』新人物往来社、一九八五）。

永禄三年は長慶が修理大夫に任官し、御相伴衆に取り立てられ、嫡子義長（後の義興）が筑前守に任じられた年で、永禄四年（一五六一）一月には桐紋を拝領し、三月二十九日・三十日には京都の三好邸に三好長慶・義長（義興）が将軍義輝の御成りを迎えており（「永禄四年三好亭御成記」、『続群書類従』二十三輯下所収。「三好筑前守義長朝臣亭江御成之記」、『群書類従』二十二輯所収）、得意絶頂の時であった。この段階の三好氏の版図は最大規模で、阿波・讃岐・淡路・摂津・和泉・河内・丹波・大和・山城・播磨の一部に及んだ。ただし、強力に支配し得た地域は限られており、支配領域とするよりは勢力の及ぶ範囲と考えたほうがよいだろう。

その後の飯盛山城と長慶の動向を略年表にまとめると以下のようになる。


永禄三年（一五六〇）十一月十三日、長慶は畠山高政を追って飯盛山城に入った。

永禄四年（一五六一）五月二十七日、長慶は飯盛山城で連歌会を興行する。

永禄五年（一五六二）三月五日、和泉国久米田合戦で長弟三好実休が戦死する。

永禄五年（一五六二）三月十日、根来衆、飯盛山城を囲む。

永禄五年（一五六二）四月五日、畠山高政、飯盛山城を囲む。

永禄五年（一五六二）五月十四日、三好義興、松永、安宅、摂州衆、阿波衆二万余が飯盛山城を救援する。

永禄五年（一五六二）五月十九日、河内国教興寺合戦で三好氏、畠山を破る。

永禄五年（一五六二）十二月九日、飯盛山城道明寺で連歌会を興行する。

永禄七年（一五六四）七月四日、長慶、飯盛山城で病死する。

二、飯盛山城とはどんな城か——飯盛山城の構造——

永禄三年（一五六〇）十一月十三日に入城し、永禄七年（一五六四）七月二十九日に死去するまでの四年間を過ごした長慶晩年の本拠地・飯盛山城とは、どのようなところであったのであろうか。

写真① 飯盛山城跡遠望（四條畷市教育委員会提供）

飯盛山城は、大東市北条、四條畷市南野に所在し、生駒山地が男山丘陵と接する北西支脈上の三角点（飯盛山）を中心に、大東市と四條畷市にまたがる大規模な中世の山城跡である（写真①）。保存状態は極めて良好である。河内平野の東辺に位置し、生駒山系の北端部に位置している。最も高い位置は三一四・三メートル、麓からの比高は三〇〇メートル、西麓には京都へ続く東高野街道、北麓には大和に通じる清滝街道が走っている。大和川により水運の利便性も高かった。

飯盛山城は、南北朝時代の史料に登場してから軍事的には使用されてきたものの、本格的な築城は木沢長政によるとされている。長政は河内守護家畠山氏の有力被官で、天文六年（一五三七）頃に飯盛山城は守護所となった。永禄三年（一五六〇）以降は前述の如く三好長慶の本城として機能する。

河内を一望できる要害で、東高野街道を押さえる格好の位置にある。南にある野崎城が中心であったが、木沢長政の時代に飯盛山も城郭化が進んだという。河内半国守護畠山氏が在城し、北河内の政治的中心地となり、城郭の規模が発展したとされる。

近年の精密な測量調査に基づく中井均氏の報告や、中西裕樹氏の論考など先学に依りながら、飯盛山城の構造と特徴についてまとめてみたい（中井均「飯盛山城の諸問題」、「飯盛山城を考える関西山城サミット」資料、二〇一二。同「飯盛山城の講造と歴史的位置」、『大阪春秋』一四九所収、新風書房、二〇一三）。

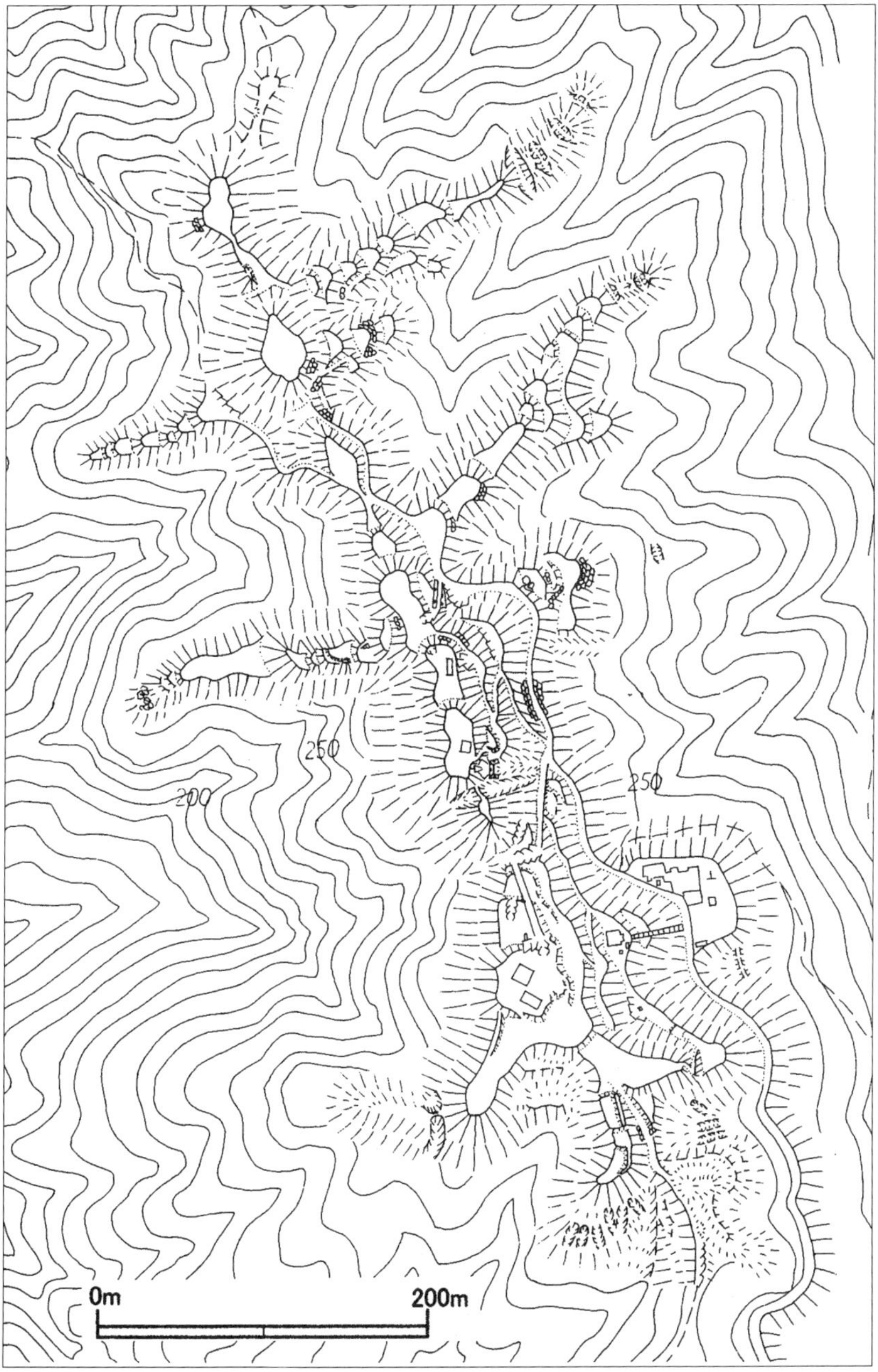

図① 飯盛山城縄張り図（中西裕樹作図）

飯盛山城の規模は、東西四〇〇メートル×南北六〇〇メートルを超え、河内国最大の連郭式山城（複数の曲輪《くるわ》が連なって構成される山城）である（図①）。中西裕樹氏は、最高所の曲輪部分の面積が突出していない、すなわち中心となる主郭部分が不明確であると指摘され、求心的な構造を有する山城を造る発想がないと評価された。それは戦闘形態、あるいは城主権力の求心性の乏しさを示しているとする（中西裕樹「飯盛山城と近畿の戦国城郭」、「飯盛山城と戦国時代の河内」資料、二〇一一）。この点は後述する仁木宏氏の言う「見せる城」との説とは矛盾するようにも感じられる。

飯盛山城は、高櫓《たかやぐら》、本丸、北の丸、御体塚丸、三本松丸の軍事的防御を主とするエリアと、千畳敷、南の丸といった広大な山上での居住空間とされるエリアとに大別される。山城と平地居館のセットのイメージが強いが、戦国時代後期になると山上に居住空間が置かれることがしばしば見られるようになる。

防御施設については、土塁の使用が顕著ではない一方で畝状空堀《うねじょうからぼり》を使用していること、石垣を使用している点を特徴としてあげている（写真②）。これは、芥川山城など畿内の山城の特徴であるとする。

石垣の使用については、すでに指摘されていたが、最近の測量調査により、ほぼ城の全域に石垣が用いられていることが確認された。特に高櫓、本丸、北の丸、御体塚丸の東側の腰曲輪群などの主要部分にそれが確認された。東側の谷筋の大手道とみられる部分には、河内平野から見上げることができる西面に「見せる石垣」がある。芥川山城と比べると、より発達した石垣構造を持ち、「見せる城」であったという（中井前掲資料）。崩落した石垣や埋没した石垣の存在から、もしかしたら「全山石垣の城」ではなかったかと指摘されている。ぜひ、詳細な調査を望みたい。

畿内における三好氏の手になる戦国山城は、徳島の戦国城館の貧弱さからは想像のできない規模と構造を持っており、その築城技術の高さには驚かされる。中世の阿波には、芥川山城や飯盛山城のような大規模な山城は見ることができない。この点は以前から指摘されているところである。比較的平和であった阿波に比して、畿内は常に争乱の真っただなかにあったことから、長慶によって大規模な山城が畿内に造られたのだとされてきた。芥川山城や飯盛山城などの存在から、長慶は城造りに長けていたとされる。確かに阿波は小規模な山城ばかりで、その理由は「平和」の二字で片づけられてきた。私もそのように説明してきたが、天正三年（一五七五）九月以降繰り返される土佐の長宗我部元親による阿波侵攻は、阿波三好氏の滅亡に至る天正十年（一五八二）九月まで執拗《しつよう》に続けられたのであり、重清《しげきよ》城など防御施設に注目できる城もあるものの、あまりにも不用意な感を受ける。長慶は芥川山城、飯盛山城と山城を拠点としたが、実休・長治・存保に至るまで阿波三好氏は平地城館である勝瑞館から離れなかった。その事由については改めて考える必要があると思っている。

飯盛山城は明確な城下町（いわゆる戦国城下町）を持たず、三好氏は城に支配拠点を集約する意識が薄いとされる。長慶は、有力被官や侍層を利用し、また法華宗などの宗教勢力と結んで彼らが支配する周辺都市や集落を把握し、流通を掌握しようとしたとされる。具体的には三箇、岡山などがそれにあたるという（図②）。

飯盛山城は城下町を持たないとされるが、城下町に類する町場を持たなかったのであろうか。そうであるならばなぜ必要としないのか。堺をはじめとする港湾都市、富田などの寺内町といった、経済・流通を主とした都市が先行して発達、これら既存の都市を有機的に利用したとされる。この点でも政治的拠点たる飯盛山城を支える城下町的な機能は必要なかったのであろうか。畿内における「大名権力」とはどのようなものであったのか

写真② 飯盛山城御体塚丸周辺の石垣

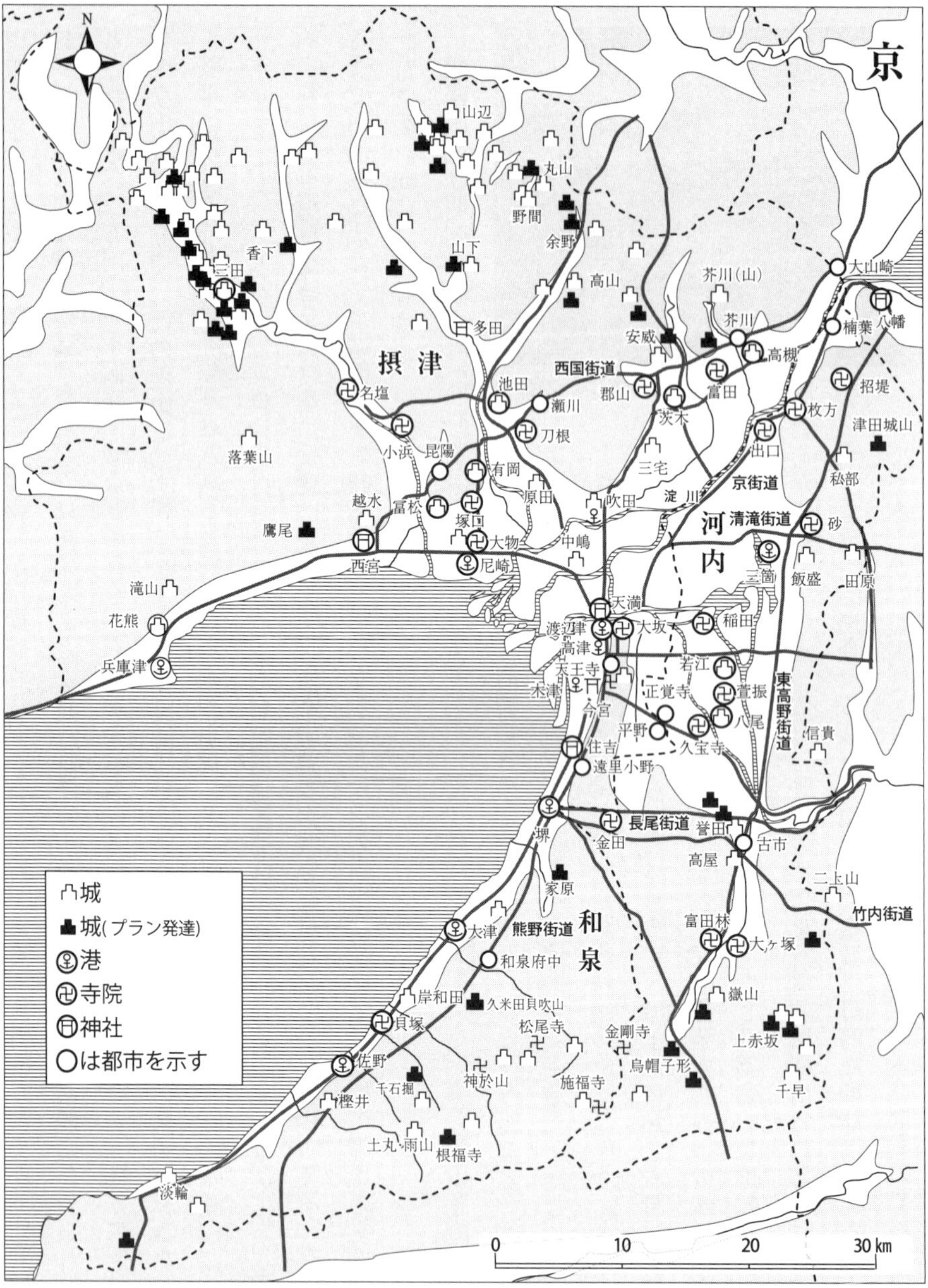

図② 戦国期大阪平野の主な都市と城館 推定図(中西裕樹作図)

摂津・河内・和泉国の範囲に限る。藤田 実「寺内町大坂(石山)とその地理環境」(『大坂城と城下町』思文閣出版、2000)、大澤研一「中世大坂の道と津」(『大阪市立博物館研究紀要』33、2001)、仁木 宏「戦国時代摂津・河内の都市と交通」(『難波宮から大坂へ』和泉書院、2006)などを参照。

を考えてみる必要があるのではなかろうか。

仁木宏氏は、飯盛山城は各地の戦国大名の城と違い、軍事拠点というよりは法支配・文化政策の拠点であった、具体的には裁判を行ったり、連歌会を催したりしたとされる（仁木宏「畿内の戦国時代と山城」、「飯盛山城を考える関西山城サミット」資料、二〇一二）。永禄四年（一五六一）に長慶が飯盛山城内で催した千句連歌会の発句において五畿内の歌枕が読み込まれており、これは単なる偶然ではなく、新たな支配者としての政治性をメッセージとして込めているとみてよいだろう。鶴崎裕雄、米原正義両氏が主張される文芸の政治性を知る上でこの上ない事例と考えられる（米原正義「三好長慶とその周辺の文芸」、『小川信先生古希記念論集　日本中世政治社会の研究』所収、続群書類従完成会、一九九一）。

飯盛山城については、来日して布教活動を行った宣教師の記録があり、ルイス・フロイスの『日本史』には「この飯盛山城の麓には、長さ四、五レグワの大きな淡水湖（深野池）があって、そこには夥《おびただ》しい独木船、その他の小船がある」と記されている。ルイス・デ・アルメイダの書簡（一五六五年十月二十五日）には、飯盛山に向けて船で移動していることが記されている。これらの史料から、水運の利便性の高さが窺われる。

また、アルメイダの書簡（一五六五年十月二十五日）には、「貴人は皆、今や都とその周囲の国々を領する国主の家臣であり、その国主は三好殿と称する。彼は領国中で最も堅固な城の一つである当城（飯盛山城）に、己の最も信頼する家臣らと一緒に留まっており、また彼らは家族や妻子と共に同所に住んでいる」と書いている（松田毅一監訳『十六・七世紀イエズス会日本報告書』第Ⅲ期第2巻、同朋舎出版、一九九八）。

長慶は飯盛山城周辺で、キリスト教布教の許可をしている。結城忠正の長男で飯盛山城の北を守備する岡山城主結城左衛門尉は父とともに洗礼を受け、飯盛山城下の三好長慶配下の武士たちに布教を行った。フロイスの『日本史』には、飯盛山城近くの砂の寺内に邸宅を持つ結城アンタン左衛門尉（結城忠正の子）が教会を建てていると記されている（松田毅一・川崎桃太訳『完訳フロイス日本史』1織田信長編Ⅰ第一四章、中央公論新社、二〇〇〇）。永禄六年（一五六三）には、日本人宣教師ロレンソ了斎が飯盛山城に招かれ布教したが、長慶配下の武士たち七十三名が入信し、宣教師ヴィレラから集団洗礼を受けた。飯盛山城を中心とする地域はキリシタンが多く、キリシタンの聖地といわれるほどの繁栄を見せている（詳しくは第四章「宗教」を参照）。

三、飯盛山城と三好長慶の支配体制

永禄三年（一五六〇）十一月十三日に長慶は飯盛山城に入った。同月十九日に城内に新羅明神《しんらみょうじん》を祀る新羅社を勧請《かんじょう》した。三好氏の祖である新羅三郎義光への崇拝とともに一族の結束、支配浸透を図る意図があったと思われる。天野忠幸氏は「宗教性を帯びる飯盛山城」と評している（天野忠幸『戦国期三好政権の研究』清文堂出版、二〇一〇など）。しかし、城や館の内に持仏堂や氏神・氏寺を配置するのは珍しいことではないと思うが、いかがであろうか。

さて、長慶は家督を嫡子義長（後の義興）に譲り、芥川山城も譲与した。義長は将軍との折衝をはじめ京都の政務を担当した。河内守護畠山氏の城であった高屋城には、長弟実休を入れて紀伊方面の抑えとした。さらに、信貴山《しぎさん》城に松永久秀を入れて大和掌握の拠点とした（天野前掲書）。長慶は飯盛山城を中心に高屋城と信貴山城を翼にして、畿内支配を積極的に展開しようとした。

それでは、なぜ芥川山城から飯盛山城に移ってきたのであろうか。飯盛山城は地理的に京都に近く、かつ大阪平野を押さえるのに適している。また大和にも通じているため、大和への進出が容易であり、一方で、水運で堺を経て三好氏の本国に渡ることができる。仁木宏氏は「飯盛山城の『首都性』」と称されている。城からも眺望が良いということは下から見上げる効果も高く、すなわち「見る」「見える」「見せる」城といえるかもしれない。仁木氏は「『ゆるく』支配する三好政権」とされるが（仁木宏「戦国日本のなかの飯盛山城」、「飯盛山城と戦国時代の河内」資料、二〇一一）、いずれにしろ三好長慶の畿内支配の拠点であったことは認めてもよいであろう。

永原慶二氏は、この移城について、芥川山城よりも京都から離れていて有利ではなかったが、三好氏が河内・和泉・大和方面への進出を示す自信に満ちた積極的行動と評価する（永原慶二『日本の歴史14巻 戦国の動乱』、小学館、一九七五）。天野忠幸氏は、河内の政治拠点としては、河内守護の畠山高政が在城する高屋城と、その内衆で高政を紀伊に追放し河内・南山城・大和に影響力を伸ばしつつあった安見宗房の在城する飯盛山城があり、河内一国の拠点としての高屋城よりも、河内・南山城・大和への政治拠点としての飯盛山城を重視したと考えられている（天野忠幸「戦国三好氏の山城―芥川山城と飯盛山城―」、『大阪春秋』一四九所収、新風書房、二〇一三）。

飯盛山城に移った頃の長慶の心境について、杉山博氏は飯盛山入城後の長慶の心は吟風弄月《ぎんぷうろうげつ》の文の世界へと向けられていたとし（杉山博『日本の歴史11巻 戦国大名』、中央公論社、一九七四）、積極的に打って出るというのとは全く違った評価をしている。米原正義氏は連歌師宗養の「大和・河内両国、三好筑前守（長慶）おさめたく思ひしに」との記述から、連歌には政治性、すなわち権力者的なものが認められるとし、支配への意気込みはあったとみてよいであろうとされた（米原前掲論文）。一方で、鶴崎裕雄氏の唱える「文芸性＝隠者的性格」という傾向も確かにあり、飯盛山城で連歌会が盛んに開かれている。永禄四年四月の三弟十河一存の病死、同五年三月の長弟三好実休の戦死、同六年八月二十五日の嫡男三好義興の病死、同七年五月の次弟安宅冬康の誘殺と、不幸、悲運が相次いで起こり、長慶が連歌に安らぎを求めてもおかしくはなかった。

長慶の死――「おわりに」にかえて――

永禄七年（一五六四）七月四日、飯盛山城主三好長慶は死去した。四十三歳の働き盛りであった。長慶の死により、三好政権は崩壊の一途を辿ることになる。永禄十一年九月の織田信長の上洛により、三好三人衆方の飯盛山城は高屋城、信貴山城とともに落城した。

天文八年（一五三九）に越水城（西宮市）、天文二十二年（一五五三）に芥川山城（高槻市）、そして永禄三年（一五六〇）に飯盛山城（大東市・四條畷市）へと領国の拡大とともに拠点を移していった三好長慶は、それまでの拠点を移さない他の戦国大名とは明らかに異なっていた。近年では、拠点を那古野《なごや》―清洲―小牧山―岐阜―安土城と移した、あるいは京都に支配の拠点を置かなかった織田信長と比較される。近年、三好長慶とその政権について、研究が目覚ましく進展し、今までにない「先進性」という評価が与えられており、以前から同様に感じていた筆者にとって何ら疑義を申し立てるものではないが、その「先進性」が独り歩きしているような感があると考えている。

〈主要参考文献〉

長江正一『三好長慶』（吉川弘文館、一九六八）
秋永政孝『三好長慶』（人物往来社、一九六八）

今谷 明『戦国三好一族』(新人物往来社、一九八五)
天野忠幸『戦国期三好政権の研究』(清文堂出版、二〇一〇)
『大阪春秋』一四九「特集　飯盛山城と戦国おおさか」(新風書房、二〇一三)

〈付　記〉

近年、飯盛山城の地元で、飯盛山城に関するシンポジウムやイベントなど、さまざまな催し物が頻繁に行われている。そのなかでも、NPO法人摂河泉地域文化研究所によって三回のシンポジウムが開かれており、二〇一三年には第四回も予定されているという。第一回は「波濤を超えて　ローマからはるか河内へ」と題して、飯盛山城と河内キリシタンをテーマに行っている。

第二回、第三回の内容は以下の通りである。

第二回シンポジウム「飯盛山城と戦国時代の河内　天上の飯盛山城」　NPO法人摂河泉地域文化研究所　二〇一一年十一月二十七日

仁木 宏「戦国日本のなかの飯盛山城」
中西裕樹「飯盛山城と近畿の戦国城郭」
天野忠幸「三好長慶の政治世界」
神田宏大「飯盛山城と河内キリシタン」
佐久間貴士「飯盛山城跡を活かしたまちづくり」

第三回シンポジウム「飯盛山城を考える関西山城サミット　天上の飯盛山城　視界270°の世界」　NPO法人摂河泉地域文化研究所　二〇一二年十一月十一日

佐久間貴士「飯盛山城を考える」
中井 均「飯盛山城の諸問題」
仁木 宏「畿内の戦国時代と山城」

※飯盛山城と三好政権に直接関係のない報告は省略した。

〈追　記〉

本稿を成すにあたって先学の多くに学んだが、特に中西裕樹氏には図や写真掲載などでご協力いただいた。深甚の謝意を表す次第である。

第三章　三好長慶と室町幕府

三好長慶の上洛と細川氏綱

下川雅弘

はじめに

天文十八年（一五四九）七月、三好長慶は上洛を果たした。この時の京都には、かつて長慶が主君と仰いだ細川晴元の姿はなかった。直前の江口の戦いで長慶に大敗を喫した晴元は、足利義晴・義藤（後の義輝）父子を伴って、すでに近江坂本へ逃れていたのである。

ところで、天文十八年の上洛に至る三好長慶の動向を、本稿の守備範囲とするが、特に注目したいのは、その際に長慶と行動をともにしたと考えられる細川氏綱の存在である。これまでの研究において、長慶と氏綱の上洛は、「長慶が氏綱を『擁立して』『奉じて』京に入った」などと表現されることがほとんどであった。近年、氏綱など高国派と呼ばれる細川氏について、新たな研究成果が蓄積されつつある。本稿では、こうした成果に学びながら、氏綱を長慶に擁される客体として捉えるのではなく、その主体的な側面をできるだけ積極的に描いていきたい。こうした氏綱の捉え直しが、三好政権と細川氏・室町幕府との関係性について、新たな歴史的評価のなされるきっかけとなればと考えている。

そもそも三好長慶と細川氏綱が手を結んだのは、上洛の前年のことである。それ以前における長慶は、長らく細川晴元方として活動しており、これに対抗する氏綱方とたび重なる戦いを繰り広げ、晴元の危機を救う重要な役割を演じていた。こうした敵対関係にあった長慶と氏綱であるが、この両者には、やがて協調に至ることが、もとより運命づけられていたともいうべき側面が存在する。

長慶の父である三好元長は、享禄五年（一五三二）に自害するのであるが、彼を死に追いやったのは、主君の細川晴元であった。また、氏綱の父である細川尹賢も、晴元の信任が厚かった木沢長政の攻撃によって、享禄四年に命を落としている。つまり、長慶と氏綱にとって、晴元はともに父の仇ともいうべき存在であった。本稿は、必ずしも遺恨のような要素を重視するものではないが、長慶と氏綱が最終的に同盟関係を構築する上で、こうした両者の運命的な共通性が果たした役割は、少なくとも看過すべきではないと考える。

それでは、三好元長と細川尹賢が死に至る経緯を確認するところから、本題に入ることとする。

一、細川高国・尹賢と三好元長の死

細川晴元が登場する前に、京都で勢力を保持していた細川京兆家当主は、細川高国であった。高国は、永正五年（一五〇八）に、阿波細川家出身の細川澄元を破って、京兆家を嗣いでいた。こうして高国派と澄元派の抗争が、長期にわたって繰り広げられていくのであるが、阿波に退去した澄元の死後、その跡を嗣いだのが子の晴元である。彼もまた、高国打倒を目指していた父の遺志を継いでいくこととなる。

大永五年（一五二五）、細川高国は子息の細川稙国《たねくに》に京兆家を嗣がせるが、その約半年後に稙国は病没してしまう。翌大永六年七月、典厩家の細川尹賢は、高国の家臣である丹波の香西元盛に、細川晴元との内通の

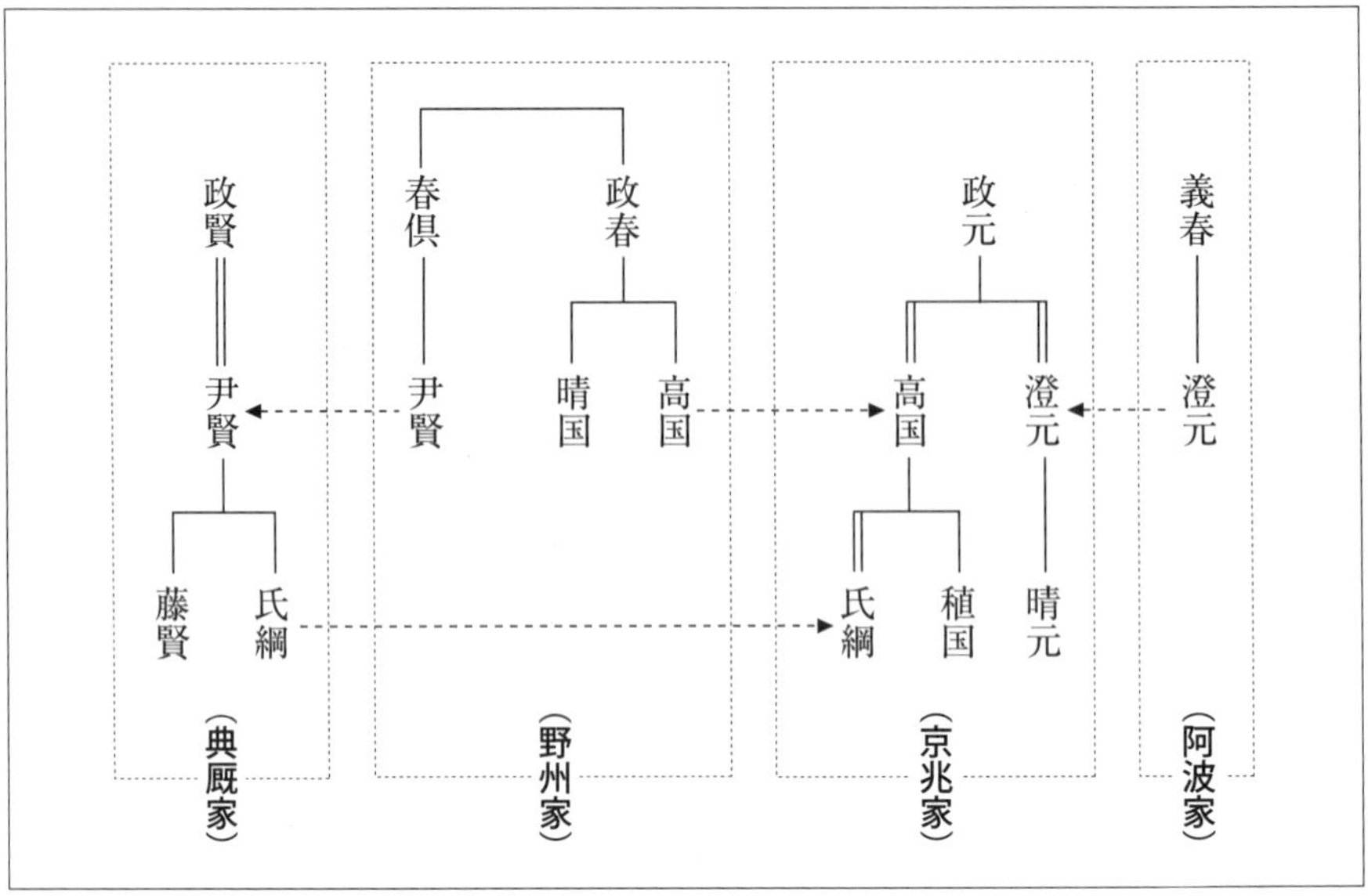

細川氏 略系図

疑いがあると、高国に讒言する。これを受けた高国が、同年十月に元盛を殺害したため、彼の兄弟である波多野元清と柳本賢治が、反高国の兵を挙げた。これが高国没落のきっかけとなるが、こうした状況をもたらしたのは、細川氏綱の父尹賢であったといえよう。

　では、そもそも細川尹賢は、なぜ香西元盛を細川高国に讒言したのであろうか。近年の研究で、細川稙国の死後、尹賢が子の細川氏綱を、高国の後継者に据えることを意図して、高国の弟で対立候補となる細川晴国に近い元盛を、排除しようと目論んだのではないかとする説が、提起されている。また、柳本賢治らの挙兵後の高国は、大永六年十二月に、氏綱と晴国を同時に元服させているのであるが、これについて先ほど紹介した説においては、反高国派が蜂起する危機的状況の中、高国は両者をそろって元服させることで、自派の結集を企図したのではないかとの理解がなされている。なお、両者の元服時点において、いずれかが高国の後継者と決定された形跡のないことも、あわせて指摘されている。

つぎに、反高国派の動向と、高国派没落の顚末について、できる限り簡潔に整理していく。大永六年末になると、丹波の柳本賢治らに加えて、摂津の諸勢が反高国派に結集し、さらに、細川晴元ら阿波の勢力も、これに呼応した。大永七年二月には、賢治らに率いられた丹波勢と、すでに阿波から堺へ上陸していた三好政長（元長の父の従兄弟）らが、京都西郊の桂川合戦で細川高国方を破った。高国が十二代将軍足利義晴とともに京都から近江へ撤退する一方で、阿波の三好元長は、足利義維と細川晴元を奉じて、堺に本拠を置いた。

大永八年一月、三好元長が細川高国との和議を画策したことにより、柳本賢治は元長と折り合いの悪い三好政長を味方として、これに強く反対した。こうして反高国派が、元長方と賢治・政長方に分裂する状況の中、享禄三年（一五三〇）六月に、高国の刺客によって、賢治は暗殺されてしまう。勢いを得た高国派に対して、翌享禄四年になると、細川晴元の要請を受けた元長が反撃を開始し、同年六月、高国は摂津尼崎の大物で自害させられた。こうした突然の戦況変化による高国派の敗戦は、大物崩れと呼ばれている。また、高国派の細川尹賢は、大物崩れでは難を逃れていたが、同享禄四年七月、木沢長政の手にかかり、摂津で討ち取られた。もともと長政は、畠山総州家（義就系《よしひろ》）の畠山義堯に仕えていたが、この頃から晴元に取り入り、目をかけられる存在となっていた。

さて、打倒細川高国という目的を達成した反高国派では、再び内部分裂が起こっていた。最大の功労者である三好元長の台頭を、三好政長や木沢長政らが警戒し、反感を抱くようになったと伝えられている。享禄五年一月、元長は、三好一秀に命じて柳本賢治の子甚次郎を自害に追い込んだことにより、細川晴元の勘気を蒙《こうむ》った。こうした中、元長と畠山義堯が、連携して長政を攻めたため、晴元は長政に合力するとともに、本願寺に一向一揆の蜂起を要請した。義堯を自刃させた一揆勢が、同年六月、堺を包囲したため、元長は子息の千熊丸を阿波へと逃した後、自害して果てた。この千熊丸こそ、後の三好長慶である。

二、反晴元派の動向と三好長慶

三好元長を自害させた一向一揆勢は、次第に細川晴元の意図を超えた行動を示し始めたため、これを統制できなくなった晴元は、天文元年（一五三二）八月、法華一揆を味方に引き入れて、一向宗の本拠であった山科《やましな》本願寺を攻撃させた。敗れた一向宗の証如は、大坂御坊《おおざかごぼう》に拠点を移すこととなる。同年十月、細川高国の弟である細川晴国が、高国の後継者として、丹波で反晴元派を糾合すると、一向宗もこれに同調する姿勢をみせた。

翌天文二年五月、細川晴国方の軍勢が、丹波から京都の高雄《たかお》へ進軍すると、晴元派と反晴元派との間で和睦が模索された。『本福寺明宗跡書』によると、両者を仲介したのは元服前の三好長慶（仙熊〈千熊丸〉）であったといい、六月には晴元派の軍勢が、大坂より京都へ引き揚げている。幼少の仙熊が、実質的な交渉を行ったかどうかは疑問であるものの、彼が和睦を成功させるための盟主としての資格を、周囲から期待された可能性は存在しよう。

さて、その後の反晴元派の動向であるが、天文五年八月、細川晴国が摂津の三宅国村に背かれて、天王寺で自害したため、大きな打撃を受けることとなった。天文七年十月には、『厳助往年記』の記事により、常桓《じょうかん》（細川高国）の牢人が丹波で蜂起し、上野源五郎が宇治へ転戦したことが知られていたが、近年の研究により、これまで細川元治に比定されてきた上野源五郎は、玄蕃頭家《げんばのかみけ》の細川国慶であることが明らかにされた。国慶の活動は、同氏が大山崎に宛てた、『離宮八幡宮文書』中の同年十月十六日付の禁制によっても確認できる。これはまた、京都嵯峨《さが》の地侍である福田三郎左衛門に宛てた国慶の書状が、『福田家文書』に残されている。

年未詳であるものの、内容は天文九年の尼子氏の軍事行動に関連したもので、ここに記されている「御屋形様」が細川氏綱であると推定されることから、氏綱は少なくとも天文九年の段階で、反晴元派としての軍事活動を展開していたことが明らかになっている。

三、三好長慶と細川晴元の相剋と和解

つぎに、この頃の三好長慶の動向を追っていく。天文五年（一五三六）九月に摂津の芥川城から上洛し、幕府に出仕した細川晴元の騎馬行列の中に、三好仙熊（後の長慶）の名が記されている（『鹿苑日録』）。また、同年十一月には、七月の天文法華の乱の平定を祝し、仙熊が晴元を招いて猿楽を興行した。

その後、元服して三好利長と名乗った仙熊は、天文八年一月にも二五〇〇の兵を率いて上洛し、すでに右京大夫に任官して、正式に京兆家を嗣いでいた細川晴元を饗応した。かつて父の三好元長が所持し、後に一族の三好政長の手に渡っていた河内十七箇所代官職の返還要求が、上洛の目的であったと考えられている。しかし、政長を重用していた晴元が、この訴えを退けたため、同年閏六月に利長は挙兵した。しばらくの間、利長と晴元・政長との睨み合いが続いたものの、結局は六角定頼の調停によって和睦が成立する。京都を後にした利長は、摂津の越水城を本拠として整備するとともに、天文九年までには範長と改名した。

三好範長（後の長慶）が次第に畿内で足場を固めつつあった頃、河内の畠山家では、内紛が激化していた。畠山尾州家（政長系）の畠山稙長《たねなが》は、天文三年一月に本願寺と結んだ。稙長に仕えていた遊佐長教は、反晴元派と捉えられかねない主君の行動に反発し、同年九月、晴元派の木沢長政とともに稙長を追放し、畠山長経

を擁立した。ところが、天文五年には、長教との対立によって長経が廃され、長政は畠山総州家（義就系）の畠山在氏《ありうじ》を擁立した。

天文十年九月、かつて高国派であった塩川国満が、摂津の一庫城《ひとくらじょう》で挙兵し、細川晴元に敵対する姿勢を示した。晴元の命を受けた三好範長は、反乱の鎮圧に向かうが、木沢長政や三宅国村らも国満に同調したことにより、戦線は拡大した。天文十一年三月、河内の遊佐長教は、かつて追放していた畠山稙長を再び擁立し、三好勢とも合力して木沢長政の討伐に向かったため、劣勢となった長政は太平寺の戦いで討ち取られた。長政に擁立された畠山在氏が拠る飯盛城も、翌年一月には落城している。

四、細川氏綱の挙兵と撤退

木沢長政の反乱の余波は、和泉にも及んでいった。天文十一年（一五四二）七月、畠山稙長が、和泉守護代松浦氏を攻撃の上、更迭《こうてつ》した。松浦氏は長政に同調していたためか、これ以前より堺に蟄居《ちっきょ》していたことが確認されている。稙長は被官の玉井氏を新たな守護代とすることで、和泉への進出を目論んでいたようである。ところが、同年十一月になると、松浦氏が反撃に転じ、玉井氏を攻めた。

こうした玉井氏と松浦氏が対立する和泉において、翌天文十二年七月に挙兵した人物こそ、他ならぬ細川氏綱であった。これまで氏綱の挙兵については、「高国派の残党が、氏綱を擁立して蜂起した」といった文脈で理解されることが、ほとんどであった。けれども、たとえば『多聞院日記』に、「テンキウ（細川尹賢）ノ御曹子次郎殿（氏綱）、道永方（高国）ノ一家ト云、細川殿ヲ対治シ、常桓（高国）ノ跡ヲツキ、屋形ヲ可持造意ニ依テ、玉井ヲ引立テラル、次郎殿人数一万余騎巻尾寺ニ御入ト云々」とある通り、氏綱自身が、高国の跡目であることを明確に意識した上で、玉井氏を引き立てて主体的に挙兵した様子を、ここからは読み取ることができる。これについて、『細川両家記』も、「細川次郎殿氏綱と申候は、常桓御跡目と申て諸浪人集、泉州玉井取立申」と記している。つまり、氏綱は、高国の後継者と称することで、かつての高国派の結集を図り、松浦氏と敵対している玉井氏を味方に引き入れて、和泉の槇尾山施福寺で晴元打倒の兵を挙げたのである。また、以前から反晴元派として活動していた細川国慶も、氏綱と協調して堺に兵を出している。

細川氏綱の挙兵に対して、細川晴元は松浦氏に加担し、自ら摂津の芥川城に入るとともに、三好範長（後の長慶）を堺へ派遣したという。一方の氏綱ら反晴元派は、当初より本願寺や畠山氏の合力を得ようと画策していた。七月十一日の段階で、氏綱と弟の和匡《かずまさ》（後の藤賢）が、本願寺に出陣を知らせており、八月三日には、和泉・紀伊の一向一揆の蜂起と、兵糧の調達・借用を要請した。この願いは本願寺より丁重に断られたにもかかわらず、氏綱らは翌年になっても、本願寺に助成を求め続けている（以上『天文日記』）。かつて反晴元派の一翼を担っていた本願寺の同意を、氏綱らは何としても取り付けたかったのであろう。畠山氏についても、『多聞院日記』に、「備州（畠山稙長）并遊佐方（長教）ハ両方ヱハ一向不相違、キツ方へも無合力」とあり、晴元との関係悪化を憂慮してか、氏綱への表立った合力は行わなかった。ただし、これに続けて「内儀ハ定テ御同心歟云々」と記されているように、稙長・長教による氏綱への水面下の支援はなされていたのであろう。『巌助往年記』の「自河州畠山敵合力、根来寺衆等相加」という記述も、この推測を裏付けている。

細川氏綱が挙兵した槇尾山施福寺（大阪府和泉市）

合戦は反晴元派の劣勢で展開し、「依扱自河州合力之儀停止之間、敵悉退散、右京兆（晴元）帰陣、天下静謐珍重也」（『厳助往年記』）とある通り、畠山稙長・遊佐長教からの支援も途絶える中、氏綱らは退散を余儀なくされた。ただし、その後も氏綱は、河内周辺を本拠に再起の機会を狙っていた。

五、反晴元派の反撃と三好長慶

しばらく息を潜めていた反晴元派であるが、天文十四年（一五四五）頃から次第に活動を再開させていく。五月には細川国慶が南山城の井手城を攻略するが、細川晴元は三好範長（後の長慶）らの大軍を率いて宇治に出兵し、これを破った。『厳助往年記』は、反晴元派の敗北について、「是併尾州（畠山稙長）死去之故、牢人失力歟」と記しており、同月に稙長が没したことを、その一因と捉えている。七月には晴元から自立していた丹波の内藤氏が、反晴元派として関城に籠もったため、三好範長らの攻撃により、城を落とされるという出来事があった。

天文十五年になると、反晴元派の反撃は激しさを増していく。畠山稙長没後の河内では、八月に再び細川氏綱が挙兵し、高屋城の遊佐長教が氏綱支持を表明した。氏綱・長教は堺に攻め入り、三好方の軍勢を退けることに成功している。この模様は、「高屋衆（長教）、細川次郎（氏綱）方衆、

足利義晴像
（京都市立芸術大学芸術資料館蔵）

自廿日早旦至堺面打詰之間、細川右京兆（晴元）方之人数悉不得入也、即高屋方之人数令入津也」（『天文日記』）、「細川氏綱河内被取出、遊佐同心」「四国衆三好以下堺ヲ退、河内衆玄蕃頭（細川国慶）被打入」（以上『二条寺主家記抜萃《ばっすい》』）と記録されており、ここでも氏綱の主体性が看取される。

同年九月、勢いに乗った反晴元派は、細川国慶を京都に攻め上らせた。この直後、細川晴元は三好政長らとともに丹波へ逃亡し、将軍足利義晴は慈照寺に避難している。国慶や細川氏綱・遊佐長教らは、国慶入京の直前には禁制を、入京直後の十月には三友院殿（細川高国）の代の通り、所領の安堵や課役の免除を認める旨の書状を、京都および周辺の所々に多数発給している（表①参照）。また、寺社本所領主たちは、こうした保障などを期待して、金品や祈祷巻数《きとうかんず》などを進上しており、たとえば龍安寺では、国慶に対して上洛当初よりたびたび音信を送っていたことが、明らかにされている。

合戦のあった舎利寺（大阪市生野区）

さて、慈照寺に退いていた足利義晴は、同年十二月に将軍職を子息の足利義藤に譲り、翌年三月には東山の勝軍地蔵山城に入って、反晴元派への支持を表明したとされているが（『足利季世記』等）、細川氏綱・国慶が東寺領久世荘《くぜのしょう》を安堵した天文十五年十月の書状には、「任　公方（義晴）御下知之旨」と記されており、国慶上洛後すぐの段階から、すでに氏綱・国慶ら反晴元派と将軍義晴は、協調関係にあったと考えられる。

翌天文十六年は、晴元派の巻き返しの一年となる。すでに前年末には、三好範長が讃岐の十河一存、淡路の安宅冬康といった弟たちを呼び寄せており、三月には反晴元派の三宅国村が籠もる摂津の三宅城を落として、同国の制圧を順調に進めていった。同年七月、摂津の舎利寺周辺で、「於天

表①　天文十五年前後と推定の氏綱方関係文書

年月日	差出所	宛所	対象	出典	備考
a．所領安堵・課役免除等					
天文十五年十月三日	氏綱	龍翔寺侍者	当寺領	大徳寺文書	三友院殿代の旨
天文十五年十月三日	長教	龍翔寺方丈衣鉢閣下	当寺領	大徳寺文書	三友院殿御成敗の旨
天文十五年十月三日	和匡	龍翔寺侍者	下三栖荘得友名	大徳寺文書	
（天文十五年）十月三日	氏綱	龍翔寺侍者	当寺領	大徳寺文書	三友院殿代の旨
（天文十五年）十月九日	斎藤長門守春隆	当所名主百姓中	上久我荘本役分等	久我家文書	三友院殿の筋目
（天文十五年）十月十日	氏綱	東寺衆僧	上久世荘	東寺百合文書	公方御下知の旨
（天文十五年）十月十日	玄蕃頭国慶	社家御中	松尾神領	松尾大社文書	
（天文十五年）十月十一日	斎藤長門守春隆	当町地下人中	洛中四町地子銭	久我家文書	
（天文十五年）十月十一日	斎藤長門守春隆	当所名主百姓中	下久我諸入組等	久我家文書	三友院殿の筋目
（天文十五年）十月十一日	斎藤長門守春隆	所々名主百姓中	家僕家恩地	久我家文書	
（天文十五年）十月二十四日	玄蕃頭国慶	東寺雑掌	久世上下荘	東寺百合文書	公方御下知・屋形直書の旨
（天文十五年）十月二十四日	国慶	当所名主百姓中	久世上下荘	東寺百合文書	公方御下知・屋形様御書の旨
（天文十五年）十月二十九日	玄蕃頭国慶	東寺雑掌	久世	東寺百合文書	
天文十五年十月		松田左衛門尉頼隆	久世荘	東寺百合文書	氏綱へ申状
（天文十五年）十一月三日	国慶	東寺衆徒	当寺領	東寺百合文書	
（天文十五年）十一月十七日	玄蕃頭国慶	円首座	東寺	東寺百合文書	
（天文十五年）十二月十日	玄蕃頭国慶	大覚寺門跡御雑掌	大覚寺御門跡領	大覚寺文書	
（天文十六年）二月三日	細川氏綱			八坂神社文書	三友院殿の時、奏者玄蕃頭
（天文十六年）三月十六日	匡綱	富森左京亮	奈嶋郷	賀茂別雷神社文書	鷹山・安見競望

b. 献上・祈祷またはその謝礼					
天文十五年				天龍寺文書	玄蕃頭殿在陣の時の礼
(天文十五年)五月二十八日	氏綱	大山崎中		離宮八幡宮文書	奏者物集女孫九郎
(天文十五年)八月十五日	氏綱	太山崎惣中		離宮八幡宮文書	奏者玄蕃頭
(天文十五年)八月十五日	(物集女)慶照	大山崎惣御中		離宮八幡宮文書	
(天文十五年)八月十六日	国慶	大山崎惣御中		離宮八幡宮文書	
(天文十五年)八月二十六日	氏綱	太山崎惣中		離宮八幡宮文書	奏者物集女孫四郎(慶照)
c. 軍事命令・感状等					
(天文十四年)五月二日	氏綱			八坂神社文書	井手城乗捕
(天文十五年)九月十一日	氏綱	夜久一族中		夜久文書	玄蕃頭
(天文十五年)十二月十五日	玄蕃頭国慶	鷹山主殿助・安見与兵衛		興福院所蔵鷹山文書	
(天文十六年)三月十九日	氏綱	野田弾正忠		尊経閣所蔵文書	奏者多羅尾左近大夫(綱知)
(天文十六年)四月一日	氏綱	鷹山主亮・安見与兵衛尉		興福院所蔵鷹山文書	奏者物集女孫四郎(慶照)
年未詳 四月二十三日	氏綱			八坂神社文書	玄蕃頭
年未詳 六月十七日	氏綱	玄蕃頭		八坂神社文書	三友院殿の筋目、椿井
年未詳 八月七日	氏綱	石原左京進		福田家文書	
d. 禁　制					
天文十五年八月	玄蕃頭源		水無瀬殿	水無瀬神宮文書	
天文十五年九月一日	源		紫野興林院	大徳寺文書	
天文十五年九月	河内守		大徳寺興林院	大徳寺文書	
天文十五年九月	河内守		賀茂社領	賀茂別雷神社文書	
天文十五年九月	源		賀茂社領	賀茂別雷神社文書	
天文十五年九月	玄蕃頭源		賀茂社領	賀茂別雷神社文書	

王寺表畠山衆（遊佐方）与四国衆（三好方）合戦、両方二千人計打死云々」（『二条寺主家記抜萃』）という大激突があり、『細川両家記』や『足利季世記』には、晴元派の勝利であったと記されている。また、六角定頼が細川晴元に合力すると、足利義晴は再び晴元と和睦した。さらに、閏七月には高雄城の細川国慶が、上洛してきた晴元派の軍勢に敗れて丹波へ逃れ、十月に還京してきたところを討ち取られた。

六、三好長慶と細川氏綱の同盟

再び晴元派が優勢となる中、細川晴元と反晴元派の遊佐長教との間で、和睦が模索される。『言継卿記』の天文十七年（一五四八）四月の記事には、「六角昨日、宇治蛍夫婦共見物云々、今日南都へ下向云々、千五百人計云々、於南都遊佐参会之由風聞、与細川和睦之儀歟」とあり、晴元派の六角定頼が、両者を仲介したようである。また、『天文日記』同年五月の記事に、「細川晴元へ、就河州和与、以一札五種十荷遣之」「畠山播磨守（政国カ）へ、就今度無事、三種五荷遣之、（中略）遊佐河内守（長教）へ、三種五荷遣之」とあることからも、和睦の成立が確認される。

ところが、事態は思わぬ方向に展開していった。長慶と名乗りを替えた三好範長が、晴元派から反晴元派へと離反したのである。その経緯について、『細川両家記』には、「池田筑後守（信正）は帰参申候を、同五月六日に京にて生害させられ候也、（中略）跡職は宗三（三好政長）の孫にて候間、宗三申請られ無別儀者也」「同八月十一日に池田、内輪引破、宗三衆の有けるを追出也、（中略）右衛門大夫（三好政勝）は榎並城に籠、日々の取合也、宗三は京田舎上下して調儀なり、（中略）晴元は宗三を御見放し有がたくて、浪人河原林対馬守召出されて、榎並城へ加勢也、弥筑前守（三好長慶）腹立にて、然ば氏綱を家督に立申べき由遊佐河内守と相談せられ、既に縁辺に成給ひ、大乱出来候也」と書かれている。一時的に反晴元派となっていた摂津の池田信正を、和睦成立直後の同年五月に、細川晴元が殺害したが、三好政長の孫池田長正が家督を嗣いだため、ひとまず落ち着いた。ところが、八月に池田家中が分裂して政長方が追い出され、晴元が政長・政勝父子を擁護したため、三好長慶が立腹して、細川氏綱を京兆家の家督とすることを遊佐長教に相談し、長教と縁戚となって晴元と敵対したため、大乱に発展したというのである。

　これらの事実関係を、『細川両家記』以外の史料から裏付けていきたい。三好長慶離反のきっかけとされる、池田信正殺害事件については、『言継卿記』に「摂津国池田筑後入道（信正）、於京兆小座敷生害云々」という記述が存在する。その後の池田家中の騒動に関しては、『後鑑《のちかがみ》』所収の細川晴元被官宛の三好長慶書状写に、「宗三（政長）相拘、今度以種々儀、城中へ執入、（中略）諸蔵之家財蔵物以相注、早知行等迄進退候事驚存候、如此時者、池田家儀為可令我物、宗三申掠上儀、筑後（信正）令生害段、現形之儀候、可歎申以覚悟、宗三一味族追退」とある。また、細川氏綱を支持していた遊佐長教と、三好長慶との縁戚関係の成立や同盟は、『天文日記』の翌十八年五月の記事に、「三好筑前守（長慶）就結婚之儀、太刀、五種十荷遣之」「細川二郎（氏綱）へ、以書状就出張之儀、太刀、馬代遣之」とあることなどから、事実と考えてよかろう。

　『天文日記』に残された多くの贈答記事からは、本願寺が晴元派と反晴元派の双方に対して、以前よりことあるごとに音信を遣わし、両者から中立的な立場を維持することに努めていた様子が看取できるものの、天文十七年に反晴元派へと造反した三好長慶が、摂津勢をはじめとする多くの味方を得ると、本願寺から晴元派への贈答は見られなくなる。

　翌天文十八年二月、三好長慶の弟である淡路の安宅冬康が、再び軍勢を率いて上陸し、三好政長が応戦した。四月になると政長を支えるために、細川晴元が出陣したものの、六月、長慶の弟十河一存が、摂津江口に陣を移した政長を急襲し、これを破った。『私心記』には、「江口ノ陣ヨリ、宗三（政長）・高畠等切テ出候テ、各打死千人計、河内三好得利之、江口焼、夕、三宅城ヨリ細川殿被落候」と記されている。また、『天文日記』によると、本願寺は反晴元派の戦勝直後に、「就江口落居事音信分、一　氏綱へ、五種十荷、一　和匡へ、五種十荷、一　三好筑前（長慶）へ、五種十荷、（中略）以上九ヶ所へ遣之」「自細川二郎氏綱以書状、長塩為使者太刀来、一昨日樽之礼也」「遊佐（長教）へ、就今度落居事三種五荷」などの通り、細川氏綱・和匡（氏綱の弟で後の藤賢）や三好長慶・遊佐長教等に対して、それぞれ祝儀を贈っている。

ところで、江口の戦いで三好政長が敗死すると、摂津から退去した晴元は、足利義晴・義藤父子を伴って近江坂本に逃れた。七月、細川氏綱とともに上洛を果たしたとされる三好長慶は、そのまま京都に留まることはなく、摂津で晴元派の立場を取り続けていた伊丹氏の攻略に向かった。ともあれ長慶と氏綱は、細川晴元の排除という宿願に向けて、大きな第一歩を踏み出したのである。

おわりに

はじめにも述べたように、これまで細川氏綱は、三好長慶の傀儡《かいらい》として捉えられ、その主体性が検討されることはほとんどなかった。けれども、本稿で指摘した通り、天文十二年（一五四三）の挙兵から始まる氏綱の軍事行動には、細川高国の跡目として、反晴元派の結集を図ろうとする彼の積極的な意思が、少なからず存在したと考えられる。

では、天文十八年の上洛以後における細川氏綱の政治的立場については、どのように捉えるべきであろうか。近年の研究では、上洛直後は三好長慶と氏綱の併存状況が認められるものの、長慶は次第に将軍や細川京兆家などの上意を擁することなく権力化を遂げ、独自の政権を構築していったとの理解が、一般的な傾向となっている。三好政権の歴史的評価については、本稿の守備範囲外であるが、上洛後の氏綱に関しても、その主体性が認められる側面について若干の考察を加えることで、本稿の結びに代えることとしたい。

『厳助往年記』には、天文十八年十月、「山科七郷所務之事、三好方松永甚介（長頼）知行之、自氏綱給之云々」とあり、細川氏綱が、三好家臣の松永長頼（久秀の弟）に対する、所領の給付主体とされている。また、表②は、上洛前後頃以降の発給と推定される、氏綱関係文書を整理したものであるが、氏綱（および奉行人等）は多数の文書を、京都周辺の寺社本所領主などに宛てている。これらの中には、細川高国の跡目を自称した氏綱が、「三友院殿（高国）代の旨」に任せて所領を安堵したものが複数存在する。こうした文書は、天文十八年から二十二年の期間に限られているため、上洛直後のわずかな期間においてのみ、三好長慶と併存する形で氏綱の権限が認められるとの解釈がなされてきた。ただし、所領安堵のような文書が、権力の交代直後に集中するのは当然であり、こうした傾向をもって、その後の氏綱の権限が消滅したと理解するのは、いささか早急であると考える。

もう一つ上洛直後に多数見受けられるのが、課役免除に関する文書である。特に三好政権自身によって賦課された段米《たんまい》等の免除を、細川氏綱の直書《じきしょ》や三好長慶の折紙等によって認められるという事例が散見される。寺社本所領などが課役免除の特権を獲得するためには、氏綱方や三好方に対する礼銭・礼物の献上が不可欠であった。また、寺社領主が政権との良好な関係を維持していくには、定期的な祈祷巻数の進上が有効であった。こうした音信に対する氏綱の礼状も数多く残されている。これらの書状はすべて年未詳であるため、定

表②　天文十八年長慶上洛頃以降と推定の氏綱方関係文書

年月日	差出所	宛所	対象	出典	備考
a．所領安堵・課役免除等					
天文十八年七月七日	(氏綱奉行松田左衛門尉)守興	当寺雑掌	紫野大徳寺領等	大徳寺文書	
天文十八年七月七日	(氏綱奉行松田左衛門尉)守興	当地百姓中	妙覚寺敷地門前等地子銭	大徳寺文書	
天文十八年七月二十一日	(松田)守興	当所名主百姓中	東寺領上桂内上野荘	東寺百合文書	
天文十八年八月二十七日	言継	三好筑前守	内蔵寮領率分役	言継卿記所収文書	今村紀伊守押領、四郎殿の下知
(天文十八年)十二月三日	某	水無瀬殿	西岡小塩荘	随心院文書	今村・多羅尾、段米免除、氏綱へ御伝達
天文十九年一月五日				東寺百合文書	段銭・段米等免除状、氏綱直書・三好筑前守書状等
天文十九年十二月十三日	多羅尾左近大夫綱知・今村紀伊守慶満	東寺惣庄中	当所段米	東寺百合文書	御書・三好筑前守殿折紙
天文二十年十月一日	(斎藤越前守)基速	東寺年預御房	貴寺御領段銭・反米等	東寺百合文書	段銭・段米等免除、三好筑前守・氏綱了承
(天文二十一年)三月三日	言継	蜷川新右衛門尉	内蔵寮領率分役	蜷川家文書	今村紀伊守押領、氏綱下知、三筑折紙
天文二十二年三月六日	斎藤三郎右衛門尉長盛・美濃守国親	多田院雑掌	多田七郷等	多田神社文書	御屋形氏綱、御代替棟別
年未詳　一月十日	掌清	飯尾大和守	神領薪薗	蜷川家文書	安見宗房の違乱、右京兆御下知
年未詳　二月二十四日	氏綱	賀茂社正祝宮内大輔	奈嶋郷競馬料	賀茂別雷神社文書	三友院の節
年未詳　四月十五日	氏綱	勝尾寺	当寺寺領等	勝尾寺文書	三友院殿の時
年未詳　八月二十一日	三好筑前守長慶	賀茂社祝	当社領奈嶋郷	賀茂別雷神社文書	公方御下知・御書
年未詳　十月三日	氏綱	龍翔寺侍者	当寺領	大徳寺文書	三友院殿代の旨
年未詳　十月十一日	氏綱	南禅寺龍花院侍衣禅師	当院領	南禅寺文書	奏者多羅尾左近大夫
年未詳　十月十五日	氏綱	東寺衆僧	当寺領段銭・反米等	東寺文書	

年未詳十月二十四日	氏綱	心南院	河島内御影堂領	高野山文書	
年未詳十一月五日	（斎藤越前守）基速	宝菩提院	上久世荘	東寺百合文書	反米催促、免除以前、氏綱芥河美作に申付
年未詳十二月二十五日	多羅尾左近大夫綱知・今村紀伊守慶満	大仙院侍者	当院領段米	大仙院文書	公方様御下知・屋形奉書

b．献上・祈祷またはその謝礼

天文十八年七月五日				天龍寺文書	氏綱・三好方へ御礼
天文十九年一月				天龍寺文書	氏綱へ祈祷の御札
天文十九年十月十八日				東寺百合文書	段銭・段米等免除、氏綱直書の礼物
年未詳一月十六日	氏綱	勝尾寺		勝尾寺文書	祈祷巻数
年未詳一月十八日	氏綱	勝尾寺		勝尾寺文書	祈祷巻数
年未詳三月八日	氏綱	東寺衆徒		東寺百合文書	祈祷巻数、奏者松田左衛門尉
年未詳三月十七日	氏綱	賀茂社社家中		賀茂別雷神社文書	音信の樽
年未詳五月十六日	氏綱	水無瀬殿		水無瀬神宮文書	祈祷巻数等
年未詳五月二十八日	長教	大山崎惣御中		離宮八幡宮文書	音信の巻数・百疋、制札
年未詳七月六日	氏綱	大僊院侍衣禅師		大仙院文書	御音信百疋
年未詳八月十六日	長教	大山崎惣中		離宮八幡宮文書	御巻数・百疋
年未詳八月十八日	氏綱	東寺衆徒		東寺百合文書	祈祷巻数、奏者多羅尾兵庫助
年未詳八月十八日	氏綱	東寺衆徒		東寺百合文書	祈祷巻数、奏者多羅尾左近大夫
年未詳八月十九日	（松田左衛門尉）守興	東寺年預御房		東寺百合文書	御巻数
年未詳十月十七日	和匡	水無瀬中将殿		水無瀬神宮文書	太刀一腰
年未詳十二晦日	綱知	東寺衆徒		東寺百合文書	祈祷巻数、氏綱御書の副状

c．軍事命令・感状等

天文二十二年十一月十五日	（氏綱奉行人茨木）長隆	出野日向守・片山右近丞		野間建明家文書	内藤家督、千勝相続
（天文二十二年）三月二十日	氏綱	桐村豊前守		桐村家文書	内藤跡目、千勝相続、奏者三好筑前守
（天文二十三年）三月二十日	氏綱	片山右近丞		片山家文書	内藤跡目、千勝相続、奏者三好筑前守
年未詳七月七日	氏綱	小森与介		小森文書	新庄・常楽表合戦

かなことは言えないものの、氏綱は少なくとも贈答するだけの価値がある対象として、寺社本所領主たちから認識されていたと考えられる。

天文二十一年一月、三好長慶と和睦した足利義藤が帰洛し、二月に三好長慶が御供衆に列せられる。三月には細川氏綱が右京大夫に、弟の四郎藤賢が右馬頭《うまのかみ》に任じられて幕府に出仕し、それぞれ細川京兆家と典廐家の家督を継承したのである。年未詳ではあるものの、天文二十一年以降の将軍在京期において、公方様（足利義藤）御下知や御屋形様（細川氏綱）奉書等によって、賀茂社領の所領安堵や大仙院領への課役免除がなされている。『東寺百合文書』所収の天文十九年の『久世方日記《くぜかたにっき》』という史料に、「屋形三好方」という記述が存在することから、これまでの研究において、上洛後すぐに長慶が屋形号で呼ばれていたとの指摘がなされているが、「屋形・三好方」のように「屋形」と「三好方」を並列に読むと、屋形号で呼ばれていたのはあくまでも氏綱で、長慶とは同格以上の存在として認識されていたこととなる。

また、天文二十一年の将軍帰洛に際しては、細川氏綱が奥州伊達晴宗の奉賀を、書状で催促している（『伊達家文書』）。さらに、天文二十三年、松永長頼が宗勝と名乗りを替え、子息の千勝が丹波の内藤氏の家督継承者とされた際には、氏綱が同国の諸侍に対して、内藤氏へ忠節を尽くすよう命じている。

その後の細川氏綱は、永禄二年（一五五九）に山城淀城を居所とし、永禄四年の三好義長（長慶の子）邸への将軍足利義輝（義藤から改名）御成では、三好長慶とともにこれを迎えている。そして、長慶死去前年の永禄六年末、氏綱は淀城で病没したのである。

以上の補足的な検討によって、天文十八年の上洛後における細川氏綱にも、単に三好長慶の傀儡とのみ評価することはできない可能性のあることを確認した。もちろん三好政権には、従来の幕府機構や細川京兆家に拠らない独自の裁許体制を構築したように、評価すべき先進性が存在することは間違いなく、氏綱の存在意義を、実態以上に過大評価すべきでないことは確かである。ただし、氏綱は死に至るまで長慶との関係性を保持し続けており、上洛以降の三好政権において、細川京兆家や氏綱自身が果たした政治的役割については、今一度考察し直す必要があろう。本稿がその一助となれば幸いである。

〈参考文献〉

天野忠幸『戦国期三好政権の研究』（清文堂出版、二〇一〇）
池　享『日本中世の歴史六　戦国大名と一揆』（吉川弘文館、二〇〇九）
今谷　明『戦国期の室町幕府』（角川書店〈講談社〉、一九七五〈二〇〇六〉）
今谷　明『戦国三好一族』（新人物往来社〈洋泉社〉、一九八五〈二〇〇七〉）
今谷　明『室町幕府解体過程の研究』（岩波書店、一九八五）
宇野日出生「嵯峨の地侍福田氏」（『京都市史編さん通信』二四一所収、京都市史編さん所、一九九三）
岡田謙一「細川右馬頭尹賢小考」（『中世政治史の研究』所収、日本史史料研究会、二〇一〇）
岡田謙一「細川晴国小考」（『戦国・織豊期の西国社会』所収、日本史史料研究会、二〇一二）
小谷利明「畠山稙長の動向」（『戦国期の権力と文書』所収、高志書院、二〇〇四）
下川雅弘「上洛直後における細川氏綱の政治的役割」（『戦国史研究』五一所収、戦国史研究会、二〇〇六）
下川雅弘「三好長慶の上洛と東寺からの礼銭」（『戦国史研究』五六所収、戦国史研究会、二〇〇八）
下川雅弘「『久世方日記』小考」（『日本歴史』七二七所収、吉川弘文館、二〇〇八）
馬部隆弘「細川国慶の出自と同族関係」（『史敏』九所収、史敏刊行会、二〇一一）
馬部隆弘「細川晴国・氏綱の出自と関係」（『戦国・織豊期の西国社会』所収、日本史史料研究会、二〇一二）
福島克彦『戦争の日本史十一　畿内・近国の戦国合戦』（吉川弘文館、二〇〇九）
古野　貢『中世後期細川氏の権力構造』（吉川弘文館、二〇〇八）
古野　貢 他「シンポジウム　戦国期畿内研究の再構成と「細川両家記」」（『都市文化研究』一二所収、大阪市立大学、二〇一〇）
山田邦明『日本の歴史八　戦国の活力』（小学館、二〇〇八）

長江正一『三好長慶』（吉川弘文館、一九六八）

〈付　記〉

細川氏の略系図は、本稿に登場する人物を中心に、『尊卑分脈』に基づいて、必要最低限の範囲のみを限定的に示したものである。

表①・表②は、該当する史料を網羅的に収集・掲載したものではなく、刊本として活字化されているなど、比較的閲覧しやすい史料に限定して、整理したものである。また、年未詳のものについても、厳密な年代比定を試みたわけではない。

三好長慶と松永久秀・長頼

田中信司

はじめに

松永久秀・長頼の兄弟は、三好政権の中で極めて大きな役割を担っていたが、その事績について触れた専門的な研究はあまり多くない。また、特に久秀については、「下剋上の代名詞」のイメージが先行している感が否めない。が、このイメージには確固とした根拠を伴わないのが実情である。たとえば、織田信長が久秀を「主君の三好を殺した者」と評した逸話は有名である。だが、これは、近世に成立した軍談書である『常山紀談』を典拠としており、久秀と同時代の史料から導かれたものではなく、歴史的に正確に久秀像を表したものとして見るには注意が必要である。

ここで課題としたいのは、ある一定のイメージのもとに形成されてしまっていたり、十分な証左に乏しい著述がなされたりしている松永久秀・長頼の三好政権内での位置づけを確認していくことである。主に、三好長慶が存命中の久秀・長頼の動向を見ることは、全盛期の三好政権の構造を理解する一助となるものでもあろう。

一、松永長頼の動向

三好家の中で、ある意味、より目立った活動を見せていたのは、久秀以上に、その弟長頼であったとすることができる。長頼が早い段階で史料に登場するのは天文十八年（一五四九）十月で、当時甚介と名乗っていた長頼は、山城国山科七郷などを十河一存（長慶弟）などとともに押領していることが見られる（『言継卿記』『厳助大僧正記』）。この時期は、摂津国江口での合戦に勝利して、細川晴元政権を崩壊させた三好長慶が、畿内にその勢力を拡大させていく時期に重なるから、長慶の勢力伸長に連動した長慶被官の京都周辺各所の権益獲得の動向として理解することができよう。また、天文十九年から二十年にかけても、長頼は長慶の部将の一人として、細川晴元勢力との間で起こった紛争に出動し、近江国大津などの各所での戦闘に参加している（『厳助大僧正記』など）。ここからは、三好家の軍事力として機能する長頼のあり方を看取することができる。おそらく、軍事的な才覚の点では、長頼は久秀を上回るものがあったことが想像される。

それ以外にも長頼は、三好家の中で官僚としての役割も果たしている。すなわち、長頼が、三好一族の重鎮である三好長縁《ながより》（長逸）と連名で、長慶の意を受けて京都下京諸口に、地子銭などを命じ、徴収している書状（「京都上京文書」）が残されているのである。この書状は年次が未詳ながら、長頼の署名が甚介となっていることから、長慶が京都をはじめて支配した天文十八年から二十年の、まさに長頼が三好家の部将として活躍しはじめた時期に重なるものと想定される。長頼は、軍事のみならず、三好家の奉行人としてその行政にも関与していたことが理解できる。

このように、京都にある程度の基盤を築きはじめた三好家の軍事・政治に活躍していた長頼が、その位置づけをさらに飛躍させるのは、天文二十二年以降である。すなわち、天文二十二年九月、長頼は、未だ三好家の抵抗勢力となっていた細川晴元が拠点としていた丹波国に進出したのである。この時の長頼の奮闘は目覚ましく、当初は、細川方の攻撃により三好方は敗北し、三好方に与していた丹波国守護代で、八木城主であった内藤国貞が戦死するなどの惨状であったが（『言継卿記』など）、長頼は、その八木城の救援に成功したのである。『細川両家記』は、長頼や長慶の活動期とそれほど遠くない時期に成立した、ある程度の史料的価値を持つ軍記物語であるが、この時の長頼の有様を「此八木城へ懸入、堅固なる働ども見事なるかなと申候也」と記しており、その奮闘ぶりを讃嘆しているのである。

この戦いの後、長頼は八木城に入る。『細川両家記』には、長頼は、戦死した内藤国貞の「聟《むこ》」とあり、おそらくそのような関係性からかとも思われるが、長頼が内藤家の後継者となる契約が存在していたようであることが、いくつかの文書史料からうかがわれる（「野間文書」など）。ただし、内藤家の跡目は、長頼の分別により、国貞の子である千勝に継承されたこともいくつかの史料から確認され（「湯浅文書」など）、形としては、長頼が千勝の後見人の立場として内藤家を支援するようになったと考えられる。これらの動向からは、天文二十二年末ごろから二十三年前半にかけて、長頼を足がかりとして、三好家が丹波国支配を強化していくあり方を導くことができよう。やがて、長頼は、弘治二年（一五五六）前後には内藤蓬雲軒宗勝（本稿での記載は長頼と統一）と改名する。時の経過とともに、長頼が、内藤家の後見人の立場から一歩進んで、その実質的な主導者として、丹波国の経営を担うようになっていったことが容易に想像される。

内藤宗勝となった長頼は、丹波国において、波多野家を中心とする反三好勢力との戦いに専念し、同国における三好家の勢力拡大に寄与していくが、その過程で長頼の地位の向上も顕著に見られるようになる。たとえば、当初は、長頼が配下の国人などの所領を安堵する際には、当時三好長慶が擁していた細川氏綱の発給文書に、長頼が副状《そえじょう》を添付する形式で行われていた（「小森文書」）が、少なくとも永禄二年（一五五九）ごろからは、長頼が独自の裁定で所領安堵などの裁決を下すようになっていたのである（「波多野文書」など）。また、丹波国内の寺院に禁制を発給するなど（「安国寺文書」）、同国内に権力を行使する長頼の動向を認めることができる。そして、最終的に波多野家の八上城を攻略した長頼は永禄初年ごろには丹波国に最大の勢力圏を築いたのである。このように権勢を誇った長頼のあり方をよく物語る史料が、陽明文庫に所蔵されている「貞永式目抄奥書写」である。

右秘抄者、一子相伝之奥義也、勲善懲悪之法如指掌乎、天下鴻宝国家亀鏡也、不出巻而知賢哲之遺法、豈式制哉、于茲丹州太守蓬雲宗勝、於予被索之不能固辞、染禿筆備幕下、為他人勿令容易矣、
永禄巳《ママ》未春三月庚子　大外記清原朝臣（花押）

これは、戦国期に各地で活躍した高名な儒学者である清原宣賢《のぶかた》が著した『貞永式目抄』に、宣賢の孫である枝賢《しげかた》が書き加えた奥書である。枝賢も儒学者として各地の戦国大名のもとで様々な書物を講じるなどの活動をした学者として著名であり、天文末年ごろから永禄年間にかけては、松永久秀の招きを受けて久秀のもとに逗留するなどの経歴を持つ人物である。史料の傍線部（傍線筆者）に注目すると、「ここに丹州太守蓬雲宗勝、予にこれを索《もと》められ固辞するあたわず」と読むことができる。つまり、長頼はこの『貞永式目抄』を枝賢に所望していたことと、何よりも長頼が永禄己未《きび》年（永禄二年〈一五五九〉）段階において、「丹州太守」と称せられていたことが分かる。つまり、天文末年ごろから積極的に丹波国に関与しはじめた長頼は、その数年後の永禄二年時点において、同国を支配する最大勢力に成長していたことが明瞭なのである。先に述べたよう

に、長頼が配下の国人の所領安堵を独自の裁定で行うようになったのも永禄二年ごろであり、この年を、丹波国の支配者たる長頼の絶頂期として評価することができよう。このように、丹波国に確固たる地盤を得て、三好家に反抗する勢力を掃討していく長頼は、三好政権の拡大において不可欠な地方統治者として大きな存在感をはなっていたのである。

これまで見てきただけでも明らかなように、三好政権の中で、長頼に最も期待されていたのは、丹波国の経営であったことは言を待たないが、長頼は、丹波国以外の地においても三好政権の拡大に貢献している。すなわち、長頼は丹波の国人衆を引率するなどして畿内各地で起こった軍事紛争に参加しているのである。その実例をここで全て紹介することはできないが、たとえば、永禄元年（一五五八）六月に、近江国からの上洛を狙い行動を開始した室町幕府将軍足利義輝・細川晴元と、京都を支配していた三好長慶が直接的に交戦した、いわゆる白河口合戦が挙げられる。この合戦は、やがて長慶と義輝との和睦という形で帰着し、長慶により京都を追われていた義輝は京都への帰還を果たす。それゆえ、義輝と長慶との力関係を考察するにあたって重要な合戦と位置づけることができるが、これに長頼は、三好軍の一員として久秀や三好長逸などの三好家重臣と名を連ねて参戦している。ここで長頼は、三好方が義輝方を防ぐべき前線として整備した勝軍地蔵山城に出張して軍議に参加したり（『言継卿記』）、おそらくその軍勢数からして三好方の主力と思われるが、一万五千の軍勢を統括する一人として加茂川の河原に展開したりしている（『言継卿記』）。また、三好方と義輝方との戦端が本格的に開かれた後は、義輝方が布陣していた如意嶽に攻め上がる部隊の指揮官となるなど、諸方において活躍を見せている（『長享年後畿内兵乱記』）。その他、永禄二年以降に、三好氏と河内畠山家との対立抗争が開始されると、長頼も三好方の部将として河内方面に進出している（『細川両家記』）。このように見てみると、長頼は三好政権の軍事部門における主力級であったことは疑問の余地がない。

要するに、松永長頼は、丹波国支配と同国を基盤として丹後国・若狭国にまで睨みを利かせるという、三好政権の地方支配の一翼を担うとともに、三好政権全体の軍事部門の重鎮として、三好長慶から重用されていたと結論づけられよう。長頼は丹波国を拠点としていたから、長慶との直接的な交流や関係性をうかがわせる史料は管見の限り見られない。が、三好政権が畿内最大の勢力であり続けるためには、長頼のような部将の存在意義は決して小さなものではないのである。

しかし、長頼の丹波国への影響力は、永禄四年、若狭武田家との紛争における敗北を契機に下降線をたどりはじめる。最終的に長頼は、永禄八年の丹波国人荻野直正との合戦において命を落とす。そして、長頼亡き後の丹波国支配は、長頼によりその勢力を減殺《げんさい》されていた波多野家によってなされ、三好勢力による地方支配の一角は崩壊することとなるが、これはいずれも三好長慶の死後のことである。三好政権の頂点に長慶が君臨していた時代の丹波国には、おおむね、「丹州太守」松永長頼の姿があったのである。

二、松永久秀の動向

松永長頼が、主に三好政権の地方支配と軍事力を担っていたのに対し、三好政権の中枢において三好長慶の近くで活動していたのは松永久秀であった。久秀が、最も早く史料上に現れるのは、天文十一年（一五四二）十一月である。このころの三好長慶は、細川晴元配下の部将としてあり、晴元や長慶に敵対していた河内国守護代木沢長政と戦い（太平寺の戦い）、これを討った直後にあたる。この紛争において大和国の国人の一部が木沢方に与するが、これを討伐すべく、南山城に布陣した三好軍の指揮者として久秀が姿を見せているのである（『多聞院日記』）。久秀は、三好長慶が独自の権力を立ち上げる以前から、長慶の被官であったことが分かるが、この時期、これ以外に特筆すべき久秀の動向は、管見の限りにおいて見られない。やはり、久秀も、先に述べた長頼と同様、その活動を畿内政局に顕著に示しはじめるのは、長慶が細川晴元政権を崩壊させた天文十八年以降であるといえる。

たとえば、当時内蔵頭《くらのかみ》として禁裏御料内蔵寮領率分関の権益を得ていた貴族、山科言継は、天文十八年の長慶の京都進出により、その権益を長慶被官の今村慶満に押領されてしまった（『言継卿記』）ため、諸方に交渉を行い権益の回復を目指していくが、その交渉の相手先の一つに久秀がたびたび登場しているのである（『言継卿記』）。京都を握った三好家が主催する法廷において取次役をつとめる久秀の姿が見て取れよう。ちなみに、言継は、久秀のことを長慶の「内者」と表現している（『言継卿記』）。また、同じく天文十八年の十二月には、久秀は一向宗の門主である本願寺証如より贈品を受けている（『天文日記』）。久秀の長慶側近としてのあり方がここからもうかがわれる。

畿内政局は、長慶が入京した天文十八年から始まる三好勢力と京都を追われた足利将軍家勢力との紛争、そして、一時的な三好方と将軍足利義輝方との和睦がなった天文二十一年と、それが決裂して、いわゆる三好政権が確立したといえる天文二十二年以後、という具合に変遷を見せていく。この経緯において、久秀は、無論部将としての軍事的活動もさることながら（長頼と共同での軍事行動も見られる〈『厳助大僧正記』など〉）、三好政権が処理する訴訟の取次役を担う事例が史料上にとみに増加しはじめる（「石清水八幡宮文書」など）。三好政権が京都において、より確固とした地位を築いていくにつれて、久秀が官僚のような位置づけを強めていっていることが理解できる（その位置づけの重要度については研究者によって意見が分かれているが）。さらに、久秀は、天文二十二年に長慶が摂津国芥川城に拠点を構えるに至り、同城に長慶とともに居住していたとの記録もあり（『厳助大僧正記』）、この時期の久秀が長慶の片腕であり、代表的な側近であったことは疑問の余地がない。

しかし、先に示した『言継卿記』にある言継の率分関返還交渉の過程などを見る限り、久秀が、三好家の被官の中で著しく突出した権勢や影響力を持っていたようには見受けられないことも指摘しなければならない（もちろん重臣であったことは揺るがないのであるが）。なぜなら、久秀と同様の性格や権限を持っていた三好被官には、たとえば、久秀とともに三好家の法廷で取次役を担っていた三好長逸などの三好一族の将がいるからである。特に、三好政権初期の久秀は、あくまで「複数いる三好一族をはじめとする三好家の重臣の中の一人」といった評価に留まるように思われ、いかにそれがイメージ先行とはいえ、「下剋上の代名詞」「奸雄・梟雄」とまで評されるには、いささかその印象が薄いとせざるを得ない。先に見てきた「丹州太守」とまで称された弟、長頼と比較しても華々しさに劣る。では、久秀が、他の三好被官より一歩抽《ぬき》んでた存在感を示しはじめ、戦国期畿内を代表する人物として後世に認識されるような活躍を見せはじめるのはいつごろからなのだろうか。

その契機となるのは、前節でも述べた、永禄元年（一五五八）十一月にあった、それまで細川晴元とともに近江国に逃れていた室町幕府将軍足利義輝が、三好長慶と交戦（白河口合戦）の後に和睦し、京都に帰還した出来事であるといえる。この義輝の京都復帰に対する評価としては、それを室町幕府の復活、すなわち三好政権の敗北と見なしたり（今谷明『室町幕府解体過程の研究』岩波書店、一九八五）、義輝帰京後も三好政権の影響力は変わらず健在であったと見なしたり（天野忠幸『戦国期三好政権の研究』清文堂出版、二〇一〇）、大きく二つに分かれているが、義輝の帰京が畿内政局にある程度の変化をもたらしたことは間違いない。実際三好政権においても、義輝との交渉・接触が、一つの政治課題として立ちあがってくるのである。そして、この畿内政局の変化に応じて、そのあり方に著しい変化を示しはじめたのが他ならぬ久秀であったのである。

その久秀の変化の端緒となるのが、永禄三年二月にあった久秀の室町幕府御供衆就任（『雑々聞検書丁巳歳』など）であると考えられる。御供衆は将軍の出行に随従する幕府の役職であるが、単に久秀が幕府の役職を得ただけならば、それほど大きな意味を持たないといえるかもしれない。しかし、長慶の嫡子で、永禄三年二月前後に長慶から三好家の家督を継承した三好義興も、久秀とほぼ同時に御供衆に任じられている事実を踏まえた場合、久秀御供衆就任の事実は看過できないものとなる。なぜなら、久秀は、三好家の家督を継ぎ、いわば、三好家当主となった義興と同格の地位を手に入れているといえるからである。

そして、実際、久秀が義興とともに義輝と関わる事例が頻繁に史料に現れるようになるのである。たとえば、永禄四年後半、将軍義輝は、山城国大山崎離宮八幡宮に、徳政免除を認定する文書を発給しているが、この義輝の命令を追認するような形で、久秀と義興が副状のような役割を果たす文書を追って発給している（『離宮八幡宮文書』）。三好政権が義輝の政治活動を補完するあり方をうかがわせるとともに、これに深く関与する久秀の姿が浮き彫りとなっている。

また、義興と久秀が、たびたび、ともに幕府に出仕して義輝と対面していたり、義輝が参内する際に、義興と久秀がともに御供衆としてこれに随行したりしている（『雑々聞検書丁巳歳』）。加えて、義興と久秀が同時に、従四位下の位を与えられていたり、義輝が、義興と久秀に、同時に桐御紋の使用を許可したりしている（『雑々聞検書丁巳歳』）。これらの出来事は、いずれも永禄三年・四年にかけてあったことであるが、このように、政治的な交渉から、儀礼的な場への参加、各種恩典の授与に至るまで、義興と久秀が全く同様に行動したり、扱われたりしている事例が非常に数多く見出されるのである。そして、久秀が特に対幕府交渉を義興とともに担うにあたり、その地位を、三好家の家督を継承した義興と同等なところにまで高めていることとが分かるのである。

このような顕著な身分的な飛躍と活躍を示しはじめる三好長慶の被官は、久秀の他には見当たらない。つまり、久秀が畿内政局に大きな存在感を示しはじめるのは、義輝の京都帰還を経て変化した畿内政局の場においてのことであり、可視的には御供衆就任が大きな要素となっているのである。

久秀が、幕府より御供衆の地位を得たことが、そのあり方に大きな影響を与えたことは、史料上よりうかがい知り得たところであるが、この他にも御供衆久秀の動向がよくあらわれているのが、永禄四年三月に実施された、将軍義輝の三好義興邸への御成である。この御成については、『三好亭御成記』や『三好筑前守義長朝臣亭江御成之記』などの記録が残っている。また、室町幕府将軍御成の作法を解説した『諸大名御成被申入記』という史料も存在する。これらをもとに、御成への久秀の関わり方を見てみると非常に興味深い事実が浮かび上がる。

久秀は本来三好家の被官であるため、普通に考えれば賓客である義輝一行を迎える立場で御成に関わると考えられる。ところが、実態はそのような単純なものではなかったのである。以下にこの御成における久秀の行動を挙げてみよう。

①太刀の進上

御成の賓客への太刀の進上は、基本的には接待役である三好方が行う。実際、亭主の義興をはじめ、三好家被官を中心に太刀の進上が行われたが、久秀は、義興の次に、三好長逸や三好宗渭といった三好一族の重臣に先んじて太刀を進上している。ここからは久秀の三好被官の中での序列がうかがわれよう。つまり、三好一族の将よりも上位の重臣として久秀は位置づけられているのである。

②具足の進上

賓客である義輝には太刀以外にも様々な物品が進上されるが、その中に具足の進上がある。ここで具足を運ぶ役目を久秀がつとめているが、これは御供衆の所作なのである。久秀は、幕府御供衆で義輝側近の細川中務大輔《なかつかさたいふ》とともに具足を運んでいる。

③猿楽の要脚

御成の宴席では猿楽能が実施される。その要脚を運ぶ所作は、亭主の同名衆（この御成の場合は三好一族）、あるいは御供衆がつとめることになっている。この役目を久秀が、三好長逸などの三好一族とともに果たしている。もちろん久秀は三好一族の人間ではないから、ここでの久秀の振舞も御供衆としてのものと捉えるべきであろう。

④将軍の随行者の接待

御成の主賓である義輝をはじめ、一部の者は宴席が行われる会所に入るが、会所に入ることができない義輝の随行者は、それぞれにあてがわれた部屋で三好家の者から接待を受ける。ここで久秀は、義輝に随行した幕府御供衆の接待に回っており、三好方の人間として行動していたことが分かる。

⑤饗宴時の将軍への給仕

やがて開始する酒宴の際には、将軍に様々な給仕がつくが、将軍と直接的に接触して配膳などを行うのは全て幕府御供衆と決められている。久秀は、ここで配膳役をつとめており、間違いなく御供衆として行動している。

⑥饗宴中の将軍への御酌

先の給仕と同様に、酒宴の際に将軍に酌をするのは将軍方の随行者と、将軍を招待した亭主のみである。三好亭御成の際には合計で十七献の将軍への献杯が繰り返されたが、久秀は将軍に酌を行う者の中に名を連ねている。ここでの久秀の所作は御供衆としてのものと理解される。

以上、久秀の御成への関与を見てみると、接待側である三好方の者としての振舞(①・④)と、賓客側である義輝の御供衆としての振舞(②・③・⑤・⑥)とに分けることができる。そして、より御供衆としての活動が多いことが判断される。つまり、久秀は当時の幕府において、御供衆の役目を、単なる名誉職的なものではなく、実体のあるものとして果たしていたのである。このように、いくつかの史料から、三好家の重臣でありながら、室町幕府の役職も兼ねる久秀の姿が導かれ、彼が三好政権と室町幕府の双方が京都に展開する永禄元年末以降の京都政局において、両者を取り結ぶような存在として、その位置づけをより重要なものとしていったことが想像されるのである。

三好政権にとって幕府との交渉は重要であり、それを義興とともに担う久秀のあり方を指摘したが、久秀は、三好長慶によりもう一件、大きな役割を期待されていた。それは、永禄二年より開始された三好家の大和国侵攻である。すなわち、当時の大和国人には、三好家と対立抗争していた河内畠山家に与する者が多く、これらの動きを封じるための軍事行動の司令官として久秀が用いられたのである。

この時期の奈良を中心とする地域の動静を伝える史料には、『享禄天文之記』があるが、これによると久秀は、筒井家や越智家をはじめとする、三好家に反抗的な大和国人の制圧に、数年の時間を費やしており、永禄五年・六年ごろには、おおむね大和国を支配する勢力に落ち着いたことが分かる。この過程で、久秀は、信貴山城や多聞山城を整備したり新たに築城したりして、その拠点としていることは有名である。そして、大和国内に徳政令を出したり、奈良の町に棟別銭を賦課しようとしたりするなどの諸政策を施し、その影響力を強めている。久秀は、京都において対幕府交渉に重要な役割を果たすとともに、三好長慶により大和国を任され、ある意味で、一個の大名のような存在としてその威勢をふるっているのである。

このように、永禄元年の義輝の京都帰還以降の久秀は、その活躍ぶりや京都政局における重要度を飛躍的に高めており、その地位は、三好家を継いだ義興と同格のものと位置づけられるまでになっていたのである。おそらく、久秀が「下剋上の代名詞」と称せられるようになるひとつの要因は、このような久秀のあり方に帰するようにも思われる。

しかしながら、三好政権は、義興に家督が譲られた後も、永禄七年までは長慶が存命であり、その期間は長慶が三好政権の頂点にあり続けたとの見方がある（天野前掲書）。そうであるならば、久秀はいくら義興と同格の立場にあり、威勢をふるったとしても、三好政権の総帥である三好長慶を超越したり、克服したりしたことにはならない。久秀と長慶との関係性でいうならば、久秀が永禄元年以降どのように飛躍し活躍の幅が広がるようになったとしても、久秀は長慶の被官であり続けていたと評価せねばなるまい。事実、長慶存命中に、久秀は長慶に背いたり、長慶を操作・掣肘《せいちゅう》したりという、冒頭で示したような、「主君の三好を滅ぼした」ことにつながるような行動は一切見せていない。久秀が、自身と同格の立場で対幕府交渉を担っていた三好義興や、長慶の弟で三好一族の重鎮である十河一存の命を奪い、三好家を傾けたとする説も存在するが、これらの根拠となっているのは、いずれも、時代が下った江戸時代に成立した軍記物語などの二次的な編纂物であり、一次史料からは、このような事実を全くうかがうことができない。ただし、久秀は、これまで述べてきたように、三好被官でありながら幕府御供衆に就任した、つまり義輝の被官のようにも受け取られるため、その位置づけが見定めにくくなっていることもまた、実際のところだとはいえそうである。

おわりに

以上、ここでは、三好長慶存命中の松永久秀・長頼兄弟のあり方を確認してきた。松永兄弟は、その出自が不詳ながら（ただし、久秀の母親が和泉国堺に居住していたとの史料がある〈「東寺百合文書」〉）、三好長慶に重用され、長頼は主に丹波国の経営と三好政権の軍事力を担い、久秀は長慶の側近として長くあり、永禄元年以降は、室町幕府との折衝と大和国侵攻を経て、他の者の追随を許さない三好家随一の重鎮となったのである。この兄弟の活躍が三好政権の展開に大きく寄与していたことは間違いなく、長慶にとっては非常に有用な被官であり、松永兄弟も十分に長慶の期待に応えていたと結論づけられるのである。

そして、特に久秀は、三好家を継いだ義興と同格の扱いを受けていたことは史料から読み取ることができるが、「戦国の梟雄・奸雄」と呼ばれるような行動を、三好政権の総帥である長慶に対してとってはいない。つまり、三好政権、特に長慶存命中の久秀を、三好家を凌駕し、三好家を滅ぼした者として評価することは、あくまで想像上のものであって、史実においては正当でない。ただ、強《し》いていうならば、長慶の死後、三好家の力のバランスが、長慶の三好本宗家から、長慶の弟の実休の系列である阿波三好家に傾いていくにつれて、久秀は、次第にこの阿波三好家系の勢力と対立するようになる。ゆえに、この時の久秀を、「主君殺し・

奸雄・梟雄」のイメージで捉えることは不可能でないかもしれない。しかし、これは、三好政権全盛期の久秀のあり方、あるいは、久秀と長慶との関係性とは次元の異なるものであるといえよう。

〈参考文献〉

南丹市日吉町郷土資料館編『丹波動乱―内藤宗勝とその時代―』（南丹市日吉町郷土資料館、二〇〇五）

三好政権と足利幕府の対立をどう評価するか

天野忠幸

はじめに～いままでの三好長慶の評価～

大永二年（一五二二）、三好長慶は阿波守護細川氏の有力被官の家に生まれた。戦国大名として有名な甲斐の武田信玄の一歳年下で、同世代である。そして、永禄七年（一五六四）、人生五十年といわれた戦国時代でも、はるかに短い満四十二歳で死去した。しかし、三好氏は長慶の時代に、阿波・讃岐・淡路・摂津・山城・河内・和泉・大和・丹波の九ヶ国と、伊予・播磨・若狭・丹後など四ヶ国の一部を支配する大勢力へと成長を遂げた。

これは武田信玄や上杉謙信、北条氏康、毛利元就らの分国を上回る規模である。しかし、かつての高校日本史の教科書では、近畿や四国地方は戦国大名がいない空白地として記されていた。長慶権力の性格を、戦国大名のような新興勢力ではなく、室町幕府の伝統的権威に頼る守旧勢力として評価していたためであろう。また、その権力の形成過程も、下剋上の一事例として紹介されるに過ぎない。

戦国時代の展開になんら貢献することがなく、衰退していく室町幕府の枠組みの中で、破滅的な権力闘争を繰り返したというのが、三好長慶に対する一般的・教科書的な理解であろうか。しかし、このように認識しているのは、戦国時代に詳しい方であって、実は近畿や四国地方でおいてすら、信玄や謙信、信長や秀吉の名を知っていても、長慶の名前は知らないというのが普通である。

ところが、戦国時代から江戸時代にかけて、三好長慶は戦国時代を代表する名将であった。長慶の父の三好元長と実際に戦ったことがある朝倉氏の家訓『朝倉宗滴話記《あさくらそうてきわき》』では、政治や人材登用の上手な見本として、今川義元・武田信玄・三好長慶・上杉謙信・毛利元就・織田信長の六人をあげている。

また、武田氏の興亡を描いた『甲陽軍鑑《こうようぐんかん》』では、伊予や土佐にとらわれず、上洛して天下（畿内近国、現在でいう首都圏の意味）を支配せよという家老衆の忠言に従い、長慶は上洛して天下を治めたので、五畿内だけではなく近国の侍衆が長慶の旗下に集まり、彼らから慕われた。そのため、長慶と養子の義継の父子二代二十一年にわたり天下を治めることができたが、これは戦国乱世では稀有《けう》なことで、平和な時代に日本全国を三代にわたって支配することよりも素晴らしいことだと賞賛されている。

明暦二年（一六五六）に刊行された『日本百将伝』は、神話の時代から戦国時代まで日本の武将百人を選出し、一人半丁ずつ略伝と肖像画を掲載しているが、戦国武将では北条早雲・武田信玄・上杉謙信・毛利元就・北条氏康・斎藤道三・織田信長・柴田勝家・織田信忠・羽柴秀吉と共に、三好長慶があげられている。江戸時代初期の日本人は、三好長慶を概ね近畿・四国地方を代表する戦国大名と認めていた。

日本だけではなく、ヨーロッパにも目を向けてみよう。一七一八年から二〇年にかけて、シャトランがオランダで刊行した百科全書『歴史地図帳』の挿図「日本の統治者の変遷」では、内裏（天皇）・公方（足利氏）・三好殿（表記はＭＩＯＸＩＮＤＯＮＯ）・信長・羽柴太閤様（豊臣秀吉）・秀頼・内府様（徳川家康）・徳川様と、政権の移り変わりが系統樹で示されている。当時のオランダは、江戸幕府と唯一外交関係があったヨーロッパの国である。しかし、日本国内を自由に通行し取材できたわけではない。長崎の出島で日本人より日本の歴史を聞き取ったのであろう。すなわち、江戸時代初期の日本人にとって、長慶は信長・秀吉・家康と並ぶ日本の統治者であるというのが「常識」であったことがわかる。

戦国・江戸時代人と現代人の間で大きく評価が異なる三好長慶であるが、長慶がつくりあげた権力はどのような性格のものであったのか。日本列島に割拠した戦国大名と呼ぶべきものであったのか。それとも信長や秀吉らに先んじた天下人と呼べるものであったのか。確認していきたい。

一、足利義輝の追放

（一）京都制圧

天文十七年（一五四八）、三好長慶の主君の細川晴元が、摂津の有力国人である池田信正を殺害するという事件がおこった。当時、晴元と敵対していた細川氏綱や遊佐長教に、かつて信正が内通したというのが理由であったが、晴元方の国人たちは大きく動揺した。また、晴元の側近の三好宗三《そうさん》がこの事件を利用して、池田家の財産の押領を企てていることが判明すると、長慶は、かつて父親の三好元長を謀殺した晴元と宗三を討つ好機が到来したと決断し挙兵した。九ヶ国の国人の支持を集めた長慶は、長教の娘と結婚し、氏綱と結んだ。

天文十八年（一五四九）、こうした三好長慶の動きを無視できなくなった細川晴元と三好宗三は、将軍の足利義輝や近江の六角定頼と同盟し、摂津に出兵した。六月二十四日、江口（大阪市東淀川区）において両軍は衝突し、長慶が勝利した。長慶は宗三を討ち取ると、敗走する晴元を追撃して京都に攻め上り、父の仇である晴元からの独立を達成した。

この後、細川氏綱・三好長慶・遊佐長教陣営と足利義輝・細川晴元・六角定頼陣営は、和睦と戦争を繰り返した。天文二十年（一五五一）には、長慶の舅の長教が何者かに暗殺され、長慶自身も義輝の側近による暗殺未遂事件を味わった。しかし、天文二十一年（一五五二）には、長慶は氏綱を細川家の家督の座に就け、晴元の子を人質として引き取ることを条件に和睦し、半世紀近く分裂していた細川氏を統一する方針を打ち出した。当初、氏綱も長慶と共に村落間の相論や守護代家の家督問題にかかわっていたが、天文末年には長慶が独裁する三好政権が成立していく。

将軍義輝はたびたび長慶との和睦を自ら破って洛中を出奔し、長慶に敵対する行動をとった。このため、天文二十二年（一五五三）八月一日に、長慶は義輝が籠城する霊山城（京都市東山区）を攻略し、義輝を近江の朽木（滋賀県高島市）に追放した。この時、長慶は義輝に従う者は公家であっても所領を没収するという強い命令を下した。この義輝の没落は、最終的に永禄元年（一五五八）十一月末まで約五年に及ぶことになる。

足利義輝像（土佐光吉筆、京都市立芸術大学芸術資料館蔵）

こうした将軍義輝との戦いや京都占領に至る戦いで着目したいのは、長慶が足利一族を擁立しなかったことである。三好元長がかつて堺公方足利義維を擁したように、将軍に敵対する勢力は、将軍候補者として足利一族を擁立していた。それは将軍個人とは敵対しても、足利将軍家を頂点とする秩序を破壊するものではないという姿勢を示したものであった。例えば永正五年（一五〇八）に周防から上洛した大内義興は前将軍の足利義稙を、永禄十一年（一五六八）に美濃から上洛した織田信長は前将軍の弟の足利義昭を擁立していた。義興や信長が実力者であったのは言うまでもないが、足利一族を擁立することで、他国へ侵略するための大義名分もでき、直接主従関係にない国人らに対して公の戦争への参陣を促すこともできた。

長慶も、弟の実休が足利義維を扶養しており、義維も本願寺証如に上洛のための資金援助を求めるなど工作を進めていたため、擁立しようと思えばできたであろう。しかし、長慶はしなかった。すなわち、意図的に擁立しない道を選択した。それにもかかわらず、長慶は現職の将軍義輝を軍事力で圧倒していった。

義輝と戦っていた長慶がどれくらいの軍勢であったかは不明であるが、公家の山科言継は、天文二十年（一五五一）三月十六日の西賀茂の戦いでは、長慶の重臣の一人である三好長逸の息子の長虎が二万の軍勢を率いていたと日記に記している。父親の長逸や本隊の長慶の軍勢も合わせると、四万から五万ぐらいは動員されていたのではないだろうか。さらに河内から遊佐長教の後継者である安見宗房や、播磨の赤松氏の援軍が加わることもあった。

こうした三好氏の戦いを、同じ時間軸で、他地域でおこった戦国大名の戦いと比較しよう。長慶が義輝を追放した天文二十二年（一五五三）、関東の北条氏康は足利義氏を古河公方に擁立し、その権威や秩序を利用して、関東の中小領主を味方に繋ぎとめた。また、永禄三年（一五六〇）に関東に攻め込んだ越後の長尾景虎（後の上杉謙信）は、北条氏康に対抗するため、義氏の兄の足利藤氏を擁した。

このように、畿内と関東を同じ時間軸で比較した場合、畿内の方が足利将軍の権威が強く残っていたとか、関東の方が幕府の権威によらない戦国大名の領主編成が進んでいたとは、一概に評価できないのである。

(二)天皇・朝廷の信任

約五年に及ぶ長慶の義輝追放は、朝廷にも新たな状況をつくりだした。将軍ないし将軍候補の足利氏が京都にいない状況が恒常化すると、足利氏の求心力は低下した。

十二代将軍足利義晴の甥にあたる近衛晴嗣は前嗣《さきつぐ》と改名し、足利氏からの偏諱《へんき》を解消した。また、九条稙通は養女を長慶の弟の十河一存に嫁がせた上、後継者の養子兼孝(実父は二条晴良)の参賀について長慶に後見を任せるなど、親三好の姿勢を強く打ち出していた。

そして、弘治四年(一五五八)二月二十八日、正親町天皇は、将軍足利義輝に一切相談や通告をすることなく、永禄に改元した。室町時代の改元は天皇と武家の合意の下で行われ、戦国時代になり将軍が京都を不在にしている時でも通告していた慣習を、正親町天皇は全く無視した。

すなわち、正親町天皇は足利義輝の征夷大将軍としての権威を否定するという政治的判断を下したことになる。このため、義輝は激怒して改元に従わず、九月まで半年にわたって永禄の年号を発給文書に使用することはなかった。東アジア世界において、皇帝が定めた年号を使用しないことは、反逆の意を示すことに他ならない。ここに現職の征夷大将軍が天皇に対する逆賊、朝敵となる事態が出現した。

その一方で、正親町天皇は五月九日に、当時の日本を代表する儒家である清原枝賢や公家の万里小路惟房《これふさ》を通じて、三好方へ改元に関する返答書を遣わしていることから(『惟房公記』)、長慶とは相談や通告などが行われていたのであろう。

前年の後奈良天皇の死去により践祚した正親町天皇は、在京せず、朝廷に勤仕しない義輝に愛想を尽かす一方、後奈良天皇の四十九日仏事の執行をめぐって泉涌寺《せんにゅうじ》と般舟三昧院《はんしゅうさんまいいん》が争っていた中、裁許を下した長慶

正親町天皇尊影（御寺泉涌寺蔵）

を頼みに思い、義輝よりも長慶との関係を構築することを選んだとしても不思議ではない。

長慶は全国に布告される改元を利用して、義輝の権威を失墜させ、正親町天皇より義輝に代わる武家の代表者として遇されるという名誉に浴し、三好氏の畿内制覇を全国に示したのである。武家の秩序の頂点に位置する将軍は、絶対的な存在ではなく相対的な存在へと変化しつつあった。天皇は将軍でない者でも武家の代表とみなし、関係を築き始めた。

将軍としての権威を否定された義輝は、京都奪還を目指して、本格的に長慶との戦いを開始する。その結果、十一月末には両者の和睦が成立し、義輝は京都に復帰することになった。この和睦を長慶の限界、すなわち、長慶は幕府の伝統的権威を打ち破ることができなかったとする見解もある。しかし、義輝が九月に弘治の年号の使用を放棄した時、両者の間に直接的な戦争の大義名分が消滅していた。そして、三好政権が足利幕府の伝統的権威に取り込まれたわけではなかったことが、翌永禄二年（一五五九）に明らかになる。

永禄二年十一月、南朝の後醍醐天皇に味方し、初代将軍の足利尊氏と最後まで戦った楠正成の末裔と主張する楠正虎が、北朝の正親町天皇より、約二百年に及ぶ朝敵の罪を赦免された。これは正虎の悲願であり、正虎の主君である松永久秀らの申請が功を奏した。正虎はこれにより、大饗《おおあえ》姓から楠姓に復し、正成以来の河内守に任官した。正虎は名筆で儒学などの教養も深かったことは間違いないが、楠正成の末裔であったかどうかは疑わしい。しかし、松永久秀がそれを申請し、正親町天皇が勅許を下した背景には、当時、武士の間で広く読まれ始めた『太平記』の存在があった。『太平記』には、正成は七度生まれ変わって足利氏を討つことを誓い自害する場面が描写されている。北朝を擁立した足利氏に祟りを成す楠氏の復権を正親町天皇が公認することは、すなわち、三好長慶が約五年にわたって京都から追放してきた足利義輝を見捨てたことに他ならない。そして、足利幕府に代わる武家政権の成立に向けた意識転換を促すことになっていく。例えば、『太平記』に基づく源平交替思想により、織田信長は桓武平氏の末裔と称し、徳川家康は南朝に味方した清和源氏新田氏の末裔を称することになる。

二、幕府秩序との戦い

（一）義輝還京後の京都支配

永禄元年（一五五八）十一月、三好長慶と足利義輝の和睦が成立した。義輝は入京し、永禄八年五月まで三好氏が義輝を擁立する体制となる。確かに、ほとんど発給されなくなっていた幕府の支配文書である幕府奉行人連署奉書は再び京都で発給されるようになった。しかし、こうした状況を三好政権の敗北とみなしてよいかは、慎重に考えなければならない。前述のとおり、弘治年間の三好政権の動向からは、足利幕府の権威に直接危機感を抱くような状況は見受けられない。そこで、永禄年間の京都支配や幕府奉行人連署奉書の発給のあり方を考えてみよう。

まず、三好政権は京都の支配権を放棄したのか。答えは否である。永禄元年（一五五八）から永禄四年

（一五六一）まで続く醍醐庄の日損《にっそん》をめぐる相論、永禄二年（一五五九）の北嵯峨仙翁寺村の用水相論、永禄五年（一五六二）の洛中酒麹役《しゅきくやく》をめぐる相論、永禄六年（一五六三）の貴布祢山《きぶねやま》をめぐる相論、永禄七年（一五六四）の法華宗教団における教義をめぐる相論などが、三好氏によって裁許されている。それも貴布祢山の相論では、松永久秀が「飯盛において、有様に急度仰せ付けられ、然るべき」（『賀茂別雷神社文書』）と述べるように、飯盛山城の長慶自身が、最高裁定者として臨んでいたことは明らかである。長慶は義輝と和睦した後も、京都及び山城国を支配し続けていたのである。

次に、復活したとされる幕府奉行人連署奉書について、見てみよう。その発給にあたっては、幕府の機構上、将軍による御前沙汰と、政所執事の伊勢氏が裁決する政所沙汰の二系統が存在した。このため、義輝は長慶に味方する伊勢貞孝を排除し、側近の摂津晴門《はるかど》を政所執事に起用して、政所沙汰を支配下におさめようとした。しかし、逆に政所沙汰への信頼が失われ、幕府奉行人連署奉書の発給件数は激減し、義輝の目論みは失敗した。

さらに、御前沙汰に持ち込まれた清水寺山をめぐる清水寺と本国寺の相論では、松永久秀が介入したため、原告の清水寺が訴訟から逃げてしまった。幕府奉行人連署奉書には「松永弾正少弼久秀条々子細申す」や「久秀執り申す旨に任せ進止せらるべき由」など、久秀の意向が色濃く反映され、本国寺が勝訴したことが明記されている（『広布録』）。結局、義輝は山城国や京都を実態として支配することはできなかったのである。そもそも義輝は三好方に娘を人質として送っている点からも（『言継卿記』）、永禄年間の両者の力関係は明らかであろう。

（二）諸大名との関係

永禄二年（一五五九）、三好氏は主家細川氏の分国外である河内や大和への進攻を開始する。また、若狭湾方面では、長慶の被官の内藤宗勝が若狭の逸見《へんみ》氏を味方につけ、若狭と丹後に出兵した。瀬戸内方面でも、長慶の弟の三好実休が伊予の村上水軍と連携して、讃岐西部の香川氏を攻めた。各方面で三好氏の拡大戦争が始まり、伊賀では郷土防衛のため惣国一揆の結成が促され、備前では毛利元就との軍事的緊張が高まった。

三好氏と国境を接する大名は脅威を感じたであろうが、遠国の大名にまで衝撃を与えたのが、三好氏に対する栄典授与であった。長慶は既に天文二十二年（一五五三）に当時の将軍足利義輝や主君細川氏綱、旧主細川晴元と同じ従四位下に就任していたが、永禄三年（一五六〇）に長慶から三好氏の家督を継承した嫡子の孫次郎が、義輝より足利氏の通字を拝領し「義長」（後に義興）と名乗った。これについて、公家の吉田兼右《かねみぎ》は将軍家の通字である「義」を与えるのは「末世」と嘆いている（『兼右卿記』）。同年、長慶が「修理大夫」に任官すると、大友宗麟《そうりん》が、元来大友氏は修理大夫に任官する家柄であったが、近年は三好長慶や尼子晴久など守護代を出自とする大名がこれに任官しているとして、修理大夫への任官を拒否したところ、管領の畠山氏が就任する左衛門督への任官が叶い喜んだ。また、北条氏康が武蔵岩付城主の太田資正《すけまさ》を懐柔するため送った起請文で、三好長慶が「相伴衆」に、松永久秀が「御供衆」にと、三好氏が幕府最高位の称号を得たことは、幕府の秩序を維持するために、やむをえない措置で批判してはならないと諭し、関東の武士の動揺を抑えている。

そして、永禄四年（一五六一）には、長慶・義長・久秀は義輝から桐紋の使用が許可される。「大徳寺聚光院蔵三好長慶像」には三好氏の家紋である三階菱ではなく、桐紋が描かれている。桐紋は天皇が足利氏に使用

三好義興像 模本（京都大学総合博物館蔵）

を許可して以降、織田信長、豊臣秀吉、現在は内閣府が使用する、政権担当者として認知された者のみが特別に使用する紋である。三好氏は武家最高の将軍足利氏に並ぶ家格に近づいたのである。

こうした公家や地方の戦国大名の反応を見る限り、既存の幕府の家格秩序は維持されるべきものと考えられていたことがわかる。その中で、長慶は義輝との和睦によって、幕府の秩序や権威に包摂されたのではなく、むしろ、その秩序を乱す身分違いの地位を占めていると認識されていた。この三好氏への反発は、例えば、長尾景虎が「上杉家」を継承することで地位上昇を図ったのとは違い、長慶が「三好家」という家自体の上昇を図ったことが原因であろう。しかし、三好義興が永禄六年（一五六三）に危篤に陥った際、平癒のために祇園社《ぎおんしゃ》、醍醐寺、吉田兼右などが祈祷を行い、正親町天皇が勅筆をもって内侍所で神楽《かぐら》を催した状況を踏まえると、三好氏の家格上昇は定着したようだ。

永禄七年（一五六四）には、松永久秀が妻の兄で武家伝奏でもある広橋国光を通じて、朝廷に改元を申請した。この申請は却下されたが、三好方に自らを将軍並みとする認識が生まれていたこと自体が重要である。

長慶は義輝と和睦し、将軍足利家を頂点とする秩序の枠組み自体は維持されていた。しかし、長慶は、尼子晴久や武田信玄、毛利隆元のように守護職に就かず、伊勢氏綱（後北条氏）や斎藤義龍（一色氏）、長尾景虎（上杉氏）のように格上の名家を継ぐこともしなかった。三好氏は当時の武家の常識を逸脱し、秩序を確実に変革していった。

三、足利義輝の排除

（一）将軍を討つ

永禄六年（一五六三）八月、三好義興が死去すると、その後継者となったのは、既に死去していた十河一存と九条稙通の養女の子である重存《しげまさ》（後の三好義継）であった。長慶の長弟の実休には子供が三人、次弟の安宅冬康には子供が一人いたが、三弟の一存の子が長慶の後を継いだのは、母親が関白を務めた九条家の養女であることが重視されたためであろう。

そして、翌永禄七年（一五六四）六月に重存が家督を継承し、七月に長慶は飯盛山城で没した。後継者の重存は未だ十五歳に過ぎなかったため、三好家内部では危機感が強まり、長慶の死は秘匿された。

永禄八年（一五六五）五月一日、上洛した三好重存は、将軍足利義輝より「義」の一字を与えられ義重と改名し、左京大夫に任官した。五月十八日、三好長逸や松永義久（後の久通、久秀の息子）を率いて再度上洛した義重は、翌十九日に義輝を討った。松永久秀が義輝を殺害したように後世評価されているが、それは事実ではない。

この時、名儒の清原枝賢が義久の軍に従軍していた点が注目される（『言継卿記』）。枝賢が軍事的奉公をするためとは考えにくい。むしろ儒教に基づく易姓革命《えきせいかくめい》の思想で、義輝の殺害を正当化しようとしたのではないか。この事件について、太田牛一《ぎゅういち》は長慶の死を知らず、「天下執権」である長慶に対し、義輝が「御謀反を企て」たためと、三好方の主張を『信長公記』に記している。義輝は長慶の死を知っており、それに乗じて三好氏の排斥を企てたので、義重が機先を制して、義輝を討ち果たしたということになろう。

その後、三好氏はどのような構想を持っていたのであろうか。永禄八年の年末より三好長逸を中心とする三好三人衆と松永親子の間で内紛がおこった。長逸は久秀に勝つため、足利義維の子の義栄の擁立を主張する重臣の篠原長房と結んだ。しかし、義栄の擁立はあくまでも内紛の結果であって、義輝殺害の段階にまでさかのぼって、既定路線であったとは考えにくい。

むしろ、足利義輝を討った直後に、三好義重が「義継」に、松永義久が「久通」に改名したことが示唆《しさ》的《てき》である。三好本宗家の当主が、武家の秩序体系において最高位に君臨する家の通字「義」を「継」ぐと表明したのである。義継は、長慶のように足利氏を擁立しない政治体制を目指していたのではなかろうか。

（二）長慶の葬儀

永禄九年（一五六六）六月から七月にかけて、三好義継・三好三人衆方と松永親子方の和睦が成立した。義継はこれを機に、長慶の死を公表し、その葬儀を河内の真観寺で催した。大徳寺の笑嶺宗訢を導師として、その他の大徳寺の長老や、天龍寺・東福寺・相国寺の五山僧らがその他の仏事を担当して営まれ、龍安寺からは銭が届けられた。

この葬儀には、三好義継の様々な思惑があった。一つは偉大なる養父の長慶の前で内紛により動揺していた家臣団を再び結束させ、自分がその後継者であることを誇示することであった。また、相国寺の僧侶以外、公家も五山も参列しなかった義輝の寂しい葬儀と比べ、義継の畿内平定を大いに宣伝するものとなったであろう。

もう一つは三好政権が足利幕府を超える武家政権を目指すという決意を示すことであろう。当時の身分が高い武家の葬儀は、本人の信仰とは別に、足利将軍家を模倣して、幕府が保護する五山の僧侶が取り仕切る形式で催されていた。しかし、三好氏は、五山が格下と見下し、同席することすら拒否していた林下の大徳寺に主導させ、五山の僧侶をその下に従事させる形式で行ったのである。当時の大徳寺は勅許により住持が任命され、五山の上に置かれた南禅寺と同様に紫衣を着する格式を有する寺院であった。義継はここに目をつけたのであろう。義継や三好三人衆は、義輝の院号「光源院」にちなむ塔頭《たっちゅう》を相国寺に整備し、五山に対して足利氏に代わる新たな保護者として自らを位置づけた。その上で、長慶の院号「聚光院」にちなむ塔頭を、笑嶺宗訢を開山として大徳寺に建立した。三好氏は足利氏と相国寺の関係を踏襲したが、五山二位の相国寺より上位の大徳寺に塔頭を創建することを選んだ。

義継は五山と大徳寺の双方を保護し、大徳寺主導の下に五山を従える形で再編した禅宗世界全体の保護者になろうとした。そうして、足利将軍によってつくられていた武家の宗教秩序を変革し、三好氏が新たに君臨しようとしたのである。それは、武家の精神世界において、三好氏が足利氏を克服しようとするものであった。

笑嶺宗訢像 模本
（東京大学史料編纂所蔵、原本は大徳寺聚光院蔵）

しかし、三好義継には現実の力が伴っていなかった。畿内の和平は阿波より渡海した篠原長房が味方したことによるもので、やがて三好三人衆や篠原長房への反発から、永禄十年（一五六七）二月に、義継は松永親子方に身を投じた。畿内の対立の構図は、三好三人衆・篠原長房方と三好義継・松永親子方の争いとなったが、三人衆方の優勢は変わらなかった。そこで、久秀は八月頃より織田信長との連携に踏み切った（『柳生文書』）。

永禄十一年（一五六八）の信長の上洛は、義継と久秀自身が招いた結果であり、後に大きな失敗であることが判明したことは言うまでもない。

おわりに

十六世紀中期、戦国大名にとって、主要な関心は天下統一ではなく、地域支配の安定・強化であった。足利将軍家の権力の回復は誰も望んでいなかったが、足利将軍家を頂点とする武家の秩序は、いわば「常識」であり、利用しても否定するものではなかった。

そうした中で、三好長慶は単に広大な分国を支配しただけではなく、足利将軍家を利用することなく、五年間の長きにわたって首都圏を支配した。そうしたあり方を、長慶に裁許を求めた天皇から都市や村落までも認める方向にあった状況下で、長慶が思想的にも足利氏を克服しようとしてもおかしくない。三好氏はいち早く足利氏を相対化し、「倒幕」の思想的背景を調《ととの》えていった。長慶は人々の意識改革に着手したのである。戦争の勝敗だけではなく、人々の精神や意識に与えた影響まで評価する必要があろう。

永禄末年、東国の北条氏康や上杉謙信は古河公方足利氏の擁立を放棄し、天正三年（一五七五）には、畿内でも織田信長が足利義尋《ぎじん》（足利義昭の子）を擁しなくなった。その一方、西国では天正四年（一五七六）より、毛利輝元が義昭を擁する状況が生まれる。義昭は織田信長の死後の天正十六年（一五八八）まで現職の将軍であった。将軍に代わる新たな権力秩序を武家関白として提示したのは、豊臣秀吉であった。

足利幕府の絶対性を否定した最初の権力として、三好政権を位置づけることができよう。それを受けて、各地の戦国大名は、足利将軍家の再興を意識させられる一方、新たな統一の姿を模索して、大きく動き始めるのである。

久秀、信長、秀吉に近侍した楠正虎は、時代の移り変わりをどのように見たのであろうか。

三好長慶の死因に関する医学的考察

諏訪雅信

はじめに

この度、三好長慶の四五〇回忌を迎えるにあたり、このような出版企画が行われ、広く長慶の名が知れ渡る機会になればと期待している。

中世から近世に至る過渡期の天下人、三好長慶を論じるにあたって、誰もが最も疑問に感じ、興味を奪われるのは、やはりその不可解な死因であると思う。この度、筆者は、彼の数少ない資料を基にし、その死因について医学的見地より検討し、筆者なりの考察を加えてみたので報告する。

一、資料による長慶死因の記述

長慶の死因に関しては、筆者の調べた限りでは、

①「五月九日に安宅摂津守方を於二飯盛山城内一被誅。人の讒言にて如レ此由に候。雖レ然長慶此御愁嘆以の外にて御歓楽成、七月四日に御死去候なり」（『細川両家記』）

②「摂津守少も無レ罪て讒死に逢ひ玉ふとたしかに聞玉ひければ、長慶聞き開き、後悔丹府をなやましけれども、可レ返ならねば無レ力、左れども其事を深く煩い重く」（『足利季世記』）

の、二点が知られるのみである。

①の「歓楽」は「病」という言葉を忌み嫌って置き換えられた言葉である。また、①の「人の讒言」、②の「讒死」とは、現在の通説では松永久秀によるものとされているが、ここでは「人」としか記述されておらず、その真相は謎のベールに包まれたままである。

いずれにしても、末弟・十河一存を永禄四年（一五六一）に突如失い、翌五年に長弟・三好実休を久米田合戦にて失い、翌六年に長慶が期待を寄せていた最愛の嫡男・義興を失った。そして翌七年、①、②に見られるように最後に残った兄弟、家臣団からも信望の厚かったといわれる次弟・安宅摂津守冬康を自らの手で誅殺するという、度重なる悲劇が招いた心的疲労が直接の死因になったことだけは、確かなようである。

二、除外診断

疾患は大きく分けて、身体的疾患と精神的疾患に分別される。長慶の死に関しては、たとえば、十河一存が罹《かか》った疱瘡《ほうそう》のような皮膚所見（『足利季世記』）や三好義興の死に記録されるような黄疸《おうだん》（『足利季世記』）といった身体所見の記述は見当たらない。したがって、長慶の死因に関しては、身体的疾患は除外することとする。

精神疾患は、次の三つに分類される。

①内因性疾患（統合失調症・うつ病）
②心因性疾患（神経症・心身症）
③外因性疾患（アルコール依存症・薬物中毒・てんかん・認知症）

長慶の死直前の生活歴を見てみると、永禄七年（一五六四）一月二十二日、連歌の師、谷宗養（前年一月に死亡）の供養のために、連歌会「宗養追悼何路両吟百韻」を里村紹巴とともに興行している。そして、その四ヶ月後、安宅冬康を誅殺し、その二ヶ月後、満四十二歳で死亡するのである。

連歌が興行できたということは、他の兄弟や嫡男の死亡という心的経験にもなんとか耐え、この頃はまだ良好な健康状態を保っていたといえよう。したがって、長慶の死に至る経過は、発病がこの連歌会直後のことであったとしても六ヶ月と、比較的急速であったことが分かる。

①の統合失調症は十代後半の思春期に発症し、二十歳頃にその病態像は完成する。長慶の死亡年齢とは合致しない。見るからに異様で取り付く島もなく、思考途絶、妄想、幻聴、作為体験（自ら能動的に行動しているという意識が失われ他人からさせられているように感じる）や考想奪取、考想伝播（自分の考えが抜き取られ他人に伝わっていくように感じる）といった自我同一性障害などの特徴的所見があげられる。現実との生ける接触を喪失しており、とても一軍の将として指揮を執るなど不可能である。

②の心因性で発症する神経症や心身症は比較的頻繁に見られる疾患であるが、愁訴が多彩である割には深

刻性に欠ける。患者は不安や焦燥に悩むが、とてもそれだけでは死因となりえない。長慶は現実に死亡しているのであるから、単なる心因性疾患ではない。

③のアルコール依存症は、長慶が大酒家であったという記録がなく、また罹患《りかん》すれば特徴的な振戦《しんせん》や痴呆化が現れるため、これもとても連歌会のような高次元な精神活動に耐えられる疾患ではない。薬物中毒も同様である。てんかんは、二十歳までに最初の発作が出現し、以後慢性的に経過し、性格変化や痴呆をきたす。これも亜急性の経過を経た長慶の病態とは合致しない。認知症は、現在社会問題化している深刻な疾患である。中でも四十代半ばで発症することもあるアルツハイマー病は、年齢的に長慶の死期と合致する。アルツハイマー病は、健忘（モザイク的に記憶のあちこちが飛ぶ）、記憶力低下（新しいことや人の名前などが覚えられない）などの症状で始まり、失見当識《しつけんとうしき》（いつ・だれ・どこ・何などの認識が失われる）に及ぶ。末期には人格荒廃に陥り、弄便《ろうべん》、徘徊、異食（異常な過食や拒食、何でも口に入れる）などの末に、無動・無為をきたし死に至る。しかし、この疾患も発症から死までは、通常三年から十年ほどの時間がある。それに記銘力、思考力を極度に要求される連歌が、とてもできるとは思われない。一部の著書や小説に、長慶の死因はこの疾患であったが如くに書かれているものがあるが、それは間違っていると断言できる。

このように除外していくと、最も疑われる疾患は、①の「うつ病」ということになる。

三、うつ病の概容と長慶の行動

次に「うつ病」の概要を示すとともに、長慶の行動をそれに照合して診断をより確実なものとしたい。

近年の報告では、うつ病の時点有病率（ある時点で罹患している人の割合）は、一～五％、生涯有病率（生涯のうちで一度は罹患したことのある人の割合）は、十三～十七％とある。

現時点で約三十人に一人がこの疾患に悩んでおり、約七人に一人が一生のうちで一度以上この疾患に悩むことになる。かなり頻度の高い数字であり、動乱の極みであった戦国時代は現代以上のストレス社会であったことだろうと想像すると、この数字は当時はもっと高いものだったと思われる。

うつ病には罹りやすい性格があり、有名なものとして「下田の執着性格」（精神科医の下田光造によって提唱された、うつ病患者の病前性格）がある。これは、仕事熱心・凝り性・徹底的・正直・几帳面・強い正義感や義務責任感・ごまかしやずぼらができない、というものである。

長慶の日常の性格までは今となっては知る由もないが、晩年になるにしたがって増えていく連歌の興行、連歌だけでなく在原業平や鴨長明などの国文学も愛したという、彼のあくなき芸術性を磨き上げようとする精神には、凝り性であり、徹底的であり、ごまかしやずぼらを許さない几帳面さがうかがえる。

また、「テレマンバッハのメランコリー型」には、うつ病の特徴的性格として秩序性をあげている。長慶は圧倒的な軍事力を有しながら、将軍や主家を近江に追放したものの、これを廃してはいない。つまり長慶は、正義感も手伝って、室町幕府の機構の中にあって、その伝統的秩序から一歩も外へ出ては、生きてゆこうとしなかった。まさにテレマンバッハの唱える秩序型人間だったのである。

うつ病の発症に際しては、多くの場合、その誘因となる生活背景が認められる。身体疾患の罹病《りびょう》や外傷、近親者や配偶者の死亡、転職、転勤、昇進、定年、転居、結婚、出産、子どもの独立などである。

うつ病の発症誘因は不幸な出来事だけでなく、栄転や昇進、自分の子どもの結婚など、めでたい出来事も含まれる。これは「荷おろしうつ病」と呼称され、それまで目標として励んできたことが達成されたときに心的空虚感が生じ、発症するものである。目指す目標を失ったことによる喪失感である。念願のオリンピック出場を果たし金メダルを射止めたアスリートたちが、その後の目標を失い急速に成績不振に陥ることがあるのは、この病態である。

長慶は、死亡四年半前の永禄三年正月、御相伴衆（三管領四職に並ぶ位）および従四位下修理大夫に叙任されている。その後、飯盛山城（四條畷市・大東市）の安見宗房、高屋城（羽曳野《はびきの》市）の河内守護畠山高政を攻め、それぞれ開城させている。次いで松永久秀をして大和にも攻め入らせ、長慶はこの年のうちに河内・大和を併合し、領国を九ヶ国余に拡張させた。この時点で長慶は名実ともに誰もが認める天下人になったといえよう。

天下人となった長慶を待ち受けていたものは、満足感よりもむしろ極度の喪失感であった可能性は十分にあり得る。その後、長慶は永禄三年（一五六〇）十月に嫡子・義興に居城芥川城（高槻市）を与え独立させ、自身は飯盛山城に居城を移す。子どもの独立は、うつ病発症の誘因であり、転居に伴ううつ病は「引っ越しうつ病」とも呼称され、頻度は高い。

また、飯盛山城に引っ越してよりの相次ぐ肉親の不幸は、前述どおり誘因として余りあるものがある。余談ながら、この永禄三年。織田信長は東海の雄、今川義元を桶狭間にて討ち取り、華々しく戦国武将としてデビューしている。

次にうつ病の診断基準を掲げる。これはＷＨＯ（世界保健機関）の定めたものである。

Ａ、エピソード（症状）が二週間以上続くこと

Ｂ、典型的症状

①抑うつ気分
②趣味や喜びの減退
③易疲労性または活力減退

C、付加的症状
①自信喪失・自己評価の低下
②自責感・罪悪感
③自殺念慮・自殺企図
④思考力や集中力の低下
⑤精神運動性の低下
⑥睡眠障害
⑦食欲の変化

冬康を自らの手で誅殺したことが誘引となり、これらの症状が出現したことは、先に示した資料からも十分に考えられる。病状が進むと全く無為となり、食欲も消失してしまう。現在の医学では、優れた薬物療法や心身療法がある上に、経管栄養法や中心静脈栄養法などの全身状態維持療法が普及しているが、当時の医学レベルでは低栄養により死に至るケースも多々あったと思われる。

四、資料に見る長慶の異常所見

①「同年五月六日細川春元入道一清を、三好より御迎え奉りて、摂津富田庄普門寺へ入被レ申、則富田庄を御知行有べき由にて、御馳走ありけり。誠に多年旧功の主従なれば、三好殿旧懐の涙頻りなり」(『足利季世紀』)

右の「同年」とあるのは永禄四年(一五六一)のことで、末弟・十河一存の死の直後、長慶死亡の三年前の記録である。かつて細川晴元は、一向一揆を誘発させた挙句に父・三好元長を自刃に追い込んだ。長慶にとっては父の仇である。長慶は若年時は晴元に服従するが、天文十八年(一五四九)の江口合戦を境に両者は対立関係になる。以後、晴元は長慶の治安する京を再々侵し、執拗なまでに長慶を悩ませ続けた。江口合戦より十二年を経た永禄四年(一五六一)、将軍義輝の勧めによって両者は和解した。長慶は晴元を摂津普門寺に迎え入れ知行地を与えた上に酒宴まで行い、このとき懐かしさのあまりに感涙したというのである。長慶にとって晴元は憎い存在でない訳がない。この相手を涙まで流して迎えたというのは、やはり異常所見として捉えるべきだろう。筆者はこの所見を、防衛機制のうちの「反動」と考える。防衛機制とは、不都合な心的体験が働いた場合に、その不安から逃れ、心の安定を図るために現れる適合反応である。ここでいう不安とは、もしそれが適切に処理されなければ、胸内苦悶・呼吸促迫・めまい・頭痛などの症状が現れ、激しい場合には痙攣《けいれん》を起こすような、「心に抱えた爆弾」といった意味であり、俗語でいうところの不安とは少々意味が異なる。防衛機制には色々なパターンがあり、一般的には不安を心の奥底に押さえ込んでしまう

「抑圧」、不安から逃げ外界との接触を断ってしまう「逃避」、他のことで優越感を示し虚栄的態度で不安を覆い隠そうとする「代償」、などがある。

「反動」とは「抑圧」よりさらに進んだ防衛機制で、不安を抑圧し欲求とは正反対の態度を示すことである。深い憎しみを持つ相手に対し、その表情を露ほども見せず、逆に庇護的な優しい態度を示すなどは、この「反動」とよばれる防衛機制に相当する。このように過剰な防衛反応を示さなければならなかったということは、裏を返せば、よほど大きな不安を深層心理に抱えていたことを意味する。

②「三吉修理大夫殿の連歌座の行跡を語り給う。屍のごとくおはします。御膝のかたはらに、少しよこたへて扇をおかせられる。いたく暑さの時は、いかにも静に右の手にて扇をとりあげ、左の手そとそへて、三―四間ひらき、音のせぬように身にそへてつかわせ給ふ。又左の手をそえたたみよせて、もとの所によこたへ置給ふ。其置所畳のめ一ぶんもちがはざりし」(『載恩記』)

右の資料は近世和歌の大家、松永貞徳が、その師細川幽斎から聞いたとして記したものである。「屍のごとく」や「畳のめ一ぶんもちがはざりし」という記述は、長慶の徹底した几帳面性以外に常同症あるいは強迫行為を想起させる。不合理でばかばかしいことと分かりながら、自分の意思に反して、ある行動を繰り返さなければいられず、それをやめると不安に襲われるという症状である。代表的症状として、手洗いを一日中繰り返す、戸締まりを一日中確認し続ける、といったものがある。これは自我能動性の異常とされ、やはり深層心理に強い不安がコンプレックスとして残っていることが原因とされる。

③頻発する連歌会の興行

永禄四年（一五六一）七月より開始された近江六角氏と紀伊畠山氏の三好氏南北挟撃共同作戦は熾烈であり、けっして戦況は楽観視できるものではなかった。しかし、戦況の激化する中にあって、長慶が開催する連歌会の回数は、逆に増加していく。同時期より死亡するまでの三年間でなんと、十回もの百韻連歌が挙行されている。

これは単に数寄者であったからなどということでは説明がつかず、なんとも異様である。筆者はこの現象を、先に述べた防衛機制のうちの「逃避」と診《み》る。戦場で人と人が殺しあう風景を見るにつけ、長慶は激しい不安に襲われたのだろう。事実、この三年間、長慶は居城飯盛山城に籠もったままで、一度として出馬していない。

①や③に見られる「不安性障害」、②に見られる「強迫性障害」は、うつ病の併存疾患としてしばしば見られる。

では、これらの症状の原因となった「不安」は、一体どこにその出処があるのだろうか。筆者はこれを、長慶の幼児体験に求めている。長慶は十歳のとき、戦火に包まれた経験を持ち、燃えさかる炎の中で父元長は自刃した。長慶は母親に抱かれ猛火の中を堺湊より脱出し、阿波へ下国することに成功したが、この時の経験は強烈な印象として彼の記憶に刻み込まれたはずであり、その後の人格形成の過程においても適応しきれず、大きな心的外傷として深層心理の奥深くに言い知れぬコンプレックスとなって残ってしまったものと想像している。その上、長慶の曽祖父之長、祖父長秀も戦場で討ち取られており、三好惣家は三代続いて戦死している。このことも、自然死を遂げられないのではないかという死への不安が長慶を生涯にわたって支配し続けた根拠となろう。

五、冬康謀殺の謎

長慶を重症のうつ病に陥れる直接の誘因となった冬康謀殺の謎解きは並大抵ではないが、これにあえて医学的に説明付けをするならば、一つには、うつ病末期症状としての被害妄想があげられる。長慶の病状が進むにつれ、周囲の家臣団の間では唯一残った冬康に希望の目が注がれたことは、十分あり得ることである。しかし長慶は、その家中の空気を曲解し、冬康が頭となって自分を害しようとしているという、とんでもない妄想に取り憑《つ》かれた。そこで、殺される前に殺した。

二つ目の可能性として、集団自殺がある。うつ病患者は、六人に一人が自殺に終わり、また逆に自殺者を分析すると、その七割がうつ病であったという報告がある。自殺は心中の形で現れることも少なくなく、その場合、被害者は例外なく身内である。病後の長慶は三好氏惣領として、また天下人として、自らの無力を嘆き自信喪失し、そのことに人知れぬ責任感を覚え、自殺を思い立った。三好の歴史を自らの手で幕引きするため、弟の冬康を道連れにし、自らも餓死した。

どちらも筆者が無理やりにこじつけた解釈であり、この問題は永遠の謎として留めておいたほうが、筆者を含めた歴史を愛するロマンティストたちには良さそうである。

おわりに

以上、長慶の死因を専門的知識を織り交ぜて考察してみた。後世に作成された数少ない資料の中から実像に迫るには大胆な判断を余儀なくされるが、一応、「重症うつ病―強迫性障害・被害妄想を伴うもの」と診断しておきたい。

もし、読者の中に、精神科の専門医の方がおられたら、この論文を一笑に付した上で痛烈なご批判をいただけることを期待する次第である。

長慶は若年にして父を失い、その後、三好家の棟梁として大所帯であった一族をまとめあげていった。戦国の世の常であるが、一族内での内訌を見た家は数多い。伊達政宗、上杉謙信、織田信長らは、兄弟を内訌の中で失った。長慶は実休、冬康、一存ら兄弟と刃を交えた経歴が一切見られず、畿内での軍事行動では常に兄弟四人が連携して動いた。

また、長慶の死後二十七年経った天正十九年（一五九一）、茶湯の祖千利休が、長慶が眠る京都大徳寺聚光院に葬られた。利休は死の二年前に聚光院に自身と妻の墓石をすでに建立していたのである。利休と長慶は同年で、堺南宗寺へともに参禅した仲であり、文化・教養面で共鳴しあった間柄だったのであろう。

右の二点を見ても、長慶がいかに人望が厚く、敬愛された人物であったかは異論の余地をはさめるものではない。長慶の人格的な障害を述べてきたが、最後にこのことを強調してこの論を結ぶことにしたい。

三好義継と三好三人衆

中西裕樹

はじめに

永禄七年(一五六四)七月の三好長慶の死後、跡を継いだのは養子三好義継であり、その補佐にあたったのが三好三人衆である。翌年には松永久通らとともに将軍足利義輝を殺害し、畿内の覇権を握った。しかし、彼らの分裂は畿内を混乱に陥れ、その戦いは奈良の大仏が焼失する結果を招いた。そして永禄十一年(一五六八)九月、織田信長が畿内に進出すると彼らは歴史の主導権を失う。この間、四年余りである。

義継と三人衆に対する評判は、総じて芳しくない。しかし、近年の戦国期研究は、彼らの評価を見直し、多くの誤りを指摘している。

一連の研究をリードするのは、天野忠幸氏であり(『戦国期三好政権の研究』清文堂出版、二〇一〇。同氏編『論集戦国大名と国衆一〇 阿波三好氏』岩田書院、二〇一二)、義継と三人衆に関しては仁木宏氏や馬部隆弘氏の成果が重要となる(仁木宏「戦国期京郊における地域社会と支配」、本多隆成編『戦国・織豊期の権力と社会』所収、吉川弘文館、一九九九。馬部隆弘「永禄九年の畿内和平と信長の上洛」、『史敏』四所収、史敏刊行会、二〇〇七。同「信長上洛前夜の畿内情勢」、『日本歴史』七三六所収、吉川弘文館、二〇〇九)。

福島克彦『戦争の日本史11　畿内・近国の戦国合戦』（吉川弘文館、二〇〇九）や、全面改訂がなされた谷口克広『織田信長家臣人名辞典』第2版（吉川弘文館、二〇一〇）などの著作も参考にしたい。また、博物館の展示などを通じ、様々な関連資料を目にする機会も増えてきた（徳島市立徳島城博物館二〇〇一年特別展「勝瑞時代三好長慶天下を制す」、高槻市立しろあと歴史館二〇〇七年特別展「三好長慶の時代」など）。

信長上洛前後の戦国史を理解する上で、もはや義継と三人衆の存在は無視できない。そこで、小文では、これらの成果に依拠しつつ、三好義継と三好三人衆を紹介してみたい。まずは、プロフィールから確認する。

一、プロフィール

（一）三好義継

三好義継（?～一五七三）は、三好長慶の末弟十河一存の子として生まれた。幼名は熊王丸。やがて孫六郎重存と名乗り、永禄六年（一五六三）に長慶の実子で、将来を嘱望《しょくぼう》された三好義興（義長）が死去すると、長慶の養子となり、翌年の長慶死後は三好本家の家督を継いだ。その最期は、天正元年（一五七三）十一月に河内若江城（大阪府東大阪市）で織田勢の攻撃を受ける中、切腹。一説に享年二十五歳ともいう。

長慶の後継候補としては、前年に戦死した弟の三好実休（之虎）の子らや同じく弟の安宅冬康とその子もいた。両名は一存の兄でもある。しかも、義継が三好本家に入ることで、十河氏の家督は実休の次男が継ぐことになった。十河存保である。この一見イレギュラーな相続は、一存の妻が関白九条稙通の養女という格の高さが関係するとみられ、その子が義継であったことも指摘されている。

図①　三好義継像 粉本（京都市立芸術大学芸術資料館蔵）

永禄八年五月一日、将軍足利義輝から長慶の筑前守を超える官位の左京大夫と「義」の字を賜り、義重と改名。その直後の十九日、義輝を殺害し、義継と名を改めている。妻は将軍足利義晴の娘。義輝や足利義昭とは義兄弟となる。

義継の風貌は、肖像画の下絵（紙形）から知ることができる（図①）。ここには「御年廿三／ヨシツク」とあり、「天正元年十一月十六日御日也」と命日が記される。一般的に肖像画では顔の様相が重視され、この下絵でも顔の部分だけに四角い別紙が貼られている。肩衣に「五七の桐」があしらわれるのは、足利将軍家から同紋の使用を許された三好宗家の当主であることを示している。

「玄二」の署名があることから、大和絵土佐派の絵師・土佐光吉による下絵とみられ、顔には胡粉で修正が加えられている。貼りついだ紙を使用し、継ぎ目付近には顔の一部、署名の横には唇だけが描かれるなど、練習の跡がみてとれる。義継は面長で、目と眉が吊り上がり、小さな口の引き締まった風貌であったことが想像される。

（二）三好三人衆

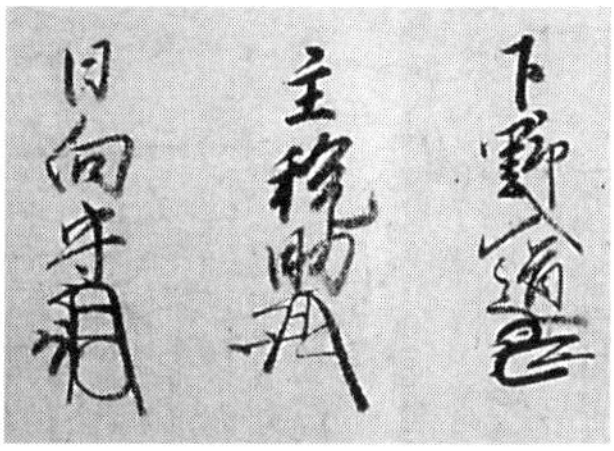
図② 三好三人衆 連署
（『離宮八幡宮文書』）

三好三人衆とは、三好長逸、三好宗渭、石成友通のことであり、永禄八年十一月に奈良興福寺の多聞院英俊が「三好日向・同下野・石成三人衆」と記したのが現在の初見とされる（『多聞院日記』）。三人衆は翌月、山城国の大山崎に禁制を出した。この禁制には、それぞれの花押が据えられている（図②）。

三人衆は義継の補佐にあたり、後には義継と袂を分かつが、基本的に三人がまとまって行動した。また、三好政権の武将らしく、彼らは茶の湯に通じていたことでも知られている。この三人のプロフィールは、実に様々であった。

（三）三好長逸

三好長逸（生没年不詳）は、一族の中心人物である。長逸は「ながやす」と読み、当初は日向守長縁を名乗った。織田信長の上洛した永禄十一年（一五六八）前後に出家を遂げた模様で、文書には日向入道宗功と署名し、北斎を号している。長逸は、三好長慶を頂点とした政権全般の運営を担い、松永久秀とともに、その最高幹部であった。

長逸は、三好義継から見れば、曽祖父三好長秀の弟長光の子にあたり、年長者なのだろう。一説に長逸の父は、芥川という摂津国人の姓を名乗ったという。その真偽は不明であるが、三好氏と芥川氏の関わりは深く、天文十八年（一五四九）に「芥川衆三好日向守衆」がともに西河原（大阪府茨木市）で戦った。芥川衆の中核は、長慶の妹婿であった芥川孫十郎であり、長逸とはいとこであった可能性が高い。当時、孫十郎は、後に長慶が入った摂津芥川城（大阪府高槻市）の城主であった。

永禄三年（一五六〇）、長慶は義長（義興）に家督を譲った後、居城を芥川城から河内飯盛城（大阪府四條畷市・大東市）へと移す。義長は三好本家の城として芥川城を継承したが、在京する期間が長く、留守は長逸が預かることが多かったとみられる。同年には従四位下に任じられているが、この昇任は政権内では長慶に次ぐスピードで、三好義長、松永久秀よりも早い。天正元年（一五七三）頃まで活動が確認できるものの、長逸の最期については不詳である。

（四）三好宗渭

三好宗渭（?～一五六九?）は、従来「三好政康」と紹介されてきた人物である。しかし、実際には名を政勝、政生、官途名を右衛門大輔、下野守、そして三人衆の活動時期には出家して下野入道宗渭、釣閑斎と号した人物であることが判明した。「政康」と名乗った事実は、今のところ確認されていない。

かつ、その父は、三好長慶の宿敵であった三好政長とする説が有力である。天文十八年（一五四九）、政長が長慶と戦った江口の戦い（大阪市東淀川区）で死去した後、宗渭（政勝）は没落した主君の細川晴元と行動を共にした。この三好政勝といえば、丹波を拠点として、終始、長慶に敵対した人物と評価されてきた。しかし、意外にも永禄元年（一五五八）頃には長慶に服属し、後継者の義継を支えた人物だったのである。その最期は、永禄十二年の阿波での死去であったともいう。

宗渭の花押は、特徴的な鳥の形をしており、「おしどり（鴛鴦）」がモチーフとされている（図②）。伊達政宗の「せきれい（鶺鴒）」の花押とともに、名乗りの文字とは関わりのない「別様体」の花押の代表として取り上げられることも多い。

なお、宗渭には弟がおり、為三、一任斎を号し、因幡守を称したともいう。織田信長、そして豊臣秀吉に仕えたため、大坂の陣で真田幸村（信繁）を助けた「真田十勇士」の一人「三好伊三入道」のモデルになったとされるが、実際には徳川方であり、子孫は旗本となる。寛永三年（一六二六）、三代将軍徳川家光は京都の二条城に後水尾天皇を迎え、この行幸に関しては多くの絵巻物などが作成された。その中に「三好因幡守八十三歳」がいる。

（五）石成友通

石成友通（?～一五七三）は、三好三人衆の中では唯一、三好一族以外の人物と思われる。出自は不明。「岩成」の文字があてられることも多いように、石成は「いわなり」と読む。主税助《ちからのすけ》を称し、長慶の内者、奉行人として頭角を現した。内者は、新たに登用された「新興勢力」であり、三好長逸や松永久秀の下で活動した。

友通は、三好政権内での出世頭でもある。

元亀元年（一五七〇）頃からは、長信へと名を改めた。最期は、天正元年（一五七三）八月、反織田信長の戦いに参加し、立て籠もった淀城（京都市）に細川藤孝の攻撃を受けて戦死している。

友通には、その姿を画題とした幕末の浮世絵がある（図③）。「太平記英勇伝」という戦国を中心とした武将たちを主題とする揃物で、作者は歌川一恵斎芳幾。慶応三年（一八六七）のものである。

ここでは「左道《すけみち》」という名で呼ばれ、

三好三人衆の一個久秀政康等とはかりて将軍義輝公を弑し幼主義栄を補佐して青竜寺の城にありしが信長義昭を扶て義軍を発し摂河直に平定せしかば左道利なくして阿波に走り信長帰国なせば左道衆を卒て義昭が二条の営を囲む信長五万の兵を師て上洛なせば左道破れて義昭に降り後織田に叛て淀にこもり細川の臣津川権平がために討れぬ

とある。事実とは異なる部分もあり、当然、姿かたちも想像に過ぎない。しかし、三好三人衆を主題とする画像は稀であり、友通に対する後年のイメージが反映されているようで興味深い。

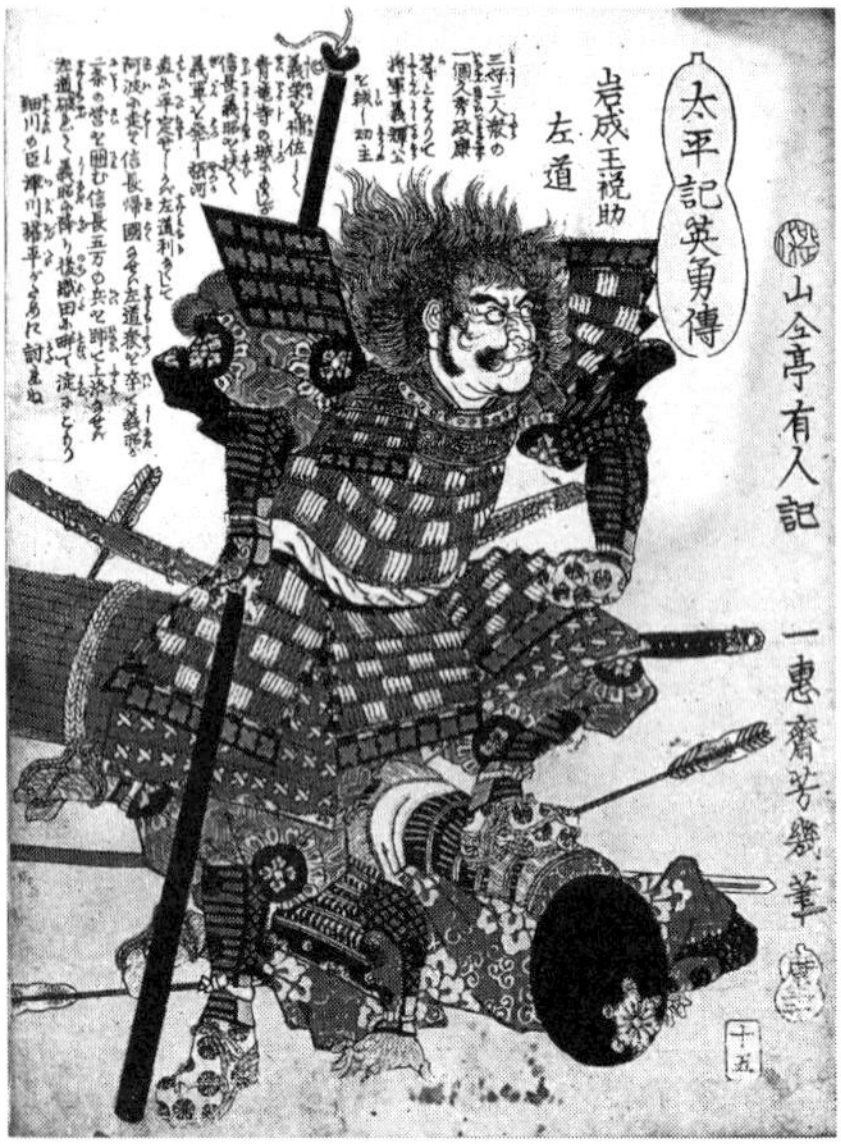

図③「太平記英勇伝 十五」岩成主税助左道図
（東京都立図書館特別文庫室 蔵）

二、将軍殺害と畿内の掌握

ここからは時代を追って、長慶没後の義継と三人衆、そして周辺の動向を取り上げ、彼らの足跡を確認していく。

永禄八年（一五六五）五月十八日、山科言継という公家は、京都に滞在中の三好長逸、三好義重（義継）、松永義久（久通）の順で訪問を行った。言継は各地の武家と親交があり、『言継卿記』という日記を残したことでも有名である。三人衆と松永久秀らの軍勢が将軍足利義輝の御所へと乱入し、将軍親衛隊の奉公衆、そして将軍自身を殺害したのは、この翌日のことであった。言継は、「不可説不可説、先代未聞儀也」と日記に感想を残している。

将軍足利義輝は、かつて三好長慶に京都を追放された経験を持つ。永禄元年の三好長慶との講和後は在京し、大名間抗争の調停などを行いつつ、各地の大名からの支持を得た。翌年に織田信長、長尾景虎（上杉謙信）は義輝との対面を果たし、特に景虎は五千人の兵を率いて上洛した。将軍の外交は、必ずしも三好氏の思惑によるものではなく、やがて義輝は存在感を増していく。義輝には、天下を治める器量の人物との評価があり、剣術にも通じていたという。

永禄八年の時点で、三好本家は、前年七月に長慶が死去し、新たな当主義継を三好三人衆、松永久秀・久通父子が支え始めたばかりであった。五月一日、将軍義輝は義継（このときは重存）に破格の官途である左京大夫と「義」の字を与えていたが、すでに義輝と義継らの間には、何らかの緊張関係があったとみるべきだろう。義輝から仕掛けたのか、義継らが将軍殺害までを意図したのかはわからない。しかし、結果として長慶の死が、将軍と三好政権との併存を破綻せしめた。

この年の正月、義輝の御所を訪れた宣教師ルイス・フロイスは、「宮殿は深い濠で囲まれており、それには広く良くしつらえられた木橋がかかっていた。入口には伺候するために各地から参集した三、四百名の貴人がいるようであり、御殿の外の広場には、おびただしい馬と輿が並んでいた」と記述した(フロイス『日本史』)。従来の将軍御所は、いわゆる屋敷構えであり、ここまで物々しい施設ではなかった。フロイスが見た義輝の御所は、身構えた将軍の姿にも思える。

御所の要塞化工事は、事件当日も完成しておらず、戦闘は石成友通が将軍に要求書を突きつけたところから始まった。将軍義輝は自らが剣を抜き、さんざん戦った後になぶり殺されたという。事件の翌々日、三好長逸は、内裏に「御見舞」として参上し、間もなく義継らは、幕府の奉公衆や奉行人らの挨拶を受けた。事件は世人を驚かせる一方、混乱することなく収束した。このとき義継と三人衆、松永父子らは将軍候補を擁立していなかった。これは、かつての長慶と同じように、彼らが将軍不在の新たな支配を目指したことを意味している。

しかし、三人衆は、専横が過ぎたという松永父子を問題視するようになり、間もなく決裂した。また、将軍殺害への反発は予想外に強く、河内や南近畿に拠点を置く畠山氏との対立を招き、尾張の織田信長は、この義輝殺害の年から「麟」の字を形象化した花押を用い始めた。「麟」とは、中国で治世に現れるという神獣の「麒麟」であり、信長が将軍殺害を契機として、新たな世の中を担う意思を持った証と解釈されている。

そして、七月には、義輝の同母弟である、興福寺の一乗院門跡覚慶(後の足利義昭)が近江国甲賀(滋賀県甲賀市)に脱出した。覚慶は、事件後、奈良で幽閉されていたのである。脱出は、母方の叔父大覚寺義俊(近衛家)や畠山氏、義輝近臣らが支援したもので、以降は信長や上杉謙信、越前朝倉氏らとの連携も模索されていく。

義輝と覚慶の母は公家の近衛家出身で、義継縁者の公家九条家とは対立関係にあった。大覚寺義俊の動きは、公家の主体的な動きともとれる。

十一月になると、三人衆は、飯盛城の義継に松永父子との手切れを迫り、義継も一族の三好康長らが守る河内国守護所の高屋城（大阪府羽曳野市）へと移る。一方、松永父子は、逆に畠山氏らと手を組んだ。

翌永禄九年（一五六六）二月、ついに両勢力間での戦争が勃発した。この戦いを義継・三人衆らは優勢に進め、同月十七日には和泉北部で展開した総力戦に勝利し、畿内を代表する港町堺の制圧に成功する。ただし、近江では、脱出に成功した覚慶が甲賀の和田氏に迎えられた後、矢島（滋賀県守山市）へと居を移していた。そして堺制圧の同日、覚慶は還俗し、「義秋」と名を改めていた。四月には朝廷から、将軍へのステップとなる従五位下左馬頭に任じられ、義継・三人衆にとって、義秋は次第に厄介な存在となっていく。

五月になると、再び松永・畠山方が軍勢を展開して堺を確保したのに対し、義継・三人衆らは、摂津国人の池田勝正（三好宗渭の甥の子）による大軍で堺を包囲し、決戦を呼びかけた。特に勝正は覚悟の戦であったといい、その勢いを前にして松永父子は逃亡した。やがて、義継・三人衆と畠山氏、そして畠山方で和泉国衆を率いた松浦氏との間で講和が進み、畿内の知行割りが実施されていく。当時の松浦氏の当主は、義継の弟ともされる松浦孫八郎であった。

そして六月二十四日、長らく死が秘された長慶の葬儀が河内真観寺（大阪府八尾市）で執り行われた。前後して、松永方の城々が明け渡されていく。義継・三人衆らは、長慶以来となる将軍不在のままでの新しい畿内支配の形を見出したといえる。長慶の葬儀は、まさにその一区切りであった。

三、大仏焼亡と信長上洛

義継と三人衆は、京都に将軍を戴かなかったが、反義継・三人衆勢力には近江矢島の足利義秋がおり、上杉謙信や織田信長など各地の大名たちに上洛支援を求めていた。七月になると、京都近郊の支配拠点である勝龍寺城（京都府長岡京市）や淀城（京都市）において、同調勢力が蜂起する。このとき、義継と三人衆はすぐさま攻撃を加え、勝龍寺城に石成友通が入るなどの対応を取った。以降、友通は、ここを拠点として周辺地域の掌握を進めることになる。

同年八月には、信長が義秋との上洛を表明し、姿を潜める松永父子らとの連絡も行っていた。しかし、信長は攻め入った美濃で斎藤龍興に大敗北を喫する。そして、義継と三人衆の圧力を受けて義秋は近江から逃亡し、若狭を経て越前敦賀（福井県敦賀市）へと居を移した。このとき、義継と三人衆は、自らの将軍候補の擁立へと動く。かつての「堺公方」足利義維の子足利義栄である。義栄は、父が逼塞した阿波で生まれ育っていたが、かねて上洛を望んでいたといい、九月には摂津越水城（兵庫県西宮市）、十二月には京都にほど近い摂津富田の普門寺（大阪府高槻市）へと入った。

そして年が明けた翌永禄十年（一五六七）正月、義栄は次期将軍にふさわしい左馬助の官位を得たが、間もなく事態は急変する。二月に松永久秀が池田勝正への不満分子を引き込み、堺周辺で蜂起した。そこで義継と三人衆、畠山氏の武将安見宗房ら、先の講和を象徴する面々が鎮圧に向かったが、忽然と義継自身が姿を消したのである。

義継は、三人衆を離れ、松永父子につくことを選んでいた。三人衆が義栄を贔屓《ひいき》し過ぎたためともいい、

写真① 東大寺二月堂から見た大仏殿（左奥）と多聞城（右奥の丘陵）

政権の安定を急ぐ中での軋轢も想定できる。四月になると、義継は久秀と堺から大和信貴城（奈良県平群町《へぐり》）へと移動し、十二日には奈良に接した松永父子の本拠多聞城（奈良市）に入った。しかし、十八日には義継を追う三人衆が奈良の南に布陣し、大和の筒井順慶らと多聞城への攻撃を開始する。

三人衆は、順慶の先導で陣を北に前進させ、二十四日には興福寺に接した天満山、大乗院山に至った。興福寺の多聞院英俊は、『多聞院日記』に「寺内ニハ塔并南大門上テ鉄砲放、両陣ノ巷昼夜只如雷電、片時無安堵之思、嗚呼〃〃」と緊迫の在り様を記している。五月二日には石成友通と摂津池田勢が東大寺念仏堂、二月堂、大仏殿回廊に陣を替える一方、義継・松永方は近接する東大寺戒壇院に立て籠もった。その間は、わずか二百メートル余りしか離れていない。多聞院英俊いわく「大天魔ノ所為」という事態となったが、しばらく合戦は奈良の市街地での局地戦として推移していく。

義継・松永父子は外交を展開し、八月以降になると、奈良以外での攻勢を仕掛けた。三人衆方の飯盛城を守る松山氏、紀州の畠山氏らを味方に引き入れたのである。畠山勢は南河内や和泉、大和へと出兵し、ここに新しい畿内支配の枠組みは崩壊した。そして京都の将軍不在の状況は変わらなかったが、同月十五日頃、遠く東海では義秋方の織田信長が斎藤龍興を破り、念願の美濃進出を果たしていた。

十月十日、義継・松永勢は多聞城から大仏殿に陣取る三人衆方の軍勢に夜討ちをかけた（写真①）。その最中、数度の合戦の中で兵火が発生し、多聞院英俊によれば、余煙が三人衆方の陣取った穀屋での失火につながった。その火は法華堂（三月堂）、そして大仏回廊へと回り、午前二時頃に大仏が「湯ニナラセ給了」という。大仏の焼失である。

大仏の戦いは、二百〜三百人の戦死者・焼死者を出した三人衆方が敗北し、義継・松永方が勝利を得た。しかし、三人衆方には、播磨国人の別所氏など、広範囲からの軍勢が参加していた。以降も、彼らは多聞城の西側に陣所を構え、軍勢が交替で牽制し続ける。

一方の義継・松永父子は、義秋方の上洛、具体的には信長の軍事行動を支持するようになった。信長は、天下平定への意思を新たにし、十一月頃には「天下布武」の朱印状を発給し始め、十二月には大和周辺の義継・松永方に対して支援と上洛を伝えてきた。あわせて三河の徳川家康の子信康に娘を娶《めと》らせて同盟を強化し、上洛ルートにあたる近江方面への調略も始めたが、なおも信長の行動は慎重であった。

翌永禄十一年（一五六八）正月、義継は多聞城から河内津田城（大阪府枚方市）に移った。津田は大和・山城国境に近く、周辺勢力が義継・松永方となったことを契機に進出を図ったのだろう。一方、二月になると三人衆らが推す足利義栄が摂津富田に滞在したままで将軍に任官され、津田周辺の三人衆方の勢力も盛り返す。義継は、多聞城へと帰り、久秀らと奈良周辺で三人衆らとの対峙を続けることになった。

四月になると、義秋と信長の動きが本格化した。義秋は元服の上で「義昭」を名乗り、七月には越前朝倉氏の本拠一乗谷（福井市）から美濃立政寺（岐阜市）へと移った。これに対して、三人衆は近江に向かい、六角氏と対応を協議するが、義継・松永方との軍事的緊張は継続中で、九月四日には再び東大寺に軍勢が進駐している。そして、同月七日、いよいよ義昭・信長勢が岐阜を発った。

九月十日、義昭・信長勢の近江進出の報を受け、石成友通は坂本（大津市）にまで出張した。しかし、翌日には撤収したようである。信長は十三日、近江六角氏の観音寺城（滋賀県近江八幡市）を下し、二十六日には京都南郊外の東寺に陣を据え、石成友通が籠もった勝龍寺城への攻撃を開始した。前後して、三好長逸は、かつての主君細川晴元の子六郎とともに摂津芥川城へと入った。しかし、同日に至っても三人衆方の軍勢は奈良で陣替えを行っている。三人衆らの兵力は分散していた。

二十九日に石成友通の勝龍寺城、三十日に三好長逸の芥川城は信長の手に渡る。三人衆らは阿波へと逃亡し、この渦中、将軍義栄は京都に足を踏み入れないまま死去してしまった。そして義昭、信長は芥川城に入り、参上した松永久秀は名物の茶器を進呈した。彼らが上洛するのは、十月十四日のことである。

四、信長への抵抗と和睦

義昭、信長の上洛後、義継は飯盛城に入り、大和の平定を認められた久秀は軍事行動を開始し、十二月には再び信長と対面するために岐阜を訪問していた。しかし、信長上洛から三か月に満たない永禄十二年（一五六九）正月五日、三人衆は京都の足利義昭を襲う。本圀寺合戦である。三人衆方には、永禄十年に美濃国を信長に奪われた斎藤龍興やその家臣長井隼人《はやと》らも加わっていた。

『細川両家記』によれば、三人衆らは大阪湾の港町・堺の人々を味方とし、前年の十二月二十八日には大阪南部の和泉方面に進出し、義継・松永方の家原城（堺市）を落城させる。集まった一万ばかりの軍勢は京都を目指し、正月四日には東福寺周辺に陣を取っていた。義昭の周囲には、かつて長慶が擁立した細川氏綱の弟の細川藤賢や信長一族の織田左近、後に頭角を現す明智光秀の他、尾張や美濃、若狭の武将らがいたが、三人衆の前には劣勢であった。五日の攻撃の後、三人衆は合戦が本圀寺周辺に迷惑をかけるとして、義昭方に陣替えを求めたという。

一方、事態を把握した義昭方の摂津国人池田勝正や伊丹氏らは兵を京都へ進めた。軍勢は摂津国を東西に横断し、京都へと至る西国街道を利用したが、山城国境まであと少しとなった摂津国の安満・古曽部（大阪府高槻市）において、三人衆と手を結ぶ高槻城主入江氏に行く手を阻まれた。このため、摂津北部の山間部から西山連山を抜ける山道に迂回し、向日神社（京都府向日市）付近に至った。ここに義継の軍勢が合流し、桂川付近で本圀寺にいる義昭らの後詰めを行う。

これを知った三人衆らは翌六日、軍勢を桂川方面に差し向け、義継らとの間で合戦となった。まずは池田勢との間で戦闘が起こり、劣勢となった池田勝正はやがて居城の池田城まで引き返す。義継勢との間は激戦となり、三人衆らの行方も知れずとの噂も流れた。しかし、追い詰められた義継が陣を後退させる中、伊丹勢が盛り返し、三人衆らも京都から陣を引く。そして義昭からの急報を受けた信長は大雪の中、通常は岐阜から三日はかかる京都への道のりを二日で駆けつけたという。このとき、信長には久秀が同道していた。

信長は、三人衆らが持つ畿内での実力を思い知ったことであろう。前年の信長上洛の際、いったん三人衆は阿波へと逃れたものの、約二か月後には堺へ姿を現し、畿内の勢力を糾合していたのである。戦後、信長は佐久間信盛や柴田勝家らの重臣を堺へ派遣して詰問し、三人衆らの屋敷を破壊した。また、京都では義昭の安全を確保するため、二条城の築城に着手していく。義昭も瀬戸内海周辺で阿波三好氏の勢力と競合していた毛利氏と九州の大友氏らに呼びかけ、三人衆や阿波三好氏の動きを牽制した。

間もなく三人衆のうち、宗渭は阿波で息を引き取ったようである。しかし、翌元亀元年（一五七〇）七月、再び長逸、友通は渡海し、大坂にその姿を現す。引き続き彼らは近親者も含めて「三人衆」と呼ばれることが多いため、ここでも三人衆の名で説明したい。

この年の四月、信長は、若狭の武藤氏を攻めるとして三万の軍勢を率いて出陣したが、実際の攻撃目標は越前の戦国大名朝倉義景であった。久秀や池田勝正も加わったが、近江の浅井長政が突如離反したため、急遽信長は近江の西側山間部の朽木谷を越えて京都に戻った。作戦失敗である。久秀は信長に随行し、勝正は羽柴秀吉、明智光秀とともに殿軍となった。後に秀吉の活躍が有名となるが、勝正は三千の兵を率いており、殿軍の中心でもあった。畿内に戻った久秀は、大和での軍事行動を再開していく。

六月、信長は徳川家康の軍とともに朝倉・浅井の連合軍を近江の姉川で破り、事態は信長に好転するかに見えたが、やはり三人衆が立ち塞がった。細川六郎（後の昭元）、阿波三好家当主の三好長治の名代三好康長（長慶の叔父）、阿波三好家の実力者である篠原長房、三好実休の子で讃岐の十河氏を継いだ十河存保（長治弟）、紀州の雑賀勢、斎藤龍興らが加わる合計一万三千ともされる軍勢で摂津中島の天満森（大阪市北区）に陣を取り、その西で淀川の乱流域が形成するデルタ地帯の野田・福島に強固な砦を構築したのである。

やがて、淡路から安宅氏の軍勢一千五百も渡海し、尼崎（兵庫県）に陣を張った。水軍を率いたことで知られる安宅氏は、かつて長慶の弟が養子に入り、安宅冬康を名乗った。冬康は、永禄七年（一五六四）に飯盛城において長慶に殺害されたとされるが、子の神太郎が跡を継ぐ。安宅氏の軍勢を率いていたのは、この神太郎であろうか。

義継はこの事態に対し、畠山秋高とともに河内古橋城（大阪府門真市）に兵を置いたが、逆に三人衆方に攻略され、久秀は大和の情勢が不穏であるため、積極的に動くことができなかった。勝正は直前に一族内部に争いが起こり、自身が立ち退いたばかりであった。

一方、義昭から知らせを受けた信長は八月二十日に岐阜を出発し、義継や久秀、勝正、そして義昭の家臣で摂津高槻城主（大阪府高槻市）の和田惟政らの四万の軍勢を動員して南方の天王寺（大阪市天王寺区）に陣を置いて、やがて義昭自らが出陣する中、三人衆らを野田・福島に追い詰め、天満森へと陣を進めた。播磨の別所氏や紀伊の湯川氏、根来衆らの増援も続く。信長の形勢は有利である。

しかし九月十二日、天満森の大川（淀川）対岸にあった大坂本願寺で鐘が鳴り響く。本願寺では、顕如が信長に脅威を感じ、門徒とともに戦いを挑むことを決定していたのである。そして二十二日、近江の西に軍を進めていた越前朝倉氏と近江浅井氏の一部が信長方を破って京都に迫った。一気に不利となった信長は惟政と柴田勝家を殿軍とし、義昭に供奉した義継、久秀とともに京へと向かう。

九月二十七日には阿波や讃岐の軍勢が渡海し、三好長治が尼崎へと陣を置く。三人衆らの反撃が始まり、やがて京都の南にある山城国の御牧城（京都府久御山町）を掌握した。十月二十二日、和田惟政と細川藤孝、羽柴秀吉らが同城を攻撃している。また、三人衆に対し、義継は河内若江城（大阪府東大阪市）に入って守りを固めた。他に河内では畠山秋高の高屋城、安見右近の交野城（大阪府交野市）、摂津では伊丹・塩河・茨木・高槻の諸城が守りを固めていたという。

やがて、信長は比叡山に入った朝倉・浅井氏とにらみ合い、伊勢の長島では蜂起した一向一揆によって弟の織田信興が殺された。信長は天皇を動かし、ようやく十二月に信長と朝倉・浅井氏との和睦に成功してひとまず危機を脱する。そして三人衆方との和睦も図られ、十一月十二日に久秀の娘が信長養女として三好長治に嫁ぐことで軍勢は撤退した。三人衆らが推した細川六郎は義昭に拝謁し、「昭元」と名乗る。

Ⓒ逆茂木を持つ堀（西から）

Ⓓ内堀（東から）

Ⓐ堀より出土した建物の瓦・壁下地・礎石（東から）

Ⓔ南北方向に走る堀（北から）

Ⓑ堀に崩落した壁下地（Ⓐ下部参照）

写真② 若江城堀跡 発掘調査 写真（東大阪市教育委員会提供）

ⒶⒷは若江遺跡第24次調査（1982年）、東大阪市文化財協会『若江遺跡第29次発掘調査報告』所載。Ⓒは若江遺跡第20次調査（1980～1981年）、東大阪市文化財協会『若江遺跡第29次発掘調査報告』所載。Ⓓは若江遺跡第38-2次調査（1988年）、東大阪市文化財協会『若江遺跡第38次発掘調査報告』所載。Ⓔは若江遺跡第87次調査（2012～2013年）、東大阪市教育委員会『東大阪市埋蔵文化財発掘調査概報―平成25年度―』（刊行予定）所載。

五、義継の最期

年が改まった元亀二年（一五七一）、畿内の政情は未だ不安定で、前年の年末以来、東には朝倉・浅井、西には三人衆と本願寺と挟撃された信長方は、義昭家臣の和田惟政が山城・摂津国に徳政を出すなど存立基盤の確保につとめていた（以下、惟政に関しては拙文「高槻城主 和田惟政の動向と白井河原の合戦」、高槻市立しろあと歴史館『しろあとだより』七所収、二〇一三）。この渦中において、義昭は信長に対する対抗意識を強め、各地の大名との連絡を取り始めた。その一人が武田信玄であり、五月に久秀と手を結ぶ。そして、義継は久秀とともに本願寺、そして三人衆の勢力とも同盟し、信長方から離れるに至った。ただし、この時点の義昭は明確に信長と手を切った訳ではなく、惟政は三人衆方の池田氏と摂津で対立を深めている。情勢は錯綜していた。

五月十一日、松永方は、この動きに従わない安見右近を切腹させ、河内交野城（大阪府交野市）を攻撃し、呼応した三人衆は畠山氏の高屋城を攻めた。これに対して和田惟政は交野方面に軍を動かし、十日には摂津吹田（大阪府吹田市）を攻めたというが、七月十二日には久秀が阿波の篠原長房と摂津へ進出して高槻城と義昭方の木津城（京都府木津川市）を攻撃する付城を設け、十四日には義継とともに摂津へ惟政の城を攻めに出陣するとの話が流れた。三人衆の石成友通も摂津に入っている。

八月四日、松永方は大和国で筒井氏らに大敗したが、十八日には摂津で惟政と伊丹氏が合戦により多くの死者を出した。おそらく義継や久秀に与する勢力との戦いと思われる。そして二十八日、惟政は家臣荒木村重が台頭した池田氏との間で起きた白井河原の合戦（大阪府茨木市）で戦死を遂げた。この合戦は、摂津国内で惟政と池田氏の勢力が競合した結果であり、池田氏は義継らについていた。

惟政が死んだ翌月の九月になっても摂津では合戦の気配があり、九日には松永勢が高槻城を攻撃したが、細川藤孝や佐久間信盛の働きで陣は払われ、河内に接した淀川べりの柱本・三島江まで撤退している。このとき、信長は近江湖南の一向一揆を鎮圧し、十二日に比叡山を焼き討ちした後、十八日になって摂津へ側近の島田秀満を遣わす。二十四日に明智光秀勢が高槻に向かい、翌日には義昭の奉公衆が出陣したが、藤孝や光秀は未だ義昭家臣であり、摂津において信長の直接的な行動はない。義昭は反信長勢力の中心であったといえるが、義継や三人衆らとの対決を優先し、信長方とも連携するという複雑な動きを示している。

三人衆らの動きはおさまらず、十月九日には義継を高槻城に入れようとした。かつ義継らは木津城を攻撃し、十一月には畠山氏の高屋城を落城させた。引き続き山城・摂津・河内一帯は、混乱した軍事的緊張が継続し、高槻城主は惟政の息子惟長（愛菊）が継承するものの、叔父和田惟増を殺害するなど家中は混乱していた。しかし三人衆においても友通が義昭に属することを決し、これまで一枚岩であった三人衆の足並みに乱れが生じる。翌年三月、友通は信長に拝謁し、やがて義昭や信長に重用されていく。

翌元亀三年四月頃、義継は惟長や伊丹氏と手を結び、三人衆の三好長逸、久秀を配下として安宅氏に軍勢催促を行った。安見新七郎の交野城を攻撃した際は佐久間信盛や柴田勝家、義昭方の大軍に取り巻かれ、かろうじて義継が若江城、久秀が信貴城、久通が多聞城に退いた。しかし、八月と十二月には本願寺と連携して細川昭元を中島城（大阪市淀川区）に攻め、翌年に開城させている。

七月から九月にかけて、信長は浅井長政の小谷城（滋賀県長浜市）の攻撃を開始し、朝倉・浅井と対峙したが雌雄を決するに至らず、いよいよ十月に上洛の軍勢を動かした武田信玄は十二月、三方ヶ原の戦い（静岡県浜松市）で徳川家康と信長の援軍に大勝を収めた。

この時期、義継は、畿内の勢力を糾合する立場にあり、朝倉・浅井、信玄による「信長包囲網」の一翼として存在を示した。一方、宗渭を失い、友通が義昭の配下となった三人衆は、やがて長逸の活動が確認できなくなり、存在感を無くしていく。

元亀四年（天正元）の年明け、ついに義昭方が近江で反信長の兵を挙げた。このとき、義継は義昭方につくことを決し、久秀も同調した。二月に信長はこれに攻撃を加え、上京焼き討ちや正親町天皇の仲介もあって和睦にこぎつける。

この場面で存在感を見せたのが三人衆の一人であった石成友通である。信長は、友通を裏表のない人物と評して信用していたが、間もなくして友通は音信を絶つ。義昭は七月に自身が京都南郊の槇島城（京都府宇治市）で挙兵して反信長方の動きを待ったが、非公表ながら信玄はすでに死亡し、義継は本願寺と対立していたため具体的な行動を起こせなかった。それにもかかわらず、友通は呼応したのである。義昭が兄の義輝を殺した張本の友通を許していたことに、思うところがあったのだろうか。

友通は義昭の籠城と同時に淀城（京都市伏見区）へ義昭家臣の番頭大炊頭《ばんがしらおおいのかみ》、諏訪飛騨守と籠城する。やがて他の両人が羽柴秀吉の勧誘によって降伏する中、友通は細川藤孝の軍と戦った。そしてその家臣下津権内の手で討ち取られ、城は八月二日に落ちる。すでに義昭は七月十八日に城を開き、義継の若江城に入っていた。友通の戦いぶりは、かつての三人衆による信長への抵抗を彷彿とさせる。このとき、信長は、近江に出陣中であったが、友通の首は高島（滋賀県高島市）に運ばれ、信長の目にふれたという。

さて、義昭は若江入城後も反信長勢力を糾合する動きを止めず、結局は十一月には堺に移り、やがて毛利氏を頼って備後鞆の浦（広島県福山市）へと移った。直後、信長は義継を攻め滅ぼすため、佐久間信盛らの軍勢を派遣する。信長は、若江城に義昭が滞在する間、朝倉・浅井氏を滅亡へと追いやり、武田信玄の脅威は

写真③ 三好義継墓
（宝篋印塔の塔身部分／大阪府 真観寺）
「天正元載癸酉　般若院殿大禅定（門）
十一月十六日」

去っていた。

若江城内では重臣である池田教正・野間長前・多羅尾綱知らが義継を裏切り、佐久間の軍を引き入れた。この三人は、後に信長から若江城を預かり、「若江三人衆」と呼ばれる。義継は、城の「天主」の下まで攻め寄せてきた敵と奮戦し、最後は妻子を刺殺してもなお戦いを続けたあげく、腹を十文字に掻っ切った。その最期は、太田牛一の『信長公記』において「比類なき御働き、哀なる有様なり」と記述されている。

永禄十一年（一五六八）の上洛時、信長は自身が直ちに洛中に入らず、まずは芥川城で畿内の趨勢《すうせい》を見極めた。城を拠点とし摂津には二週間滞在し、この後京都にいた期間よりも長い。芥川城は、かつて三好長慶が畿内に号令した場所であり、三好氏の本城たる性格を持つ。信長の上洛時の目標は、一つに芥川城の獲得があり、長慶以来の三好氏勢力の打破であったように思える。義継の自害によって、ようやく信長は長慶が残した三好本家を滅亡させたといえるのかもしれない。

おわりに ――その後の三好一族――

義継が自害する前後の三好一族の動きについて、最後に紹介しておく。

信長に対し、堺にいた十河存保は自身に義継を攻撃させるよう求めていた。本来、義継は十河一存の子であり、そのイレギュラーな三好本家の家督相続の理由は冒頭に紹介した。阿波三好家を率いた三好実休の子である存保には、対抗意識が潜んでいたのであろうか。ただし、これは実現しなかった。

その兄である三好長治は、反信長の姿勢を崩さない家中の篠原長房を討ち、信長との和睦を探る。しかし、これも信長は受け入れなかった。当時、信長が細川昭元（信良）、細川真之といった旧守護家の人々、そして土佐の長宗我部元親と連携した四国政策を取っていたためである。この頃の安宅氏は、長治・存保の兄弟である神五郎が信長方として活動していた。しかし、天正四年（一五七六）に長治が細川真之との合戦で戦死すると、やがて離反する。

実休の息子たちである阿波三好家の人々は義継と距離を置き、信長との接近を図ったものの、信長側が拒否したといえる。天正六年になると、「三好」を名乗った存保が阿波に入国し、阿波三好家の本拠である勝瑞城（徳島県藍住町）に在城した。そして、毛利氏と結んで信長方であった土佐の長宗我部元親との戦いを始めるが、阿波の国人らは元親に通じる者たちが多く、勢力の回復がない中で勝瑞を退去する。

やがて、天正八年頃になると、信長の四国政策に疑念を抱いた元親が離反したため、信長は三好康長を登用するようになった（以下、康長に関しては諏訪勝則「織豊政権と三好康長―信孝・秀次の養子入りをめぐって―」、米原正義先生古希記念論文集『戦国織豊期の歴史と文化』所収、続群書類従完成会、一九九三）。康長は、かつて実休死後の阿波三好家を支え、高屋城で信長に抗戦した人物である。天正三年に信長自身が出馬した猛攻の末に高屋城を落とされ、以降は信長に従っていた。康長は長慶を意識したと考えられる「康慶」という名に改め、阿波に残っていた三好氏を指揮するようになる。存保が勝瑞に復帰してくる中、信長は三男の信孝を康長の養子とし、四国の長宗我部氏を攻める方針を固めた。天正十年の六月、まさに本能寺の変直前の出来事であった。

信長の死後、羽柴秀吉は安宅神五郎を「三好」の名で呼び、淡路島周辺の海域を押さえさせた。そして、秀吉の甥で三好康長の養子になっていた三好信吉（後の豊臣秀次）に四国での働きを期待した。一方、本能寺の変の後、存保は元親に惨敗して勝瑞を失い、讃岐へと逃れるものの「三好義堅」を名乗り、自身を三好一族の正統な後継者とした。秀吉には反抗の姿勢を見せたが、最終的には秀吉配下の讃岐の大名仙石秀久の与力「十河」とされ、天正十四年に九州の戸次川の戦い（大分市）で島津氏の前に戦死を遂げた。

信長、秀吉は「三好」を意識した末に最後は利用し、存保は三人衆や義継らと同じく、長慶が率いた三好一族の姿を目指したのではなかろうか。松永久秀は義継敗死と同時に信貴城を攻められ、降伏後に赦免された。これは信長が未だ久秀という人物に利用価値を感じたためともいわれる。このときの信長の対応は久秀云々に加え、若い三好本家の当主である義継には、是非もなくその存在自体が許されなかったように思う。

なお、久秀は、天正五年に再度信長から離反した結果、攻撃を受けた信貴城で自害を遂げている。

義継と三人衆は、長慶以来となる将軍不在の権力として、永禄九年（一五六六）の非常に短い期間であった

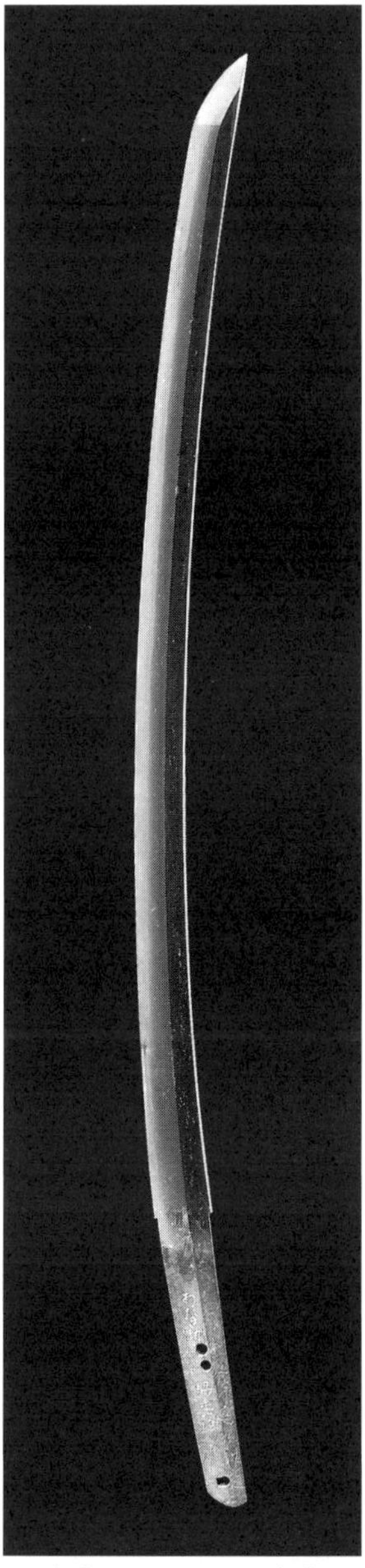

写真④〔重文〕刀 号安宅切
（福岡市博物館蔵・要史康撮影）

が、畿内の諸勢力との安定を構築した。この点は、大いに注目したい。前年の将軍義輝殺害は大きな反発を呼び、やがて彼ら自身が将軍候補を擁立する中、内部分裂を引き起こした。その影響は大きく、義昭、信長が畿内へと進出する伏線になっていることは承知いただけたかと思う。

また、義継・松永方と三人衆方の戦争は、永禄十年に大仏焼失を挟んで一年半にも及んだ。奈良周辺という特定の地域での直接対峙であり、戦国時代の畿内の合戦としては異例の長さではなかろうか。そして、膠《こう》着《ちゃく》を破ったのが、信長の上洛であったのである。信長は、疲弊した畿内の情勢を前に、労せずして目的を遂げたようにも見える。しかし、仮に三人衆方が総力をあげ、信長を迎え撃つ態勢を整えていれば、勝敗は簡単には決着しなかったのではなかろうか。その後の彼らの戦いを見ると、そのように思うのである。

結果的に義継は信長に斃《たお》され、三人衆らも歴史上から姿を消していく。敗者の歴史は、往々にして寡黙であり、まだまだ三好一族は歴史上、軽く扱われているような気がする。三好義継と三好三人衆の足跡をたどり、少しでも彼らのイメージが変わったとするならば幸いである。

第四章　宗　教

三好長慶と禅宗
――大徳寺北派との関わりを中心として――

竹貫元勝

はじめに

戦国武将として知られる三好長慶（一五二二～六四）は、和泉・河内の代官として堺を守り、やがて京都に入り、権力をふるい、畿内、四国に八ヶ国を支配し、幕政の実権を握った。その地には長慶に関わる有名、無名の由緒地がある。幾多の由緒地の中でも、真観寺（大阪府八尾市）、南宗寺（大阪府堺市）、聚光院（京都市）などには長慶の墓がある。

ことに南宗寺は三好長慶の創建した寺で、前身の南宗庵は三好元長が京都紫野の大徳寺塔頭大仙院末寺と認識した。聚光院は大仙院と同じく大徳寺の塔頭である。この南宗寺と聚光院の両所は長慶の画像を蔵し、聚光院蔵のそれは重要文化財に指定される優れたものである。その画賛は、ともに笑嶺宗訢（一五〇五～八三）によっている。このあたりに、三好長慶と禅宗の関係を紐解く手掛かりがあるように思われる。

戦国期の武将で禅宗に関心を寄せ、禅僧に帰依し、外護者となった人物は多いが、三好長慶もその代表的な一人としてあげられるのである。ことに三好長慶は大徳寺の寺史に名をつらねる注目すべき人物の一人である。

かかる三好長慶および三好氏の研究については、長江正一『三好長慶』（吉川弘文館、一九六八）、今谷明『戦国三好一族』（新人物往来社、一九八五）などの著書や、天野忠幸「戦国期の宗教秩序の変容と三好氏」（『織豊期研究』一二所収、織豊期研究会、二〇一〇）などの論考がある。

ここでは、それら先学の研究に依りながら、三好長慶と禅、ことに大徳寺に注視して、少しく述べることにする。

一、三好元長と禅宗

三好長慶の父筑前守元長は、足利義維と細川晴元（一五一四～六三）を擁立し、敵対する細川高国を享禄四年（一五三一）に討った。しかし、晴元と対立して翌天文元年（一五三二）六月二十日に堺南庄の顕本寺（法華宗）で自害する。その三好元長の菩提寺は三好長慶によって南宗寺となる。南宗寺の前身は南宗庵で、元長が在世中にこの庵との関わりをもっていた。

三好元長は大徳寺の大仙院に二通の書状をしたためていて、それが大仙院に蔵されている。その一は、

紫野大仙院為二修理領一買得田地々子所々散在有レ之、如二先々一可レ被レ全二知行一候、万一違乱之輩在レ之者、相拘此方へ可レ有二注進一候

（『大仙院文書』一一号）

と、八月二日付けで「筑前守元長」から「大仙院納所禅師」宛に出されている書状である。

三好元長のもう一通の書状は八月六日付けで、二日付けと同じく「大仙院納所禅師宛」であるが、

紫野大仙院為二修理領一買得田地々子所々散在有レ之、如二先々一可レ被レ全二知行一候、万一申二懸新儀一、於レ有二違乱之族一者、従二此方一堅可二申付一候、特堺南宗庵本寺之儀候之間

（『大仙院文書』一一号）

とある。いずれも大仙院が買得した修理領田を安堵するものである。

この元長書状に見出せる大仙院は、永正六年（一五〇九）創建とされている。永正年中（一五〇四～二〇）とするものもあるが、大仙院の方丈は「棟札」によると、永正十年（一五一三）二月十二日になっている。開山は、古嶽宗亘《こがくそうこう》（一四六五～一五四八）である。

大徳寺の塔頭である大仙院は、大仙派の本院で、この派は大徳寺四派の一で大徳寺北派と称され、派祖は古嶽宗亘である。

古嶽宗亘は、近江（滋賀県）の蒲生郡の人で、佐々木の族という。初め岩間寺の義済に投じ、ついで建仁寺の喜足和尚に師事した。この頃に東明派（宏智派）の驢雪鷹灞《ろせつようは》との出会いがあった。後に、古嶽の法嗣の一人である江隠宗顕が古嶽の行状を作るにあたり、その撰述を驢雪に依頼しており、天文二十三年（一五五四）二月に「前南禅驢雪鷹灞謹撰」の『故大徳正法大聖国師古岳大和尚道行記』が撰述されることになる。

やがて五山を出た古嶽は、大徳寺の春浦宗熙《しゅんぽそうき》に師事した。しかし、久しく悟りに至らず、大徳寺塔頭如意庵の実伝宗真（一四三四～一五〇七）に師事して参究し、二十年に及んだ。ある日、実伝宗真が『無門関』の世《せ》

尊拈華《そんねんげ》の話《わ》をあげた。その言下において悠然として悟った古嶽であった。印可を得たのは永正二年（一五〇五）正月二日で、実伝示寂《じじゃく》二年前のことである。

永正六年（一五〇九）閏八月二十六日、後柏原天皇から大徳寺住持に任命する綸旨を下賜され、九月十七日に勅を奉じて入寺開堂し、大徳寺七十六世住持となる。古嶽の大徳寺初住である。この後も大永元年（一五二一）、大永二年（一五二二）、大永五年（一五二五）、享禄元年（一五二八）、天文四年（一五三五）などに大徳寺住持をつとめた。

大永元年（一五二一）十月十七日、後柏原天皇から「仏心正統禅師」の号を特賜された。また、後奈良天皇の帰依を受け、師を詔して入内せしめ、師の礼をもって問法の絶えることがなかった。勅によって帽子《もうす》を着けて対座し、肩輿《けんよ》に乗っての参内が許されるという殊遇であった。

天文五年（一五三六）十二月十七日に「正法大聖国師」の号を特賜されている。古嶽における朝廷との親密な関係が注目される。天文十七年（一五四八）五月になって、大仙院で病床に臥した。六月十五日後奈良天皇が大納言勧修寺尹豊に勅して見舞っている。しかし、六月二十四日に世寿八十四をもって遷化《せんげ》した。全身を大仙院に葬り、塔を松関と称する。

先記の三好元長の二通の書状は、かかる古嶽宗亘と大仙院に関心を示したことが知られるものである。その書状に見出せる修理領買得田地に関する「所々散在」という記述については不詳であるが、大仙院が寺領の集積を積極的に行っている状況の一端として、三好元長が没する天文元年（一五三二）までの史料をうかがうと、大永七年（一五二七）のものがある。この年の五月十七日、後奈良天皇が、舟橋宣賢の大徳寺大仙院への山城国賀茂大宮郷氷室田の売却を許可する綸旨が大仙院に所蔵され、

城州賀茂大宮郷内氷室田参段事、目録在二別紙一、紫野大僊江永代令二沽却一之段、被二聞食一訖、寺家永全二領掌一、可レ致二仏法繁栄一之由、天気所候也、仍上啓如レ件、

大永七年五月十七日

（『大仙院文書』二号）

とあり、それを得た舟橋宣賢並びに同業賢は、大仙院に氷室田の田地を売却する。また、「舟橋宣賢・同業賢連署田地売券」もあって、

永代売渡申田地事、合参段者、在所者、賀茂大宮郷内鶴原氷室田也、今宮鳥居東有レ之、右田地者、雖レ為二代々領知一、依レ有二要用一、直銭参拾七貫参百五十文仁、永代紫野大僊院江売渡申処実正明白也、

（中略）仍永代売券之状如レ件、

大永七年丁亥五月十八日

（『大仙院文書』三号）

と、同月十八日付けで大仙院がそれらの土地を三七貫三五〇文で買得している。大仙院の寺領集積を知る一事例である。

ところで、三好元長の書状による大仙院への安堵は「八月二日」であるが、年次が不詳である。三好元長書状の年次は明確にならないが、注目すべきは大徳寺の大仙院を「特堺南宗庵本寺之儀」としている点で、大仙院と南宗庵の本末関係を認識していることである。

その南宗庵について、大阪府堺市の祥雲寺が所蔵する「古岳宗亘南宗庵改称偈」があり、それに、

泉之南荘舳松有二一小院一、予近獲レ之為二小憩之地一、輙改二定旧称一而南宗、因述二一偈一云、旧菴更始号二南宗一、豈為二曹渓一継二後蹤一、看我不伝底衣鉢、寒流石上一株松、丙戌秋八月念七、宗亘

とある。

この「丙戌秋八月念七」は、大永六年（一五二六）八月二十七日である。古嶽宗亘はこの年に堺舳松《へのまつ》村の一小院を得ていて、それを隠棲の庵とした。「輙《すなわ》ち旧称を改定して南宗」、また「旧菴更《あらた》めて始て南宗と号す」とあり、その旧庵の号は記されていないが、古嶽は旧称を改めて南宗庵と号し、一偈《いちげ》を作っている。

また、この大永六年の九月二日に、古嶽宗亘が大林宗套（一四八〇～一五六八）の諱《いみな》を「宗桃」から「宗套」に改めるが、その時の史料である「古岳宗亘諱付与状」が祥雲寺に所蔵されていて、それに、

平安城人、其諱曰宗桃、今就二老僧一、更始号二宗套一、大永六年丙戌菊月二日、前大徳古岳叟宗亘書二于泉之南宗菴一

とある。

この二件の史料は南宗庵の庵名を見出すものとして確かな史料と考えられ、南宗庵の成立を大永六年（一五二六）と特定しえるものと思われる。

これらに依って、「八月六日」付けの「南宗庵」の庵名を記載する三好元長の書状は、古嶽宗亘が南宗庵の庵号を付した大永六年（一五二六）八月二十七日以後、天文元年（一五三二）六月二十日の元長没年までの五年余りの間のものとなり、この期に三好元長は大仙院が「特堺南宗庵本寺」と本末関係にあるとの認識を明示し

たことになる。

その間で、三好元長が大徳寺に関わるのは、享禄四年（一五三一）七月二十八日に大徳寺末寺妙覚寺跡と門前に関する「折紙」（『大徳寺文書』五五一号）を出した時のことである。この妙覚寺跡に関係するのが、伝庵宗器（一四八三～一五三三）であった。

この伝庵宗器は、享禄元年（一五二八）四月十二日に勅命を奉じて大徳寺に入寺し、八十八世となるが、大林宗套の行状が分かる「特賜正覚普通国師大林和尚塔銘」（「大林和尚塔銘」）に、

戊子伝庵示寂、泉南々宗庵虚レ席、岳命レ師補二其処一

とあり、大林宗套が古嶽宗亘の命で南宗庵に住する前に同庵に住していたのが伝庵宗器ということになる。伝庵は「天文二癸巳三月十一日示寂、世寿五十一」（『増補龍宝山大徳禅寺世譜』）と、天文二年（一五三三）を寂年とし、師の古嶽宗亘より十五年早く示寂するが、「大林和尚塔銘」は「戊子」、つまり享禄元年（一五二八）の示寂とする。しかし、これは先記の三好元長の「折紙」が享禄四年（一五三一）であるから、示寂の年はこれ以後でなければならないので、誤記ということになる。

それはともあれ、天文二年（一五三三）二月、古嶽宗亘は、大林宗套の求めに応じて自画像に着賛するが、この年、三月十一日に伝庵は寂し、大林が南宗庵に住することになる。この伝庵宗器と大林宗套はともに古嶽宗亘の法嗣であり、師資《しし》が南宗庵に関わっていたことが知られる。

天文十三年（一五四四）五月、古嶽宗亘は、大仙院に二十八項目からなる「当院後代法度」を定める（『大仙院文書』一八〇号）。それに、

南宗庵者、付㆓属大林長老㆒、雖然無㆓嗣法㆒、則一世之後可㆑被㆑上㆓当院㆒也、逓代亦復㆑如㆑是矣、住庵作㆓輪次㆒、則玉秀・練江・玉叟二夏三年可㆑勤㆑之、一巡之後、若於㆓其処㆒有縁而器用輩有㆑之、不㆑択㆓老若㆒、不㆑依㆓遠孫㆒、以㆓衆評㆒相定、二夏三年宜㆑使㆑勤也、規式凡可㆑準㆓当院㆒也

とある。古嶽宗亘は南宗庵について、後住を大林宗套とし、その後は輪番住持となし、庵の規式は大仙院に準ずるものと定めて、その運営を大仙院と同じくする特別な末庵としている。大徳寺四派の中の一派をなす北派の本院が大仙院であり、その北派の中での特別の存在としての展開をするのが南宗庵なのである。

二、三好長慶の南宗寺創建

先記の如く、三好長慶の父元長によって大徳寺、大仙院、南宗庵の関係が形成されていたのであるが、三好長慶が禅宗に接するのはいつの頃であったのであろうか。三好長慶の在世期には古嶽宗亘―大林宗套―笑嶺宗訢という法系の三禅師が活躍していた。いずれも堺に有縁の人物で、南宗寺（南宗庵）に関わる人物であり、時の大徳寺を代表する禅僧でもあった。

三好長慶と大林宗套の関係が知られるが、古嶽宗亘の示寂は三好長慶二十八歳の時であり、あるいは面謁の機会があったとも思われる。また、長慶の導師となる笑嶺宗訢とも交わりがあったと考えられるが、長慶と大徳寺の関わりを知る年次として、史料的には天文八年（一五三九）を下がることはないものと考えられる。長慶この年に長慶は大徳寺に禁制を下付しており、長慶と大徳寺に関する初見史料ではないかと思われるからで

ある。

この天文八年の一月十四日に三好長慶の兵二千五百が入京し、翌十五日長慶は細川晴元に幕府の料所河内十七箇所代官職を要求する。父三好元長が任命されていた所であったことが要求の論拠となっていた。さらに、三好長慶は幕府に直接訴え、幕府の内談衆大舘尚氏から将軍足利義晴（一五一一～五〇）に三好長慶の要求が正当であるとの答申が出される。六月二日のことであったが、閏六月十三日に将軍義晴は三好長慶を抑えようと諭す。摂津の島上郡に進攻していた三好長慶は、十六日に京都に入った。翌十七日細川晴元は高雄に退き、長慶は将軍義晴から京都の治安維持を命じられ、二十六日に請書を出した。同年七月十四日、長慶は三好政長（宗三・半隠軒）と京都花園の妙心寺辺で戦う。この三好政長は、細川晴元の信任を得て幕政に参与した人物である。その後、三好長慶は芥川城を六角定頼に渡し、八月十四日に摂津の越水城（兵庫県西宮市）に入り居城とした。

かかる天文八年の三好長慶であるが、この年の六月十七日に大徳寺に禁制を出している。天文年間に大徳寺が得た禁制は十六通であったが、この期に大徳寺に禁制を下付した者の中に、三好長慶が見出せる。禁制は

禁制　　大徳寺

一、当手軍勢甲乙人、乱妨狼籍（藉）事、

一、伐㆓採山林竹木㆒事、

一、相㆓懸矢銭兵粮㆒事、

右条々、堅令㆓停止㆒訖、若違犯輩在㆑之者、可㆑処㆓厳科㆒者也、仍如㆑件

天文八年後六月十七日　　　　三好　利長（花押）

（『大徳寺文書』二五四号）

という内容である。三好長慶が大徳寺に出した禁制の最初のものと見られる。

注目したいのは「三好利長」の名で発給されていることで、大徳寺への禁制は三好長慶が「利長」と名乗っていた時期に出されていることである。

この利長の称は、天文二年（一五三三）頃から見出せ、天文十年（一五四一）には孫次郎範長と改称している。さらに、天文十七年（一五四八）には筑前守長慶と改めているが、天文八年にその「利長」の名で大徳寺に「禁制」を発給した。三好範長の名で出した大徳寺への禁制はないようであるが、その後、天文十七年（一五四八）九月、古嶽宗亘示寂三ヶ月後であるが、大徳寺への禁制が出されていて、「筑前守長慶」と改名して間もない頃と思われる。大徳寺を取り巻く外護者の一人として、その保護の意を顕示した三好長慶である。

このように、禁制などからすると、三好長慶と禅宗、ことに大徳寺や大林宗套との関係の成立は、ほぼ天文八年を下がることはないと推測しても大過ないように思われ、三好長慶が大徳寺に関心を示していることを知る。

その三好長慶と大徳寺の繋がりがより確かなものになるのは、三好元長の菩提寺を先記の如く南宗庵に決定し、庵を修造して寺号とし、南宗寺を創建した時のことである。

昭和二年（一九二七）に南宗寺から出版された『南宗寺史』は、『泉州龍山二師遺藁《せんしゅうりゅうざんにしいこう》』などを史料として、顕本寺で父元長の葬儀をした三好長慶が、その菩提寺の創建について、「天文八年河内の飯盛城に入る」と「日頃敬慕する大林和尚に諮った」とし、大林宗套は南宗庵の改築をもってそれとする助言をなし、造営事業は天文八年（一五三九）に着手したという。もっとも、飯盛城（大阪府四條畷市・大東市）を居城とするのは永禄三年（一五六〇）十一月であり、天文八年（一五三九）八月に居城としたのは越水城であったようで、飯盛城は越水城のことではないかとも思われるが、それはともあれ、この時に既知の大林宗套に菩提寺のことを相談しているようである。

三好長慶が龍興山南宗寺に三好神廟と七重塔を造営し、弘治二年（一五五六）に手斧始《ちょうなはじ》めをなしている。弘治三年（一五五七）に南宗寺がなり、開山に招請された大林宗套の晋山《しんさん》、つまり入寺の式と供養法要が催される。庵の創建者で、大林宗套を後住に指定した古嶽宗亘が遷化して九年を経ていた。

大林宗套は京都の人で、俗姓は藤氏である。初め京都西山の天源院に入り、粛元寿厳に師事した。専ら翰《かん》墨《ぼく》を事としていたというから、五山文学を学んでいたのであろう。しかし、ある日の朝に猛省して、明師について大法を究《きわ》めたいと意を決し、大徳寺の東渓宗牧（一四五五～一五一七）に参じ、次いで伊勢の正法寺に移り玉英宗冏《ぎょくえいそうけい》に参じた。その後、古嶽宗亘の席下に帰す。大永五年（一五二五）古嶽から印可され、翌大永六年九月二日に先記の如く諱を「宗桃」から「宗套」に改める。

大徳寺の徳禅寺に住した後、堺の南宗庵に移っていた大林であるが、天文四年（一五三五）に古嶽から大徳寺への出世を勧められ、天文五年（一五三六）二月十五日に大徳寺九十世として入寺開堂した。天文十九年（一五五〇）三月九日に後奈良天皇から「仏印円證禅師」の号を特賜され、永禄二年（一五五九）九月に正親町天皇から「正覚普通国師」の号を賜わった。永禄十一年（一五六八）正月二十七日、世寿八十九をもって示寂し、南宗寺に塔して曹渓と称した。法嗣には笑嶺宗訢、惟清宗泉などがいる。

かかる大林宗套を開山とした南宗寺には、三好神廟と元長の南宗君祠が設けられていて、慶讃と法会には元長の子四人など、三好一族が参席している。三好長慶が父三好元長の菩提を供養するために創建した南宗寺であったが、三好氏の精神的拠点としての存在となり、大林宗套はそれを束ねる司宰として仰がれ、三好長慶の帰依を篤くしたのである。

「大林和尚塔銘」によると、

従四位下源姓三好氏匠作長慶、咨二詢師道一、益加二崇信一、仲氏豊前太守入道実休禅門、其叔十河戸部大卿一存、其季安宅摂津守冬康、及門族外家之俊士、欽風者甚多也

とあり、大林宗套には三好長慶、三好実休、十河一存、安宅冬康をはじめ数多くの尊崇者がいた。

三好長慶は大林宗套が南宗寺に住していた時、元旦の入室《にっしつ》で説示を受ける機会があった。大林宗套は機用活脱で手段は辛辣であった。長慶は戦慄を覚え、汗が背中に流れた。その長慶が人に語るに、「吾は平生敵に当たり、利者を破り堅者を摧《くだ》いて生きている。今、和尚の猛威をまのあたりにし、その杆鋒に触れがたい。それは数万の甲兵を超えるほどのものがある」と。そのように禅僧大林宗套に畏怖の念を懐いたことを吐露した。これより長慶は覇者となっても、南宗寺の辺を通り過ぎる時には必ず下馬し、師を重賞して敬意を表したという。

三好長慶が南宗庵を菩提寺とする直接の理由は、父三好元長が大仙院、南宗庵、そして古嶽宗亘、伝庵宗器、大林宗套との関係を築いていて、その関係を継承したことにあったと見られるが、それにもまして彼らとの関係を推進させた意図は、大徳寺と堺や時の大徳寺僧が有したその人脈の獲得にあった。そのことも看過できないのではないかと思われる。

また、南宗寺と塔頭大仙院との本末の繋がりは、大徳寺の側にも大きな意義をもった。天文二十三年

（一五五四）六月二十六日に入牌料《にっぱいりょう》一七〇貫文を寄進するなどしている今井宗久や、津田宗達らを檀越外護者としている。大徳寺は堺に教線を拡大し緊密な関係をもって展開したとされるが、その主導をなしたのは大仙院と南宗寺による展開であった。

三好長慶は南宗寺を創建した後、大仙院の寺領の知行保護をなし、また大仙院も献金などをしている。大仙院に所蔵される三好長慶の大仙院宛書状は十一通を数えるが、その一例をあげておくと、

貴札令二拝見一候、仍為二御音信一青銅百疋被レ懸二御意一候、御懇儀本望候、随而河州表事、如二本意一
申付候間、可二御心安一候、尚使僧可レ被二申入一候、恐惶謹言、
（永禄三年）十一月三日　長慶（花押）
（『大仙院文書』一五号）

とあり、また、

尊礼并鳥目百疋被レ懸二御意一候、本望候、仍御寺領事、無二異儀一之由可レ然候、猶御使僧可レ被レ申候、
恐惶謹言、
十二月十九日　長慶（花押）
（『大仙院文書』一六号）

などの書状が見られる。永禄三年（一五六〇）といえば、三好長慶の全盛期の頃である。

このように、大仙院に出した三好長慶の書状の多くは、大仙院領の知行保護に関わるものや、大仙院から三好長慶に贈られた鳥目百疋、青銅百疋といった献金に対する礼状であり、ここに大仙院と三好長慶の関わ

りの具体的な有様の一端が知られる。

また、三好長慶による大徳寺への禁制は、弘治三年（一五五七）十月日付けでも出され、この年のそれは「大徳寺并諸塔頭、付、門前」（『大徳寺文書』二六八号）と、大徳寺と諸塔頭門前に対するものである。さらに、永禄元年（一五五八）三月には、龍翔寺に禁制を下付している（『大徳寺文書』三一九二号）。

この龍翔寺は、西京安井に所在した禅寺であったが、大永七年（一五二七）に兵難により荒廃する。その後、龍翔寺修造住持天啓宗歅《てんけいそういん》が先頭にたって中興に尽力する。後奈良天皇が天啓宗歅の申請に応じて、天文十年（一五四一）三月十五日、大徳寺山内に寺地を移しての再興を許可し、大徳寺塔頭となったものである。三好長慶による龍翔寺への禁制も、大徳寺外護の一連のこととして受け取ることができる。

また、三好実休（一五二六～六二）が天文二十三年（一五五四）大仙院に禁制を出し、大仙院祠堂ならびに修理料所の違乱を禁じている（『大仙院文書』四号）。実休は三好長慶の弟であり、武野紹鷗（一五〇二～五五）や千利休（一五二二～九一）らに茶を学び、堺の茶人と交流をもった人物である。その後、永禄四年（一五六一）七月には三好義興、永禄八年十二月に三好義継といった三好長慶の子息による禁制の下付が見られる。

さらに、三好氏の家臣松永久秀（一五一〇～七七）は、永禄四年に大徳寺および塔頭に禁制を出している。この年は三好長慶から大和一国を与えられた二年後で、三好義興とともに転戦していた頃の松永久秀であった。大徳寺への関心を見せる松永久秀は、永禄年中に亡妻「勝善院殿仙渓宗寿禅定尼」を弔うため、堺の南宗寺裏に勝善院を創建するが、その供養を大林宗套に頼んでいて、『大林宗套語録』に「尽七日香語」とある。奠湯《てんとう》は笑嶺宗訢が行っていて『笑嶺宗訢語録』に知ることができる。また久秀亡妻の号「仙渓」は大林から付され、女《むすめ》の号「心月」は笑嶺によって授けられていて、松永久秀と大林、笑嶺の関係の深いことが知られる。

三、三好長慶の葬儀と菩提寺

（一）葬　儀

永禄七年（一五六四）七月四日、三好長慶が河内の飯盛山城で、四十三歳をもって没する。長慶の葬儀は、永禄九年（一五六六）六月二十四日に修《ず》された。その一端は『祖心本光禅師行状』に見出せる。これは笑嶺宗訢の行状で、笑嶺の伝については後に触れることにするが、それに、

甲子歳三好長慶朝臣卒、経㆓二年㆒発喪、就㆓于真観寺㆒、整㆓闍維之化儀㆒

とある。甲子歳は永禄七年の没年であり、その二年後に河内の真観寺で、闍維《じゃい》つまり荼毘《だび》に付す儀式がととのえられた。

「諸般仏事、皆令㆓五岳名宿㆒謹㆓修之㆒」と、葬儀の諸仏事は五山の禅僧が執り行い、葬式の導師は「師以㆑有㆓法縁㆒、特為㆓導師㆒、秉炬之一句子、聳㆓動人天㆒」と、長慶との縁があった笑嶺宗訢がつとめて、秉炬《ひんこ》の法語を述べ、人天《にんでん》を聳動《しょうどう》したという。

この葬儀については『鹿苑日録』の同年六月二十四日の条に「此日、於㆓河州㆒有㆓三吉（好）修理大夫葬礼㆒、未刻也」と、葬式の記があり、その儀式の様子は同二十六日の条に「紫野衆於㆓河州真観寺㆒取行」とあるように、紫野衆、すなわち大徳寺の僧が葬儀を行い、「諸仏事有㆑之、西嶺之策彦和尚奠、恵皐之献甫和上（中略）、奠茶奠湯外之諸仏事、皆紫野長老也」と、参席した天龍寺の策彦周良（一五〇一～七九）や東福寺の献甫《けんぽ》光璞《こうぼく》

ら五山の禅僧は奠茶《てんちゃ》・奠湯を行っただけで、仏事は「紫野長老」つまり大徳寺の笑嶺宗訢が主導して執り行われたとあって、少々不満の意がうかがえる。『祖心本光禅師行状』の記と若干の違いを見せているが、五山禅を離れ山隣派に傾倒する時代の流れを看取しえる。

葬儀に参列した人物は『鹿苑日録』によると、「葬礼之時、修理大夫子息左京大夫・日向出二葬場一、左京大夫感涙、其外之諸士各涙沾レ裳云々」とあり、左京大夫の三好義継、日向の三好長逸などの名が見える。列席した諸士は悲しみ涙を流して、霊を弔ったとする。

導師をつとめた笑嶺宗訢には『笑嶺宗訢語録』があり、それに「聚光院殿前匠作眠室進公大禅定門秉炬」が収載されている。葬式で導師となり遺骸に点火することを秉炬《ひんこ》とか下炬《あこ》と称するが、導師をつとめる笑嶺宗訢は「即今代二吾師翁一、津送那一句」と、大林宗套に代わって下炬を述べるとしている。

この三好長慶に対する下炬の法語には、「奉レ主存レ道、莅レ民有レ慈」と、主を奉って道をたもち、民に莅《のぞ》んで慈悲の心を有する人柄であり、さらに「会二心性於教外一、弁二邪正於機宜一」と、心の本性は禅を修学して会得し、正邪は時機に応じて弁別し、「在家菩薩、豈レ非二応法沙弥一」と、在家の菩薩であると称える。

このように、笑嶺宗訢は、三好長慶の秉炬の法語を書き、また三好長慶画像にも「聚光院殿像、永禄丙寅七月四日」と、永禄九年（一五六六）に着賛している。さらに「勝善院宗寿禅定尼」、つまり松永久秀室の奠湯の偈も作っている。

また、三好長慶が大林宗套を崇敬したことは先記したが、その大林には『大林宗套語録』がある。それの「小仏事」の項に「聚光院殿前匠作眠室進公大禅定門大祥忌香語、三好修理大夫源長慶朝臣」がある。

大祥忌《だいしょうき》は三周忌のことであるが、その香語に、

扶桑国裡河州主君三宝弟子源朝臣義継、今茲丙寅夷則初七日、伏値二聚光院殿前匠作眠室進公大禅定門大祥忌之辰一、展択今日十有三、就二南宗精舎一、厳二飾道場一、設二大斎会一

とある。今茲丙寅夷則《ことしひのえとらいそく》、つまり永禄九年（一五六六）七月七日が三周忌となり、三好義継が南宗寺で法要を催した。その香語に「忠義相備、文武兼全」と忠義を備え、文武に欠けたところのない人物であると述べられている。さらに「手攤二六韜三略兵書一」と、手に『六韜三略《りくとうさんりゃく》』という兵書を攤《ひら》き、「心譜二万葉古今歌道一、吟二弄風月一者三千」と、万葉、古今の歌道を譜し、風月を詠むこと三千に及ぶとして和歌を愛好したことを語る。

また、覇者としての三好長慶については、

提二三尺剣一、縦二域中殺活一、挽二一張弓一、握二閫外威権一

と、三尺の剣を提《ひっさ》げ、域中に殺活を縦《ほしいまま》にし、一張の弓を挽《ひ》いて、閫外《こんがい》に威権を握るなどと称える。

（二）聚光院の創設

ところで、三好義継は、三好長慶を弔うための菩提所として、大徳寺に塔頭の創建を企てた。その塔頭が「聚光院殿前匠作眠室進公大禅定門」という三好長慶の法名に因《よ》って院号とした聚光院であった。

笑嶺宗訢の『祖心本光禅師行状』によると、

夫嗣子義継捨二長慶旧第一、営二建一院於龍宝一、号曰聚光

とあり、聚光院の創建は三好長慶嗣子の三好義継によっていて、長慶の旧第を喜捨して一院を龍宝、つまり大徳寺に創建したとしている。

三好長慶の旧第が聚光院の創建に使われたという史料は、この一件に限るようであり、その真偽を確認しえる文献史料を欠いている。昭和五十三年から五十五年において、聚光院本堂の解体修理がなされ、『重要文化財聚光院本堂附玄関修理工事報告書』が昭和五十五年に出ているが、この報告書によると解体修理で古材が見つかっている。三好長慶旧第のことを想定させるものであった。しかし、天正十一年（一五八三）の墨書が玄関化粧裏板裏面に見出せ、それが本堂の創建年次ではないかとも考えられるのである。したがって昭和の解体修理でも、長慶旧第と聚光院の直接の関わりを確証する十分な史料が得られたわけではない。

聚光院は、永禄九年を開創年次としている。三好長慶葬儀の年であるが、『正覚普通国師行状』に「師構二一宇於大仙院西隣一、扁曰栽松軒」と、また「大林和尚塔銘」にも「師構二一宇於大仙之西隣一、扁曰栽松軒」とあって、大仙院西隣りに大林宗套は栽松軒を創建した。ここに三好長慶が参じたというが、この栽松軒に関わる史料によって、永禄八年、つまり三好長慶が没した翌年に菩提寺の聚光院を創建する準備に着手したとも推測されている。

この三好長慶菩提寺塔頭聚光院の開山には、笑嶺宗訢が招請された。笑嶺宗訢は、予州河野の族高田氏の出である。京都の南禅寺に掛搭《かとう》したが、やがて大徳寺に移り、古嶽宗亘に参じ、修行すること十年に及んだ。天文十二年（一五四三）のある日、「万法不侶話」の公案を聞いて、忽《たちま》ち悟る。古嶽が京都伏見の清泉寺に赴いたので、堺の南宗寺に行き大林宗套に参じた。天文二十一年（一五五二）十一月二日に大林から印可され、「笑

嶺」の号を授けられる。

永禄元年（一五五八）十月十七日に勅を奉じて大徳寺百七世として出世し、永禄三年（一五六〇）四月一日に再住開堂した。永禄十二年（一五六九）九月五日、正親町天皇から「祖心本光禅師」の号を賜う。天正十年（一五八二）豊臣秀吉に命じられて織田信長の葬儀の導師をつとめ、翌天正十一年十一月二十九日に七十九歳で遷化し、全身を大林の塔の側に葬られる。春屋宗園、古渓宗陳、一凍紹滴、仙岳宗洞など織豊期の大徳寺を担う禅僧を法嗣として出している。

笑嶺宗訢が聚光院の開祖となったのは、永禄九年（一五六六）であったが、また南宗寺の二世として住し、堺に海眼庵を創し、摂津尼崎（兵庫県）の栖賢寺と広徳寺の両寺を再興した。こと広徳寺は言外宗忠（一三一五〜九〇）を開山とするが、三好元長を自刃させることになる細川晴元が享禄元年（一五二八）十月三日に、

摂津国尼崎内広徳寺領所々散在臨時課役段銭棟別等、為二守護使不入之地一、対(帯)二御判御下知一、任二当知行之旨一、弥可レ被レ全二寺務一之由候也、仍執達如レ件

（『大徳寺文書』二八〇八号）

と、散在所領の臨時課役等の免除と守護使不入を安堵するなどして保護しており、当地における重要視された大徳寺派寺院としての展開を見せている。

聚光院の開山となった笑嶺宗訢であるが、笑嶺の師の大林宗套は、聚光院開創の永禄九年には津田宗及に「天信」の道号を与えており、三好長慶の没年より四年後に示寂するから、この時大林も存命であった。したがって、聚光院の開山になることも可能なのであろうけれど、三好義継は笑嶺宗訢をもってその開山とし

ている。

永禄期に創建された大徳寺の塔頭は聚光院の一宇だけであったが、それを進めた三好義継は、大林宗套がすでに南宗寺の開山となっていることから、敢えてその法嗣の笑嶺宗訢に聚光院開山を委ねたと考えられ、大仙派、すなわち大徳寺北派との繋がりのより親密な展開を意図したものと思われる。

南宗寺と大徳寺を古嶽宗亘の法嗣、法孫で繋ぎとめた三好義継であったが、三好長慶の菩提所聚光院は大仙院を本院とする大徳寺北派の塔頭として展開し、天正期へと繋がっている。

創建後の聚光院に関する史料としては、元亀三年の「聚光院指出」二通などがあり、京都下賀茂などに寺領をもち、宗妙と称する僧がいたことなどが『大徳寺文書』で確認できる。大徳寺塔頭としての展開が知られるけれど、やがて聚光院は転機を迎えることになる。

聚光院を創建した三好義継は、永禄十二年（一五六九）に足利義昭（一五三七～九七）の妹を室に迎える。このことも関係してのことか、南宗寺は元亀四年（一五七三）六月二日に準十刹位となる。五山派の禅寺となった南宗寺であるから、原則的には十方住持刹ということになる。山隣派の大徳寺僧は「改衣」して住持している。

義昭は元亀四年（一五七三）七月二十一日に妹婿の義継を頼って若江城に行き、さらに十一月五日に若江城を出て堺に移るが、信長は義昭をかくまったとして、若江城を佐久間信盛らに攻撃させ、三好義継は天正元年十一月十六日に自害した。ここに三好氏の本宗は滅亡した。それは、聚光院が檀越を失ったことを意味し、転機を迎えることになる。

その後、天正十七年（一五八九）になって、千利休が聚光院で父の一忠了専居士と母の月岑妙珎、および二子の菩提を弔い、また千利休自身と妻の逆修をして墓を建て、永代供養料を寄進する。これによって、聚光院は千家菩提所としての寺史を刻むことになる。

参考までに付言しておくと、聚光院の詳細については、平成十七年（二〇〇五）に聚光院編で『大徳寺塔頭聚光院』（淡交社）が刊行されており、図版、論考、年表などが収載されている。

おわりに

堺に南宗庵の拠点を設けた古嶽宗亘は、十四屋宗伍の参禅を受けて指導し、天王寺屋宗達、すなわち津田宗達参禅の師となり「宗達」の号を大永六年（一五二六）に与え、武野紹鷗の参禅を受けるなど、堺の豪商、茶人と大徳寺僧がより確かな繋がりをもつ契機と、その素地作りに大きな役割を果たした。

大徳寺僧の墨蹟は茶掛けに用いられ、「大徳寺もの」と称されるが、古嶽の墨蹟は千利休に注目され、『江岑夏書』によると利休が大徳寺僧の墨蹟を初めて茶席に掛けたのは、古嶽の墨蹟「柏樹子《はくじゅし》」であったという。また、大仙院の枯山水庭園は古嶽宗亘の築庭であり、禅の造形に優れた才能を発揮した。

さらに、大林宗套は武野紹鷗の参禅を受け、「宗易」の法諱を千利休に授けたと推測されている。笑嶺宗訢は津田宗及の帰依を得た。「紫野文化」の形成に古嶽宗亘を派祖とする大徳寺北派が果たした役割は多大である。この「紫野文化」は馴染みのない用語であろうけれど、大徳寺に形成され展開した文化を捉えて、このように称したいのである。

大徳寺には三好長慶の菩提を弔う聚光院が創建された後も、漸次《ぜんじ》、戦国大名による菩提寺塔頭の創建が続き、豊臣秀吉は織田信長の葬儀を催し、菩提寺の総見院を創建した。さらに秀吉は天瑞寺などを創建し、笑嶺宗訢の法嗣古渓宗陳を登用し、古渓と肝胆相照の交わりをもった千利休を重んじ、天正十四年には大徳寺領として千五百四十五石を寄進した。こうして豊臣政権下での大徳寺の発展的展開を見ることになる。

室町期の五山派にとって代わり戦国期の禅宗展開の転換期を現出した山隣派大徳寺であるが、その史的展開に影響を及ぼした三好長慶の存在意義には注視すべきものがあり、かかる視点における研究の進展を念じ、期待して擱筆《かくひつ》する。

三好長慶とキリシタン

髙橋勝幸

はじめに

阿波国三好郡（現三好市）出身の戦国大名三好長慶（一五二二～六四）は、室町幕府末期の戦乱で混迷する都を中心に畿内一円に勢力を伸ばし、実質的には将軍家を凌ぐ権力を持って都を支配していた。三好長慶の経歴については著名であり、没後四五〇年の記念すべき年の諸論稿に譲ることとし、ここではキリシタンに関係する事柄を中心に考察していきたい。本論は、日本におけるキリスト教布教が、三好長慶の理解と寛容さによって認証され、その後のキリシタンの世紀となる盛衰について取り上げたい。キリシタン時代のイエズス会日本巡察師ヴァリニャーノが取った「適応主義布教方針」は、現代の諸宗教間対話、東西宗教交流に生かされており、三好長慶の理解ある取り成し、協力によって、そのきっかけが作られたことも含めて見ていきたい。『イエズス会日本報告集』（同朋舎、一九九一）の諸報告については、公開目的で書かれ、教育的配慮もあって非常に詳しく記述されているので、そのままの方が分かりやすく、手を加えることなく引用した。

一、大阪・河内のキリシタン

大阪府四條畷市の郷土史カルタに「砂、岡山のキリシタン　異国《とつくに》の文にのる」とあり、また、大東市の旧南郷村歴史再発見研究会のカルタには「キリシタン　歴史に残る　三箇城」とある。一五八一年のイエズス会日本年報には「日本におけるキリシタンの数は巡察師（ヴァリニャーノ）が得た報告によれば、十五万人前後で、その内多数は高貴な人たちである。（中略）都地方には二万五千人のキリシタンがいる」とある。さらに河内について（高槻城主、高山右近領の報告のあとに）「この国（摂津）に接して河内と称する別の国があり、他の領主たちによって分割されているが、彼らの中にすでにキリシタンになった者が数人いる。それ故、当司祭館には今日までに岡山、三ケ、八尾、烏帽子形および堺のキリシタン宗団が属し、六千人内外のキリシタンがいるであろう。（中略）岡山は結城ジョアン殿という名の一キリシタン領主の城であり、その周囲の他の村々を擁し、三千五百人のキリシタンが住んでいるが、当地方にはすでに一人の異教徒もいない」とある。郷土史カルタは、この一五八一年のイエズス会年報から引用したものであろう。

一五五一年一月のザビエル入京時の都は、戦乱の真っ只中で、三好長慶は都の羅城門（東寺口）を起点とする西国街道添いの吉祥院で負傷していた。ザビエルは、戦国乱世の荒れ果てた都を諦め、わずか十一日間で都を後にした。その後は、山口の大内氏から布教許可を得て拠点とした。

（一）ザビエルの意図したもの

ザビエル（一五〇六～五二）が意図したものは、一五四九年一月コチン発信の『書簡七一』の七に書かれている。「日本についてのさまざまな情報によりますと、（中略）人々はたいへん知識を求め、神の福音やその他自然現象について、その［知識を］得たいと切望しているそうです。私は内心の深い喜びをもってその地に行くことを決心しました。私たちイエズス会員が生きているうちに、霊的な成果を挙げておけば、彼ら（日本人）は自分たちの力で［イエズス会の生命を］持続してゆけるだろうと思います」。「まず日本の国王に会い、次に学問の行なわれている諸大学に行く予定です」。他には、一五四九年十一月鹿児島発信の『書簡九四』の六・七には「都から二日間の行程にあって日本の主要な港である堺にもしも神の聖旨ならば、物質的に莫大な利益となる堺に商館を設けましょう。（中略）二年もたたないうちに聖母の教会をミヤコに建てたという便りを閣下に書くことができると、私はかたく信じています。それは日本に来る人たちが海上の暴風雨のさなかにミヤコの聖母に寄りすがることができるようにするためです」。

すなわち、第一に国王に会って布教の許可を願い、第二に諸大学を訪れ日本の学識者に会って神の教えの真理について議論し、第三に布教資金の確保と貿易船の定期航路を設けることで、要員の往来や通信を容易にすること。第四に日本の中心である都に聖母の教会を建てることで、航海の安全祈願など心の支えとなる所を得ること。第五には、将来を見据えて、やがてヨーロッパからの宣教師の派遣が難しくなっても、理性的な日本人にキリスト教を伝えておけば、イエズス会の命脈が保たれると考えていた。

このザビエルの遺志を継いだコスメ・デ・トーレス（一五一〇〜七〇）は、一五五六年の毛利元就の攻撃で山口の修道院も教会も焼失したために、日本イエズス会の拠点を大友宗麟の本拠地、豊後府内（大分市）に移していた。不穏な都の様子を探りながら、下（肥前等）地方の貿易の利益と武力強化から南蛮船の来航を望み、異国の伴天連《ばてれん》に好意的であった下地方の大村氏や有馬氏の所領を中心に九州の布教に力を入れていた。

（二）日本文化への影響

ザビエルの意図したように、知識人への布教のためには当代一流のルネサンス期最高の学識を身に付けた宣教師が送り込まれてきた。特にヴァリニャーノ（一五三九～一六〇六）に命じられて『イエズス会日本コレジョの講義要綱』を作成したペドロ・ゴメス（一五三五～一六〇〇）はポルトガル・コインブラ学院の教授であった。グレゴリオ暦改暦に功のあったC・クラビウス（一五三八～一六一二）も同僚であり、この要綱の中の自然科学、天文学、自然現象の説明は、今日においても矛盾するものではない。知識欲の強い日本人のために、まず科学的に納得できる自然現象から入り、霊魂の問題、信仰の問題へと順序立てられている。この基本から『どちりいな　きりしたん』が作られ『イエズス会学事規程』はヨーロッパに先駆けて作成されている。また、日本人イルマン・不干斎ファビアン（一五六五～一六二一）の著した『妙貞問答』は、科学知識を駆使して、旧態依然としていた日本の宗教・思想を論駁《ろんばく》し、現代においてもキリスト者だけでなく多くの仏教者の必読の書となっており、日本における宗教論の集大成といえる。ファビアンに論戦を吹っ掛けた林羅山（一五八三～一六五七）の『排耶蘇』を読めば、徳川幕府の指導的な学者の科学知識のお粗末さで当時の日本人の知識水準を計り知ることができる。和辻哲郎著の『鎖国～日本の悲劇～』にはその実情が記されている。ヴァリニャーノは、理性的な日本人のために印刷所の設立を企図し、コンスタンティノ・ドラド（一五六七～一六二〇）を天正少年使節の付き人として派遣して、ヨーロッパの印刷技術と印刷機から原材料一式までを日本にもたらしている。天草、長崎での「キリシタン版」の印刷は百種以上が記録され、歴史に残る大事業であり、日本文化への貢献は計り知れないものがあった。他には、ヨーロッパから来た宣教師の日本語学習のための『新平家物語』や『太平記』、『日葡辞書《にっぽじしょ》』の出版は今日の国語界においても欠かせないものとなっている。キリシタンの世紀は、姿を変えて江戸時代を通して日本の医学、天文学、暦学、思想に影響を与えてきた。平田篤胤の思想には、キリスト教の神概念を原文のまま引用している箇所も指摘されている。

ガスパル・ヴィレラ（一五二五～七二）が、日本退去後にインドのゴアから発信したヨーロッパ会友宛の一五七一年の『書簡』には、「日本諸国の頭である都には、堺の人々と合わせて約千五百名のキリシタンがおり、これらはいずれも高貴な人々である。前述のように都は諸国及び諸宗派の頭であるから、同地のキリシタン一名は他の地方のキリシタン千名よりも輝いている」と報告されているが、ザビエルの意図した日本の教会の姿であったであろう。貿易の利益を求める大名領で、領主の顔色を窺いながら集団改宗した者では、領主が代われば、その信仰は危ういものとなる。一方、都のキリシタンは理性的に納得しなければ洗礼は受けないが、一度キリシタンになると殉教も辞さない程の堅固な信仰を持つことを言っている。その顕著な例が、都の医師曲直瀬《まなせ》道三《どうさん》（一五〇七～九四）である。都に八百人の門人を持つ道三の改宗は大きな反響を呼んだ。結石症治療のため豊後から来たフィゲイレド（一五二八～九七）と「病を治すのは医師の役目だが、魂の救いは神の教えにある」ことで霊魂永生の問題を語り合う内に、理性的にも納得し、感銘して受洗した。曲直瀬道三の改宗は一万名の改宗に匹敵するといわれた。京都市上京区の十念寺には墓所と京都医師会による顕彰碑がある。

（三）ガスパル・ヴィレラとイルマン・ロレンソの入京

このザビエルの遺志を継いだコスメ・デ・トーレスは、一五五九年になって、都の様子を慎重に窺いながらガスパル・ヴィレラとイルマン・ロレンソ（一五二六～九二）を比叡山に送り布教の許可を願った。しかし、信頼する僧はすでに亡く、面会すら許されず失敗に終わった。ヴィレラは無理難題を並べられて埒《らち》のあかない比叡山を諦め、殉教も覚悟して独断で都に入る決心をする。比叡山の許可のない者に対しては、町衆や仏僧らの反対者が多く、異国人を嫌う風潮のある都では住居も確保できず、借家を転々としながら一行は困惑した状態にあった。

ヴィレラは、インドの会員宛一五六一年堺発信の『書簡』でその苦難を語っていた。「仏僧らは狂人のように街路を徘徊し、公の場やその他の場で人々を扇動し、私が説いたデウスの教えを冒瀆する言葉を吐き、私については人肉を食べるとか、住処に死人の骨を見たなどと偽りの証言を行なった。また或る者は、私は人間のように見えるが人の皮を被った悪魔である等、これに類することを言った。彼らは私が宿泊している町に来て、私をすぐさま追い出すようにその住民を扇動し」とある。

やっと一五五九年の暮れになって、高貴な仏僧永源庵主の取り成しで室町幕府第十三代将軍足利義輝（一五三六〜六五）に謁見することができた。イルマン・ロレンソの一五六〇年都発信の豊後の上長宛の唯一の『書簡』には次のように報告されている。「都に着くと我らは一軒の家を得たが、市中で我らは知られていなかったので、十四日の間聴聞者もなく過ごした。それ故、我らは他の家に移り、同所に数名が聴聞に訪れたものの、一人として真理を信じる者はなかった。同家に移ってから二十二日後、はなはだ身分高き仏僧の仲介により、司祭（ヴィレラ）は日本の全諸侯が服従する御所と称する国王（将軍足利義輝）のもとに話をしに行った」。

しかし、将軍足利義輝に謁見しても仏僧の嫌がらせは続いた。同じロレンソの『書簡』に「我らが宿泊していた家の主は、仏僧らの懇請と脅迫により、これ以上我らを自邸に置くことは好まぬと言った。（中略）我らを憎む人々に扇動された多数の少年が度々石を投げ土や砂をかけて大いに嘲ったが、このことについて語れば尽きぬであろう」とある。宿も定まらず、身を隠すような状態では聴聞者は少なかったが、激しい迫害の中でもヴィレラ一行の忍耐と沈着さ、寛容さを見た者がかえって尊敬の念を抱き、改宗する者も出てきた。

（四）三好長慶の取り成しで允許状下附

一五六〇年になって、当時御相伴衆となって都の実権を握っていた三好長慶の計らいもあって、将軍足利義輝から都布教の允許状《いんきょじょう》を得ることができた。

同じロレンソの『書簡』はこの時の様子を次のように報告している。「司祭（ヴィレラ）は当国の第二の人物である三好（長慶）殿に庇護を請うため、その家中の主たる貴人一名とともに彼のもとに赴いたが、彼（ヴィレラ）が行くのを見た人々は三好殿が彼を捕えさせ、かの貴人が彼を捕えて連行したと噂した。その後、都の執政官は司祭に対して何ぴとも害悪を加えてならぬことを布告させた」。

三好長慶の屋敷をヴィレラが訪ねた目的は、允許状の下附の下準備として将軍足利義輝への取り成しを求めたもので、下附は「執政官」とされる松永久秀（一五一〇〜七七）によると思われる。

禁　制　　　　幾利紫旦国僧　　波阿伝連

一、甲乙人等乱入狼藉事
一、寄宿事、付悪口事
一、相懸非分課役事
右条々堅被停止訖、若違犯輩者、速可被処罪科之由被仰下也、仍下知如件
永禄三年　左衛門尉藤原
対馬守平朝臣

すなわち、司祭の住居を兵士たちが宿舎として徴発してはならない。
公方様は司祭に対し賦課を免除する。
何人も伴天連を非難、虐待してはならない。違反者は然るべく罰せられるべきこと。

（『室町家御内書案』による）

この下附をもって、ヴィレラらは宿舎の門前に允許状を貼り出し一時的に迫害は収まったが、この好況は長くは続かなかった。デウスの法が都に広まるにつれて仏僧や一般民衆の憎悪が激しくなり、比叡山の仏僧らは松永久秀に働きかけ伴天連追放を画策していた。また、将軍足利義輝と夷狄《いてき》を嫌う天皇家や公家との意見の違いもあり、都内の異国人を嫌う町衆や仏僧らの猛反対のために身の危険を感じたヴィレラ一行は、協力者の助言もあって一旦は堺に避難せざるを得なくなった。

フェルナンデス（一五二六〜六七）の平戸発信マカオのイエズス会員宛の一五六四年の『書簡』には（ヴィレラの書簡が届いていなかったのでと前置きして）次のように報告している。

「過ぐる年、定期船が当地に停泊していた頃、比叡山の仏僧らは司祭を追い出し、都のキリシタン宗団と教会を破壊しようと決意した。司祭がこれを耳にすると、キリシタンの重立った人たちを集め、決して彼らを見捨てず、彼らへの愛により生命をなげうって彼らを守る覚悟であると言った。彼らは、この危険に身をさらさず、嵐が過ぎるまで堺に行くよう頻りに請うた」。すなわち、殉教覚悟のヴィレラを都で新しくキリシタンになった協力者が諫めたようである。さらにフェルナンデスは都の様子を続けて報告している。

「都の政治は三名の人物に依存している。第一の人は、公方様（将軍足利義輝）と称する全日本の王である。第二は、彼の家臣の一人で三好（長慶）殿と称する。第三は、三好殿の家臣で、名を松永（久秀）殿という。第一の人は国王としての名声以外に有するものがなく、第二の人は家臣ながらも権力を有している。また第三の人は第二の人に臣従し、国を治め、法を司る役職にある。比叡山の仏僧らは日本のすべての仏僧の頭である。というのも、諸宗旨はことごとく、かの比叡山において分派し、かつ承認を受けているからである」。すなわち、将軍は名ばかりで実権は三好長慶が握っていて、その事務処理を松永久秀がやっていることになる。允許状を発行した執政官は松永久秀ということになる。また、比叡山延暦寺の許可なく都で布教することは許されないことになる。

当然に、比叡山の仏僧らは都を平和に治めるための十三ヵ条を松永久秀に提示する。その内の二ヵ条は司祭たち（伴天連）に関するものであった。

第一、インドから来た司祭は都の国より追放し、その教会は破壊すべきである。その理由は、司祭が彼らやその先祖が崇敬してきた神々の悪口を言ったことにより、一般の人々が釈迦《しゃか》と阿弥陀《あみだ》の書に対する信心を失い、教えに背いたり、他の大罪を犯したりするのを恐れなくなったから。第二、司祭がかつて住んだ地、すなわち山口と博多は戦によって破壊されたので、司祭を都の国より追放するのは公方様と三好殿にとって好ましい。

いつの時代にも、悪口、雑言はつきものであるが、松永久秀は将軍の命令ではあっても自らの手で允許状を書いているので、立場上その対応に苦慮することになる。

（五）奈良事件

一五六三年、そんな中で「奈良事件」が起こった。三好長慶の配下にいたが、実質的には都の権力を掌握していた法華宗徒の松永久秀は、ヴィレラらに対しては允許状が出ていて、無下に追放もできないので、キリシタン弾圧の口実を得るべく、重臣の結城山城守忠正（生没年不詳）と儒学者の清原枝賢（一五二〇～九〇）を詮議のために送った。しかし、イルマン・ロレンソの巧みな説法には勝てず、結果は松永久秀の期待に反したものになった。

同じフェルナンデスの『書簡』から「奈良事件」の様子を見てみよう。「過ぐる年、都に二人の有力な妖術師がおり、一方は（結城）山城（守進斎）殿、他方は（清原）外記（枝賢）殿と称した。彼らはあらゆる宗旨と偶像崇拝に関することを教え、もう一人は悪魔に尋ねて、戦さではいかに対処すべきかを三好殿に教えていた。或る宗教に関して疑いが生じた時には、彼ら二人が判定し、公けに示した。彼らは俗人であるとはいえ、大いなる知慧者と見なされている」。「（松永殿は）司祭は外国人であり、公方様や三好殿、また彼のもとに庇護を請うて来たのであるから、予め尋問することなく司祭を追放するのは彼らの名誉にとって好ましいことではなく、それ故、司祭が説いていることを吟味して、もし国に害をもたらすものであれば、司祭を都から追放し、教会を没収するため（結城）山城殿と（清原）外記殿の両妖術師に調査を委託するであろうと答えた。これを知ると、件の妖術師らは司祭を困惑させ、国外に追放し、己れのために教会を奪うことを決意した」。松永久秀は法華宗徒であり、結城忠正と清原枝賢はヴィレラらを追放し、財産と家屋を取り上げることに決していたので、誰の目にも結果は明らかであった。

ところが、思わぬところで事件が起きた。ディオゴと称するキリシタンになって間もない男が、奈良の松永久秀のもとに訴訟で訪れた。それを取り次いだ結城忠正は、ディオゴがキリシタンと知ると質問攻めにした。

同じくフェルナンデスの『書簡』には、次のように報告されている。

「その頃、ディオゴと称するキリシタンが金銭を借りようとして（結城）山城殿のもとを訪れるということがあった。彼はその人物（の素性）を知ると嘲って言った。『汝はキリシタンか』。『然り』と答えた。山城殿が、『汝の信じるものは何か』と問うと、ディオゴは『私はキリシタンの教えをいとも神聖にして真なるものと考えているが、己れは信仰においては新参者であるため、それを説き示すだけの力がない』と答えた。山城殿は何か話すように強く迫ったので、ディオゴは霊魂が不滅であることや、永遠なる創造主が存在して、物をもたらし、いっさいの被造物を支配していることについて話し始めた。山城殿は彼の言葉を聞くと、それが真理であるように思われ、ディオゴに言った。『行くがよい。そして、今説いている教えを予に説明するため司祭に伝えよ。何となれば、新参者の汝がこれほどよく語るものであれば、汝の師はさらによく語るであろうし、ことによれば司祭は予をキリシタンにすることになるやも知れず、また、外記殿も真理であると理解すれば、これを信奉するやも知れぬからである』と」。

ヴィレラは、結城の真意を計りかね、様子を見るためにイルマン・ロレンソを奈良に派遣した。ヴィレラに代わって派遣されたロレンソとの論議の末に、両名はキリシタンとなった。思わぬ結城忠正の心変わりで事態は一変し、仏僧らは己の支えとしていた両名がキリシタンとなり困惑する。

この時、都に入ったヴィレラから河内岡山城主の結城左衛門尉（一五三四～六五・シカイドノ）も受洗した。さらに結城氏が、松永久秀の命によって大和沢城の守りに就いていた摂津高山の城主高山飛騨守（生年不詳～一五九四）にキリシタン宗のことを話したことで、飛騨守も数日間のロレンソとの議論の末にキリシタンになった。周知のように、飛騨守の子高山右近（一五五二～一六一五）は沢城に招かれたロレンソによって十二歳で受洗した。この右近が、後に高槻城主となり、日本キリシタンの柱石になったことは事実であり、有名な話である。結城氏は河内で、高山氏は摂津で、以後の畿内キリシタン史には欠かせない人物となる（註）。

他に奈良では、高山氏の紹介で十市《とおち》のイシバシ殿がキリシタンとなっている。当時、ヨーロッパに送られた日本の古地図の中に「Sawa」「Tochi」とあり、これが沢城跡発見のきっかけにもなっているが、ヨーロッパ人が訪ねた所が古地図に記されたといえる。松永久秀が大和奈良の多聞山城を本拠としており、その配下の結城忠正も奈良に屋敷があった関係上、この事件を「奈良事件」と呼んでいる。

(六) 飯盛城での受洗　河内キリシタンの礎が築かれる

結城左衛門尉はキリシタンになってから、主君である三好長慶の理解と承認を得て、都から八里の所にある三好長慶の居城飯盛城に行った。そこで信奉するキリシタンの真理を説いたところ、信奉したい者が多数現れてロレンソを招くことになった。最初は、説教を聞いて貴人六十名とその他五百名が受洗した。そこには礼拝のための教会も設けられた。ところが仏僧が怒り、武装するに至って、ヴィレラは都にいた三好長慶に事態を報告するために訪問すると、長慶は大いに歓迎し「デウスのことを聴くと甚だ神聖なものに思われる」と言い、また「教会とキリシタン宗団を庇護する用意がある」と答えた。ヴィレラは、再び飯盛城に戻り、さらに十三名に洗礼を授けた。一般書には飯盛城での受洗は七十三名とあるが、合計したものであろう。しかし、三好長慶はキリシタンの教えを真理で神聖なものと認めてはいたが、キリシタンの教えに接するのは晩年のことであり、キリシタンの教えを理解するまで学ぶには年限が少なく、戦乱の中で多忙を極めていてキリシタンに改宗するまでには至っていない。

この時受洗した主だった諸侯には、岡山城主の結城氏はすでにキリシタンであったが、新たに三箇島の城主の三箇伯耆守（一五一七〜没年不詳）、若江城主（大坂本願寺落城後は八尾城主）の池田丹後守（生没年不詳）がおり、河内キリシタンの全盛を築くことになる。さらに受洗した家臣三木半太夫（生没年不詳）の一族から日本二十六聖人の一人聖パウロ三木（一五六二〜九七）が生まれた。他に三箇一族には日本二百五福者殉教者中の三箇アントニオ（一五六九～一六二二）、マグダレナ三箇がいる。先年の日本百八十八福者殉教者中のディオゴ結城（一五七四～一六三六）も河内の出身であった。一五七九年来日のイエズス会日本巡察師ヴァリニャーノによって開設された安土・有馬のセミナリオ名簿には河内出身者は数多い。多くの聖人・福者や指導的役割を果たした人物を輩出した河内キリシタンは歴史が証明するところであるが、地元の教会の人でもこの事実を知らず忘れられている。三好長慶没後四五〇回忌の記念すべき年に、あわせてこの河内キリシタンが顕彰されることを祈念するものである。

二、三好長慶のキリスト教理解

すでに、三好長慶がキリシタンの教えは神聖なもので真理であると認めていたことは述べたが、当時、イエズス会に入会したイルマンや同宿の中には、ロレンソをはじめとして禅宗出身者が多く、また、イエズス会が用いた宗教用語や制度も禅宗寺院のものが参考にされていた。

三好長慶がキリシタンと接するようになるのは晩年ではあったが、父三好元長（一五〇一～一五三二）の菩提を弔うために堺に南宗寺を創建する程に禅宗を信奉していた長慶は、長年の禅の瞑想体験を持っていたからこそキリシタンの教えを違和感なく受け入れられたといえる。イエズス会創立者イグナチウス・デ・ロヨラ（一四九一～一五五六）の著した『霊操』による「黙想体験」は、禅の「接心」とその方法において似ている。今日でも、禅とキリスト教懇話会、東西宗教交流学会などで、禅とキリスト教の同質性を主題として扱う論文も数多く見られるし、東西宗教（霊性）交流はヨーロッパの修道院と日本の禅の修行僧（雲水）の間で行われるようになっている。確かに、臨済宗の公案禅とイエズス会が基盤とする『霊操』において取られる「黙想の要点」の方法とが類似することは、多くの経験者が語るところである。その方法において深まりを覚え、さらに深まってくる程に通底するものに達してくる。相互に言葉に表せない真理を体験できるようになってくる。三好長慶も禅の瞑想体験を持っていたので、キリスト教の教える神概念の理解が容易に得られたものであろう。

三好氏は法華宗の大檀那《おおだんな》であったが、禅宗に帰依し、亡父の三好元長の供養のために、臨済宗大徳寺派の南宗寺を堺に創建し、自身の葬礼も八尾市亀井の臨済宗南禅寺派の真観寺で行った。三好長慶は概して宗教には寛容であったようでもある。領内の他の宗教活動も認めており、信教は自由であった。キリシタン宗に対しても、天竺《てんじく》から来た異形の僧侶ではあるが嫌悪することはなかった。むしろ好意的で理解を示しているといえる。

この三好長慶の理解と配慮、協力、取り成しによって、畿内におけるキリシタン全盛時代の到来のきっかけが作られ、四半世紀に及ぶ河内キリシタンの楽園の礎を築くことができた。その最初の艱難期《かんなんき》に、最も功績を成した大名が畿内と四国の九カ国を支配し、都勢力の覇者であった河内飯盛城主三好長慶であったことは言うまでもない。キリシタンの礎が築かれた後に、河内の結城氏、摂津の高山氏の積極的な協力と援助によって畿内におけるキリシタンの隆盛がもたらされた。

阿波に生まれた三好長慶は幼くして父元長を失い、十二歳で元服後に三好家の家督を継いだ。戦乱の中で、阿波から堺に進出し拠点とした。そこから勢力を伸ばし、越水城（西宮市）、芥川城（高槻市）、飯盛城（四條畷市・大東市）と居城を移しながら都における覇権を手に入れていった。三好長慶はヴィレラ入京時は相伴衆であり、将軍足利義輝のキリスト教布教の允許状は、三好長慶の取り成しがあって初めて発行されたことはすでに述べた。三好長慶は一五六四年に四十二歳で没するが、その理解と配慮によってキリシタンの礎が築かれた河内は四半世紀に及ぶ地上の楽園となり、『イエズス会日本報告集』や『フロイス日本史』に度々記述されるようになる。年報によると近隣の村々からも復活祭や降誕祭には多数の参加を見ている。この河内キリシタンの楽園から、初期のキリシタン教会を支える人物が多数輩出されたことは注目に値する。キリシタンの世紀と呼ばれるに相応しいことであった。

三、河内キリシタンの終焉

しかし、この河内キリシタンも終焉を迎えることになる。一五八二年の本能寺の変に際し、三箇氏は明智光秀と密約を交わし明智方に付いた。そのため三箇氏は秀吉を中心とする織田方によって滅ぼされた。戦乱を予想して安全な三箇島に家財を運び込んだ周辺のキリシタンたちは、三箇氏の滅亡と共に財産を失い生活困窮者が続出した。

さらに、信長の後を引き継ぎ覇権を握った豊臣秀吉が、徳川家康と対峙した小牧・長久手の合戦で、結城氏が戦死した。このために、河内の教会は大坂に移された。秀吉によって与えられた教会の地所は、大川添いの小高い丘で四千四百坪の広さがあり、京阪電車天満橋駅の上の北大江公園辺りと考えられる。ここに河内の教会の資材を運び、大坂の教会が建設された。河内は領主の国替えで、秀吉の直轄地になり、このため、砂、岡山、三箇のキリシタンたちは大坂に移り住むか、潜伏したので河内キリシタンは消滅する。

処刑された者も多数に上り、毎年八月十二日、砂の妙法寺（教会跡）で処刑されたキリシタンの霊を供養する「市」が開かれている。野崎観音は八幡山の刑場に向けて建てられているといわれる。破壊された河内キリシタンの遺物は数える程しか残っていない。本論初めのカルタの札が往時を物語っているが、近年発見された四條畷市の千光寺跡から田原レイマン（生年不詳〜一五八一）の墓碑が発見されて話題になった。もう四百年以上昔を語る遺物は少なく、八尾のキリシタン墓碑は重要文化財であり、大正時代に農家の倉の壁から青銅の十字架像が発見されているが写真のみで所在は公表されていない。他に野崎観音麓の専応寺に丹後守寄贈の手水鉢《ちょうずばち》があり、野崎観音の鐘と龍尾寺の鐘の内側に十字架が浮き彫りで入っていて、この鋳造元が枚方市の田中となっているぐらいで、その他には見るべきものが残らない。

おわりに

三好長慶とキリシタンについて論究してきたが、すでに禅宗との関係においても触れているように、東西の宗教・思想・文化が激突したもので、その構図は現在においても何ら変わってはいない。宗教の名の下に起こる紛争は数知れない。三好長慶のキリスト教理解は後の巡察師ヴァリニャーノの適応主義布教方針につながり、今日の第二ヴァチカン公会議の諸宗教間対話にも生かされた精神であり、その先見性は評価されても良いように思う。

〈註〉

先年ＮＨＫで放映された「歴史秘話ヒストリア」で、高山右近は主君の和田惟長を殺害して高槻城を奪い、その負い目から、キリシタン信仰を深めたとされていたが、間違いである。和田惟長は重傷を負ったが、出身地の甲賀に逃げ帰り、後に徳川氏の旗本になっている。現場に立ち合っていないフロイスが、町の噂でもう助からないとしたものを記述しているが、十分な検証のないものである。その惟長自筆の書簡が甲賀に残っている。また、殺人者をカトリックの教会が列福運動の対象にするはずがない。これまでの七十年間の列福運動は「証聖者」としてのものであり、信仰の堅固さを示すもので承服できないものであった。

〈参考文献〉

河野純徳訳『聖フランシスコ・ザビエル全書簡』(平凡社、一九八五)
海老沢有道『京畿切支丹史話』(東京堂、一九四二)
柳谷武夫訳『フロイス日本史』(平凡社、一九八七)
松田毅一監修『イエズス会日本報告集』(同朋舎、一九九一)
H・チースリク監修 太田淑子編『日本史小百科　キリシタン』(東京堂出版、一九九九)

第五章　教　養

三好氏と茶の湯

山田哲也

一、「三好粉引」と三好長慶

『大正名器鑑』は近代の数寄者《すきしゃ》、箒庵高橋義雄の編纂によるもので、茶入之部五編七冊、茶碗之部四編四冊からなる大部なものである。当時現存した名物茶道具を調査し、茶入四三六点、茶碗四三九点が収録されている。それぞれの名称、寸法、形態、釉土、伝来を道具の写真とともに収め、実見記が添えられている。これは大正時代の新しい名物道具の秩序を示したもので、以後の茶道具鑑賞に多大な影響を与えたとされている。

その第八編に「三好粉引《みよしこひき》」という高麗茶碗が収められている。高麗茶碗とは、朝鮮王朝時代に朝鮮半島で焼かれた茶の湯の茶碗の総称である。もとは雑器として焼かれたものが、日本の茶の湯の世界で侘び茶の広まりによって、喫茶用の茶碗として着目され、多種多様の高麗茶碗が日本にもたらされ、これまで茶碗の代表として用いられた天目などの唐物茶碗から主役の座を奪い取ってしまったものであった。その時期は室町時代末期に始まり、織田信長、豊臣秀吉が活躍する桃山時代の天正年間中ごろには、日本で焼かれた和物茶碗とともに、高麗茶碗が茶の湯の茶碗の中心となっている。この時期までに日本にもたらされた高麗茶碗には、古雲鶴《こうんかく》、三島、刷毛目《はけめ》、粉引、堅手《かたで》、五器《ごき》（呉器）、井戸、熊川《こもがい》、蕎麦《そば》、柿《かき》の蔕《へた》などがある。このうち粉引は粉吹《こふき》ともいい、釉調が粉を吹いたような趣であるところからいう。鉄分の多い黒土に白泥《はくでい》を塗り、灰釉《かいゆう》を掛けたもので、朝鮮王朝時代、十五世紀から十六世紀の作品である。粉引茶碗は、「火間《ひま》」という釉が掛け外れた部分の化粧土がはがれて素地が現れた部分が、景色の一つとして評価される。「三好粉引」は、松平不昧《ふまい》が所持した「松平粉引」、『天王寺屋会記』を遺した一人津田宗及に由来する「津田粉引」とともに粉引茶碗の代表的なものとされる。

さて、「三好粉引」と三好長慶の関係については、『大正名器鑑』第八編の該当部分に収められている付属品の手紙に拠っている。

三好茶碗の事、古織之賞美之物語有無之事、御尋ね、何之茶書にも見え不申、尤名物記丈にも出不品に御座候、三好長慶所持と申承候、但コフキ茶碗は、数少にて世にまゝ御座候も、末ノ品多、又は古も片口直しなどにて、満足不成物勝にて候（中略）三好粉吹茶碗は、三好長慶所持にて、其後秀吉所持有之而、亦其後金森家へ参り、夫より三井八郎右衛門方へ参り、同所より譲り請る品也、箱書付も金森宗和筆に有之、一体粉吹茶碗はまれなる物にて芸州家に有之飯櫃高麗茶碗と、三好粉吹茶碗と二つの由、古田織部も、此三好粉吹をわざわざ見候に有之事

この手紙によれば、「三好粉引」は、長慶の後、豊臣秀吉、金森宗和、三井八郎右衛門と伝来されたという。しかし茶書にも名物記にもその名は見えないというが、江戸時代初期の武家茶人金森宗和が所持した際に、宗和が箱書付をしている。長慶所持という積極的証拠に乏しいが、そのように江戸時代には言い伝えられて

きたようである。ただし手紙にもあるように、粉引茶碗の名品は少なく、秀吉所持、金森宗和箱書付ということが、長慶が所持したということを決定的にしたようである。しかし何よりもこの茶碗自体が名品であることが最大の理由であろう。『大正名器鑑』の実見記にも、「景色無類なり、手取り軽く、形大きけれど、薄作にして柔和に、極めて寂味ある茶碗なり」と箒庵はべた誉めしている。名品の茶碗であるからこそ、三好長慶が所持したと受け止められたのであろう。管領細川氏の家臣でありながら、戦国の一時期畿内に覇をとなえた長慶にふさわしい茶碗と考えられたようだ。

この茶碗は、その後三井八郎右衛門から安政二年（一八五五）に若狭小浜酒井家に譲られたが、大正十二年（一九二三）の同家の売立により、再び三井家に戻り、現在は東京の三井記念美術館に所蔵されている。ところで残念なことに、三好長慶と茶の湯の具体的関係を示すものは、この「三好粉引」以外に見出せないのである。同時期の茶会記や、名物記にも長慶の名は見えない。だから長慶がどのような茶の湯を行っていたか、皆目見当がつかないのである。そこで長慶の一族、兄弟たちの茶の湯を分析することにより、長慶の茶の湯を推測してみることとしたい。

二、名物記と三好一族

歴史上のある人物が、どのような茶の湯を行っていたかということを考察する場合、その手掛かりとして代表的なのが、「名物記」と「茶会記」である。

「名物」とは、名のある物を指し、楽器の笛や琵琶などに対して、十四世紀の初頭から使用された例がある。

琵琶には古くから「玄象《げんじょう》」、「青山《せいざん》」などの名がつけられている。それらがのちに「名物」と呼ばれることになる。茶の湯の道具では、十五世紀前半になって名物が生じた。葉茶壺の名物「九重《ここのえ》」が初例である。また挽いた茶を入れる小壺を「茶入」というが、茶入「曙」もほぼ同時期に出現する。鑑賞によって名品とされたものが、「名物」となる。選定基準は、その道具の形態、大きさのほどよさ、その他個々の見所を総合して判断されたようである。また足利将軍や大名、有名な茶人の所蔵品であったという「伝来」も重要であった。

また時代により、地方により選定の基準も異なったようである。それらの名物と過去・現在の所蔵者をリストしたものが「名物記」である。それらは品種別、あるいは地方別にまとめられた。

「名物記」で最も早く成立したものは、天文十年代（一五四一～五〇）の『往古道具値段付《おうこどうぐねだんづけ》』である。ついで武野紹鷗の晩年にあたる弘治期（一五五五～五八）の『清玩名物記《せいがんめいぶつき》』、その直後の『凡諸名物《およそしょめいぶつ》』、そして地方別名物記では『永禄天正名物記』、『唐物凡数《からものおよそのかず》』、天正三年（一五七五）型・四年型・五年型の地方別名物記が存在する。これら一群の名物記ののちに、これらの影響を含み、かつ茶人の立場で作られた『山上宗二記』がある。江戸時代以前、すでにこのような名物記が多々存在していたのである。ここでは執筆内容に関係がないので、江戸時代の名物記についてはふれない。そして三好一族の茶の湯を考察するためにとりあげるのは、『清玩名物記』と『唐物凡数』の二本である。

『清玩名物記』は、最古の品種別名物記で室町時代の名物記において基準となるものである。所蔵者情報は天文年間のものが主で、五六七名が記載される。最も時代の下がる所蔵情報は永禄五年（一五六二）十月のものである。

『唐物凡数』は、地方別名物記で、「堺　今井宗久」から博多、対馬にいたるまで、地方別所蔵者別に四四二件の茶の湯道具を列挙したもの。「阿波分」とする三好所蔵品の記載があり、当初の編纂は永禄期にさかのぼる。本稿では重要な名物記である。

『清玩名物記』から三好一族および、長慶の兄弟が所蔵した名物道具を抽出してみると、以下の通りである。

大壺之類
三日月　下京　袋屋五郎左　今　三好実休
松嶋　三好宗三　今　紹鷗
小ツホノ類
小茄子　奈良尊教院　今　三好実休
肩衝之類
北野肩衝　三好宗三　今　堺　宗達
肩衝　三好実休　今　堺　今市　草部屋
円ツホノ類
円ツホ　三好宗三　今　堺　花田屋宗慶
大海之類
大海　マンサイ大海ト云　三好宗三　今　河内　藍堀《アイホリ》　今　堺　宗閑
竹茶杓
浅茅《アサジ》　珠徳作　房州　今　三好実休
平釜之類
平　三好宗三　今　油屋常言

水指之類

餌答《エフコ》　三好宗三　今　堺　油屋常言

帰花　細川晴元　今　三好実休

水覆之類

合子　三好宗三　今　安見美作守

胡銅柄杓立之類

胡桃口　細川晴元　今　三好実休

耀変建盞等類

耀変　近江　六角殿　今　三好実休

油滴之類

同　三好宗三

天目之類

天目　細川晴元　今　安宅摂津守冬康

天目台之七之内

同　三好宗三　今　松永蓬雲

黒

蛟龍ノ台　三好実休

茶碗之類

茶碗　松本茶ワント云　松本　今　周防　相良　今　安宅殿

珠光茶碗　　　　　堺　千宗易　　　今　　三好実休
　　　茶碗花瓶之類
竹ノ子　　　　伊勢　善山　今　三好宗三　今　六角殿
桃尻　古銅　　　　三好宗三　今　平野
　　　釣舟之類
釣舟　クハテキ　一葉　三好宗三　今　堺　天王寺屋了雲
　　　香炉之類
一　　　　　　大富善好　今　　三好宗三　今　宗易
　　　墨蹟之類
虚堂　　　　　三好実休
　　　絵　玉磵之類
枯木　　　　　三好宗三　今　博多　宗節
　　　牧渓之類
客来一味　　　三好宗三　今　堺　小島屋円清
　　　馬麟
夕陽　　　　　三好実休

以上、三好一族としては、三好宗三の記載が最も多く十五点を所持し、ついで長慶の弟三好実休が十一点、末弟の安宅冬康が二点を所持している。ついでながら宗三こと三好政長は、長慶の曽祖父の弟、長尚の子で

安宅冬康所持 大井戸茶碗 銘「大高麗」（尾張徳川家伝来、『大正名器鑑』第7編より転載）
本稿で紹介された名物記『清玩名物記』『唐物凡数』の他にも、例えば『宗及茶湯日記他会記』には、「カウライ茶碗、梅雪之茶碗也、前ニハ安宅摂州之御茶碗也」（天正9年10月10日、平野宗恵会）という、三好一族が名物茶道具を所持した記録が見られる。

あるが、戦国時代の複雑な政治状況の中で長慶と敵対し、天文十八年（一五四九）六月、摂津国江口の里（現、大阪市）にて長慶の弟十河一存と戦って敗死している。宗三の所持道具が全て移動しているのはそのためである。だから本節では宗三所持道具は除外し、実休と冬康の所持道具がその考察の対象となる。

　次に『唐物凡数』も同様に見ていきたい。『唐物凡数』は地方別所蔵者別名物記であるので、当然『清玩名物記』とは記載方法が違っている。堺から始まり、対馬にまで及んでいることはすでに述べたが、「阿波分《あわのぶん》」、「オタキ」として以下のように書かれている。

阿波分
一、小茄子　奈良ソンケウゐン小ナスビト云也
一、三ヶ月　大ツボ
一、周光茶碗
一、茅ノ竹茶杓　周徳作
一、クルミノ柄杓　サシ
一、カヘリ花ノ水サシ
一、耀変ノ天目
一、カウレウノ台
一、カイゲノ水サシ
一、ウチ赤ノ盆
一、虚堂ノ文字

一、大灯ノ文字
　アタキ
一、松本茶碗
一、シメキリ
一、ウチシロノ天目

このうち、『清玩名物記』と一致するのは、実休所持としては、「小茄子茶入」、「三日月葉茶壺」、「周光（珠光）茶碗」、「浅茅竹茶杓」、「胡桃口柄杓立」、「帰花水指」、「耀変天目」、「蛟龍ノ台」、「虚堂」の墨跡の九点であり、冬康所持は、「松本茶碗」、「天目」である。これは二つの名物記が作成されたそれぞれの時期を通じて、両者が道具を所持していたことを示し、どちらかにしか記載のないものは、転入・流出などの移動があったためと考えられる。実休、冬康の所持道具を見る限り、和物道具より輸入品の唐物道具を多く所持していることが見てとれよう。

三、茶会記と三好一族

さて茶会記にはどのように三好氏は登場するのであろうか。茶の湯の記録である茶会記は、戦国時代になって初めて作成されるようになった。その最初のものは、天文二年（一五三三）奈良の塗師《ぬし》松屋による『松屋会記』である。次いで天文十七年（一五四八）に執筆が開始される、堺の豪商天王寺屋津田家の『天王寺屋会記』、天文二十三年開始の堺の豪商今井宗久の『今井宗久茶湯書抜』、天正十四年開始の博多の豪商神屋宗湛の『宗湛日記』があり、これらを総称して「四大茶会記」という。中でも『天王寺屋会記』は、唯一の自筆原本であり、宗達・宗及・宗凡の三代によって書き継がれた貴重なものである。茶会記には茶会が行われた年月日をはじめとして、主催した亭主、茶会に同席した人物の名前、使用された道具、料理などが記されている。みずから催した茶会の記録を自会記、客として招かれた茶会の記録を他会記と呼んで区別している。

茶会記の作成者により、当然登場する人物にも違いがある。『松屋会記』などは奈良、堺、京都の茶人が主な登場人物であるが、『天王寺屋会記』は、津田家が堺の豪商であり、二代目の宗及が織田信長や豊臣秀吉の茶頭になった関係で、戦国大名、堺衆、大徳寺の禅僧、秀吉などの天下人まで多彩な人物が登場している。本節では『天王寺屋会記』に見える三好一族を追ってみたい。

『天王寺屋会記』宗達他会記、宗及自会記に三好氏の名が二十五回確認される。それは、天文十九年（一五五〇）三月から天正十年（一五八二）十月までの間である。しかし、そのうち三回は、津田宗達が三好長慶や細川晴元に挨拶に行った記事である。一回目は、永禄元年（一五五八）十月三日、三好氏の根拠地の一つ尼崎に拠った三好長慶、実休、安宅冬康、篠原長房のもとへ宗達が挨拶に行った時のものである。二回目は、永禄四年（一五六一）四月二十一日、堺の若狭屋宗可宅を宿とした細川晴元へ挨拶に行ったもので、三回目は続いて翌二十二日に、柏原源介宅を宿とした三好長慶へ挨拶に行ったものである。この永禄四年三月の記事は今まで注目されてこなかったが、重要なものである。それは晴元と長慶が対立する中、永禄四年三月、足利義輝が斡旋した和睦を長慶が受け入れた後の記事だからである。従来、晴元と和睦した長慶は、五月六日近江坂本（現、大津市）へ迎えの使者を出し、摂津富田（大阪府高槻市）の普門寺へ迎え、ここに晴元を幽閉したといわれてきた。しかし『天王寺屋会記』の記述から、晴元は長慶とともに堺に来ていたことが分かる。

このような指摘は今までなかったように思う。

ところで話を本題に戻すと、他の二十二ヶ所の記事のうち、天王寺屋一族や万代屋など堺衆の茶会は十八会を数える。そこへ三好実休や安宅冬康、畠山維広など三好一族および、その関係者が参席している。そして実は、四会だけではあるが、実休が催した茶会の会記が存在していたのである。以下、実休の茶会記を紹介しよう。

まず初めは弘治二年（一五五六）宗達が阿波の実休のもとを訪れた時のものである。

弘治二
辰十一月廿一日ニ罷立、同廿八日ニ阿州へ着申候、同日ニ豊州（実休）へ御礼参、茶屋ニ而暮候まで御物語承候

と、阿波の三好実休のもとを訪れ、実休の茶室で日が暮れるまで談話しているが、一体どのような内容であったろうか。茶の湯道具に関するものであったのか。「物語」という語には、当時報告という意味もあったので、畿内の複雑な政治情勢についての情報などが交換されたのであろうか。興味深いところではある。

ついで十二月二日朝、実休の口切の会に宗達は参席している。

御会　十二月二日朝　御口切　宗達一人
一、ゐるり　しやうはり　くさりにて
一、床　なすび壺　四方盆ニ、袋かんとう、おもへき

一、竹茶杓　あさち
天目　けんさん　黒台　かうらい（高麗）茶碗　ゴトク

二日朝の茶会は、封をしてある葉茶壺の口を切り、その年に摘まれ葉茶壺に保管されてきた茶を最初に使う「口切」の会であった。茶人の正月ともいわれる茶会である。炉に上張釜という釜を茶室の天井から下ろした鎖で釣り、床に『清玩名物記』、『唐物凡数』ともに記載されている「小茄子茶入」を方形の盆にのせて飾っている。茶入を入れる袋も一緒である。茶杓はこれも両名物記に記載される珠徳作の竹茶杓「浅茅」を使用している。茶碗は建盞天目《けんさんてんもく》を黒い漆塗りの台に載せ、あわせて高麗茶碗も席に出されている。釜の蓋を一時置いておく蓋置は、五徳形のものであった。「黒台」とあるから、両名物記に記載される蛟龍ノ台という天目をのせる台が使われた可能性がある。

七日は夜の会で、

同七日晩　夜ニ入、安枕斎御出候
一、ゐるり　しやうはり　くさり
一、床　墨跡　キタウ（虚堂）　茶碗ニ茶タツ

と、この日は後から安枕斎畠山維広が入り、客は宗達とあわせて二人となり、床には両名物記に記載される「虚堂墨跡」が掛けられている。さらに十二月九日は再び朝の会で、

同十二月九日朝　御会　　宗達一人
一、床　三か月葉茶壺　おゝいあさきこもん、金蘭
とりおむらさき、つほ台すへて
茶碗ニ茶タツ

と、この日の茶会には、両名物記に記載される「三日月葉茶壺」が床に飾られている。三会とも実休の所持する名物道具を宗達に披露する意味合いがあったと思われる内容となっている。

四会目は、永禄四年四月十三日朝、堺で催されたものであり、先述した細川晴元、三好長慶の堺下向の先発隊としての役割を負って堺に先着していたのであろうか。

同卯月十三日朝　実休様御会　　人数　達　久
一、小板ニじやうはり、ゴトクニ
一、床　開山墨跡懸、かたつき、四方盆チクワキニ
一、水指　かへり花　但、茶ノ前ニ仕合在、
一、珠光茶碗、初而、竹茶杓あさち　茶筅　茶折入
一、水こほし　ツノキ　コトク

この朝会も前回の阿波同様、実休所持の名物を宗達と今井宗久に見せるためのものだったようだ。釜は例

の上張釜と思われる。床に飾られた「開山墨跡」は、『唐物凡数』に記載される「大灯ノ文字」、つまり大徳寺開山大燈国師宗峰妙超の墨跡であろう。茶入は『清玩名物記』の「肩衝」か。水指は両名物記に記載される「帰花」を茶を点てる前に定座に置いていたようである。茶碗は千宗易（利休）より譲られた「珠光茶碗」で、宗達はわざわざ「初而」と書き留めており、「珠光茶碗」の御披露目の会でもあった。

以上、実休の茶会の会記四会を見てきた。そこからいえることは、実休は羽振りの良い戦国大名にふさわしい、名物道具を中心とした茶の湯を行っていたということである。ただ四会目で披露された「珠光茶碗」は、青磁の下手物茶碗で、どちらかというと「侘び道具」であった。しかも入手先は利休である。実休もこのころには従来の唐物名物中心の茶の湯から「侘び茶」に心を寄せるようになっていたのであろうか。それとも単に流行に遅れまいとして、「珠光茶碗」を手に入れたのであろうか。今、この乏しい材料からは判断しかねると言わねばならない。

長弟実休の茶の湯の内容や、次弟安宅冬康の所持道具からして、三好長慶が当時流行した高麗茶碗の名品、「三好粉引」を所持したことは理解できよう。

最後に、三好長慶と千利休について、故永島福太郎博士が興味深い推測を提出されているので、短いがその部分だけ紹介しておくこととする。

利休は長慶時代に茶匠を志したのではないかと思われる。茶匠になることはつまり将軍家へ参仕するということでもある。まず、利休は長慶を頼ったのではないかと思われる。この紹介役としては大林和尚があげられる。利休は和尚から宗易号を授与されたと考えられ、和尚を師と仰いだらしいからである。なお大徳寺聚光院は長慶をまつるため、その子の義継が大林和尚の法嗣笑嶺和尚を開山として建立した。

この聚光院を利休は千家の菩提寺としている。笑嶺和尚に利休が親炙《しんしゃ》した関係からだが、長慶ゆかりの寺ということにつながりがありそうである。利休が長慶に頼むところがあったことを彷彿《ほうふつ》とさせる。

〈参考文献〉

単行本
高橋箒庵編 林屋晴三監修『大正名器鑑』（アテネ書房、一九九七）
今谷 明『戦国三好一族　天下に号令した戦国大名』（洋泉社、二〇〇七）
永島福太郎編『影印本天王寺屋会記』全七巻（淡交社、一九八九）
筒井紘一編『茶の古典』茶道学大系第十巻（淡交社、二〇〇一）
永島福太郎『茶道文化論集』下巻（淡交社、一九八二）
紀　要
山田哲也「『唐物凡数』その解題と翻刻」（『文化情報学』四所収、同志社大学文化情報学会、二〇〇九）

三好一族茶会一覧

凡　例

一、三好一族の茶会一覧として、本稿に関係する天文から永禄年間の記事を抽出した。ゆえに、三好長慶没後のものは割愛している。なお一族だけでなく家臣に関するものも取り上げている。

二、内容としては、茶会の催された年月日、朝晩などのおおよその時刻、茶会の主催者である亭主、客、茶会記の出典、そこで使用された名物道具とその典拠である名物記順とした。

三、亭主、客ともに名前は分かり易く表記したため、必ずしも茶会記の表記通りではない。

四、また名物記名は左記のように略した。

『清玩名物記』↓清玩　『唐物凡数』↓唐物　『茶道具之記』天正三年名物記部↓天三　『山上宗二記』↓宗二

番号	年月日	亭主	客	出典	使用名物	所載名物記
	天文18年（1549）					
1	2・11	三好宗三	武野紹鷗、江州源六、津田宗達	宗達他会記	松島壺	清玩
2	12朝	津田宗達	宗三、紹鷗、源六、ほん祝	宗達自会記	文琳壺、珠光台子飾、台天目、馬麟夕陽丸絵	清玩、唐物
3	13朝	紹鷗	宗三、源六、宗達、森河	宗達他会記	茄子、台天目	清玩
	天文20年（1551）					
4	11・17朝	宗達	安枕斎畠山維広、上原加賀、三好実休、岩井、十河一存	宗達自会記	船子絵、文琳、珠光台子飾、台天目	清玩、唐物
5	21朝	宗達	松山新介、石成友通、中西宗和、高石屋宗好、実休	宗達自会記	珠光台子飾、北野肩衝、丸絵	清玩、唐物
6	12・5朝	万代屋道安	実休、三入、安枕斎、宗達、上原加賀、岩井	宗達他会記	香炉	清玩
7	6朝	赤根屋宗左	実休、安枕斎、上原加賀、与次、宗達	宗達他会記	趙昌花の絵	清玩、唐物

天文21年（1552）						
8	6・29昼	宗達	実休使者平本善左衛門	宗達自会記	丸絵	唐物
天文23年（1554）						
9	6・6朝	宗達	安宅冬康、岩瀬岩見介、住路勢兵衛	宗達自会記	珠光台子飾、船子絵、文琳壺、台天目	清玩
天文24年（1555）						
10	閏10・5朝	宗達	安宅冬康、岩瀬岩見介	宗達自会記	肩衝	清玩
	昼	宗達	住路又右衛門	宗達自会記	珠光台子飾、不破の香炉、布袋の香箱	清玩、唐物
弘治2年（1556）						
11	12・2朝	実休	口切　宗達　阿波勝瑞城内	宗達他会記	茄子壺、竹茶杓浅茅、黒台	清玩、唐物
12	5朝	安枕斎	実休、宗達	宗達他会記		
13	6朝	竹内善兵衛	宗達、上原加賀、市右	宗達他会記	舜挙芙蓉絵	清玩
14	6夜	石井道柏	宗達、上加、市右、住吉屋宗瑞	宗達他会記		
15	7晩	実休	宗達、夜に安枕斎	宗達他会記	虚堂墨跡	清玩、唐物
16	8夜	松村伝兵衛	宗達	宗達他会記		
永禄元年（1558）						
17	1・5朝	実休	北向道陳、千宗易、今井宗久	今井宗久茶湯書抜	大灯墨跡、肩衝、水指返花、珠光茶碗、竹茶杓浅茅	清玩、唐物
18	9・9昼	松永久秀	道陳、宗久、山上宗二	今井宗久茶湯書抜	作物茄子、ゾロリ花入、台天目、合子建水	清玩、唐物
19	18朝	宗達	竹内道二	宗達自会記	平釜、船子絵	清玩、唐物
20	10・22朝	宗達口切	実休	宗達自会記	珠光台子飾、文琳壺、船子絵、台天目、北野肩衝、駅路鈴蓋置	清玩、唐物
21	26朝	津田道叱	実休、宗達	宗達他会記		

番号	年月日	亭主	客	出典	使用名物	所載名物記
22	10・29朝	津田了雲	実休、宗達	宗達他会記		
23	11・10朝	津田宗閑	実休、宗達	宗達他会記	玉礀秋月絵、万歳大海	清玩
24	18朝	宗達	実休、冬康	宗達自会記	香炉、香箱、台天目	唐物
25	28朝	宗達	上加、岩石入（岩瀬石見介）	宗達自会記	平釜、丸絵	清玩
26	12・4朝	宗達	安枕斎、こはく、宗巴	宗達自会記	平釜、船子絵、肩衝	清玩、唐物
27	10朝	宗達	実休、三好康長	宗達自会記	平釜、桶、合子、肩衝、丸絵、志野茶碗	清玩、唐物
28	11朝	高石屋宗好	実休、冬康、宗達	宗達他会記	タジ（箪笥）	天三
29	昼	万代屋道安	実休、冬康、宗達	宗達他会記	セイ高香炉	清玩
30	12朝	竹蔵屋紹有	実休、冬康、宗達	宗達他会記	しゅみのつりもの、葉茶壺松風	清玩、唐物
31	19晩	今井宗久	実休、宗達、道陳	宗達他会記	林徹定張釜、かいさん五徳蓋置、虚堂墨跡、高麗茶碗、占切水指	唐物
32	21昼	宗達	冬康、こはく　いとま乞い	宗達自会記		
永禄2年（1559）						
33	9・4朝	宗達	冬康	宗達自会記	珠光台子飾、文琳、丸絵、台天目	清玩、唐物
永禄3年（1560）						
34	2・25朝	松永久秀	宗達	宗達他会記	作物茄子、台天目	清玩、唐物
35	3・10朝	宗達	松山新介、竹陰軒	宗達自会記	珠光台子飾、文琳、船子絵、台天目、駅路鈴蓋置	清玩、唐物
36	27朝	宗達	石成友通、香西兵部	宗達自会記	珠光台子飾、文琳、台天目、駅路鈴蓋置	清玩、唐物
37	4・27朝	宗達	安枕軒（斎）	宗達自会記		

永禄4年（1561）						
38	3・15昼	納屋宗春	実休、宗易、宗久	今井宗久茶湯書抜		
39	4・13朝	実休	宗達、宗久	宗達他会記	大灯墨跡、返花水指、珠光茶碗、浅茅、竹茶杓、角木花入	唐物、宗二
40	5・4朝	宗達	実休、三好康長	宗達自会記	珠光台子飾、文琳、台天目、駅路鈴蓋置	清玩、唐物
永禄5年（1562）						
41	5・22昼	宗達	冬康、庄紀伊守	宗達自会記	珠光台子飾、文琳、船子絵、台天目	清玩、唐物
42	6・1昼	冬康	宗達 留嶋佐渡守宿所において	宗達他会記	松本茶碗か	清玩、唐物
43	20昼	万代屋道安	冬康、宗珠、宗閑、宗達	宗達他会記	九重葉茶壺、せい高香炉	清玩、唐物
44	9・23昼	宗達	冬康、供六人	宗達自会記		
45	11・15朝	宗達	冬康、住路又右衛門	宗達自会記	平釜、志野茶碗、合子	清玩、唐物
46	18朝	塩屋宗悦	冬康、宗達	宗達他会記	松山石	清玩、唐物
47	12・13晩	道巴	冬康、宗達、宗久、宗易	宗達他会記		
永禄6年（1563）						
48	1・11朝	松永久秀	成福院、曲直瀬道三、松屋久政、若狭屋宗可、竹内秀勝	松屋会記	作物茄子、松本天目、餌フゴ水指、平蜘蛛釜	清玩、唐物
49	23朝	道叱	冬康、宗達	宗達他会記	天目	唐物
50	2・25昼	宗達	冬康、庄紀伊守、岩瀬石見か	宗達自会記	平釜	清玩、唐物

〈参考文献〉

『清玩名物記』（『茶道学大系』第十巻所収、淡交社、二〇〇一）
『唐物凡数』（『文化情報学』四所収、同志社大学文化情報学会、二〇〇九）
『茶道具之記』天正三年名物記部（『文化情報学』三所収、同志社大学文化情報学会、二〇〇八）
熊倉功夫校注『山上宗二記』（岩波書店、二〇〇六）

三好長慶の連歌

鶴崎裕雄

一、連歌と戦国武将たち

和歌の上句である五・七・五の長句と下句である七・七の短句を交互に並べて詠み続ける連歌は、農耕生活の始まった原始時代、いわゆる弥生時代や古墳時代、男女が山や市に集まって歌を詠み合って飲食や舞踏をしたという歌垣《うたがき》に起源があるという。『古事記』や『日本書紀』では、景行天皇の皇子倭建命《やまとたけるのみこと》（日本武尊）が関東地方遠征の帰途、篝火番《かがりびばん》の翁と二人して、

新治筑波《にいばりつくば》を過ぎて幾夜《いくよ》か寝つる
日々《かか》なべて夜《よ》には九夜《ここのよ》　日には十日《とおか》を

と歌を詠み合ったのが連歌の始まりとする。
『万葉集』巻第八に、尼と大伴家持《おおとものやかもち》が、

佐保川の水を塞き上げて植ゑし田を　尼作る
刈る早飯《わさいい》は独りなるべし　家持続ぐ

と詠んだ歌が載る。これは、佐保川を塞き止めて水を引き、苦労して作った田の稲のように大事に育てた娘ですと尼が詠み、その米の飯を早速に頂くのは、つまり娘さんを頂くのは私ですと家持が宣言する歌の掛け合いである。

鎌倉時代に成立した説話集の『古今著聞集』巻第九に「源義家衣川《ころもがわ》にて安倍貞任と連歌の事」が載る。前九年の役で源頼義・義家父子が安倍貞任《あべのさだとう》を攻めた時、衣川の館を逃げ出した貞任を追って義家が弓に矢をつがえながら、後ろから「衣の館《たて》は綻《ほころ》びにけり」と詠み掛けた。衣川の館なので滅びるを綻ぶと詠んだのである。逃げる貞任は兜を傾けて「年を経し糸の乱れの苦しさに」と詠み返した。年を経たので糸が乱れてしまって衣川の館は滅んだというのである。衣に関係のある綻ぶに対して、やはり衣に関係のある糸・乱れるといった言葉を詠み込んで句を返した。句の上手さに義家は貞任の命を助けたというのが『古今著聞集』の説話である。

連歌の面白さは前句を聞いて次にどのような句を詠むか、前句に付けるのを付け句というが、その付け方の妙が興味の対象となる。

義家や貞任のように連歌は武士に好まれた。公家も連歌に熱中し、公家社会の最高位にあった関白二条良基のように連歌集の『菟玖波集《つくばしゅう》』や連歌論書『筑波問答』を世に出した人物もいる。だが、公家社会では和歌が主流であって、どちらかといえば、連歌は武士たちに好まれた。室町幕府の将軍や管領は連歌師宗祇《そうぎ》や宗長を庇護し、連歌の発展に力を尽くした。かくて室町時代から戦国時代にかけて、連歌の黄金時代が到来し、

『猿の草子』(室町〜桃山時代、大英博物館蔵)©The Trustees of the British Museum

地方の守護や国人たちは香り高い京都の文化を運んでくれる連歌の宗匠たちを歓待した。

三好長慶も連歌を愛好した武将の一人であった、というよりも連歌武将の第一人者であった。ロンドンの大英博物館に日本から流出した『猿の草子』という絵巻物がある。猿を擬人化した御伽草子である。物語は日吉社の猿の神主の娘が横川の猿の弥三郎と結婚し、玉のような若君を産んだ。喜んだ神主は婿の弥三郎を招き、十七献の祝いの膳を囲み、翌日には連歌会を催した。その連歌会の準備に、宗匠に誰を招こうか、参加者の連衆に誰を誘おうかと思案する。

連衆、さて誰か有べきぞ。当時

の先達なれは宗養召下さればやと思へども、河内の飯盛へ下向のよし聞及間、打置きぬ。

とある。連歌は「連衆《れんじゅう》」と呼ばれる一座の参加者の顔触れによって出来不出来が決まる。さて参加者には誰が良いか。詠まれた句を選んで採用する宗匠はその時の連歌界の先達である第一人者の宗養を京都から召し下したいが、河内の飯盛城に行っているので呼ぶことはできない。河内の飯盛城は大阪府四條畷市と大東市の境にある山城で、永禄三年（一五六〇）以降、三好長慶の居城となっており、ここで「河内の飯盛へ下向」とあるのは、宗養が長慶に召されて飯盛城に滞在していることをいうのである。

宗養は大永六年（一五二六）に生まれ、永禄六年（一五六三）に三十八歳で亡くなった実在の連歌師である。父も宗牧という連歌師で、連歌の大長老宗祇の孫弟子に当たり、宗祇の弟子の宗長や宗碩《そうせき》が亡くなった後、しばらくは連歌界の代表的存在であった。その父の跡を継いだのが宗養であったが、若くして亡くなったのである。後で見るように、長慶の連歌には宗養がしばしば同座している。まさに『猿の草子』がいうように宗養は長慶の許に招かれることが多かった。猿を擬人化した御伽草子《おとぎぞうし》に宗養といい、長慶（実名は出ないが）といい、実在の人物が登場するのは興味深い。しかも片や長慶は畿内の支配者、片や宗養は連歌界の代表である。連歌武将の第一人者の長慶に相応しい描かれ方である。

『猿の草子』の連歌会の絵は雰囲気を巧みに伝える絶品である。座敷の右奥の扇を手にした素袍《すおう》姿の猿は婿の弥三郎、その隣の宗匠頭巾を傾けて思考するのは連衆の一人として招かれた連歌師の猿、次の文台に向かう小猿は連歌を記録し、連歌の式目と呼ばれるルールを確かめ、宗匠を助ける執筆《しゅひつ》、その隣、宗匠帽に威儀を正すのはこの日の宗匠の猿。連歌は宗匠と執筆によって進行する。その隣、左端になるのは、連歌会の主催者の神主の猿、高齢であるので、はやうとうと居眠りをしている。この主要メンバーの前に座る四匹の猿、この連歌は九人（九匹）の連衆によって行われた。縁に座る肩衣袴《かたぎぬばかま》の猿たちはギャラリーであろう。左奥では茶が点てられている。長慶たちはこうした雰囲気で連歌を楽しんだのである。

三好長慶の連歌については軍記物語の中でも語られている。長慶を扱う軍記物語は幾つもあるが、『三好別記』（『群書類従』巻三九五）を見ると、

さて飯盛には連歌の会ありて、永義（長慶）・冬康・宗養・紹巴など列座す。三の折すぐる時分に実休討死の注進状を永義に捧る。永義一見して懐中し、座を不レ動、色を不レ変。時に傍人「芦間にまじる薄一村」と云々。

座中つけわづらひしに、永義「ふる沼の浅き方より野となりて」とありしかば、諸人皆入レ興。冬康は「古沼の」と吟じ出されけるとともに「珍重々々」と云々。冬康は殊に歌道の達人にて、「いにしへを記せる文のあともうしさらずばくだる世ともしらじを」といへる歌をもよみたる人也。連歌はて、後、実休討ち死にの由を座中へ披露し、「さだめて敵発向あるべし。はや入洛せよ」とて、宗養・紹巴以下の客を帰し遣さると云々。

という一節がある。実休は長慶の弟で、和泉国の久米田（大阪府岸和田市）において戦死したのは永禄五年（一五六二）三月のことである。飯盛城での連歌の最中、弟実休の戦死の報が伝えられたが、長慶はそのまま連歌を続け、「古沼の浅き方より野となりて」という句を付けた。長慶が「古沼の」と声に出したとたん、もう一人の実弟の安宅冬康は素晴らしい句と誉めて「珍重々々」と言った。連衆は自分が付けようとする句を全部読み上げる前に、初めの五文字か七文字、五・七・五の場合は初めの五文字、七・七の場合は初めの七文字を声に出した後、宗匠の指示に従って付け句全部を読み上げるのである。長慶はまず初めの五文字「古沼の」を声にした。それを聞いた弟の冬康は長慶がどのような句を付けようとしたか即座に理解した。連歌会の緊張した雰囲気が伝わる逸話である。そして百句続けて詠む百韻が終了した後、長慶は都から招いた宗養や紹巴たちを急いで帰したのである。

二、長慶連歌の一覧

それでは連歌好きの長慶の作品にはどのようなものがあるのだろうか。現在、長慶の一座した連歌作品として次の三十一巻の作品が知られている。以下、長慶の連歌の一覧を、興行の年月日、百韻《ひゃくいん》・千句・和漢聯句《わかんれんく》・賦物《ふしもの》、発句、発句・脇・第三の作者、現在の主な写本の所有者の順に掲示する。連歌は前節でも述べたように五・七・五の長句と七・七の短句を交互に続ける。原則は百句続ける百韻が基本で、一つの作品が一巻である。さらに十巻を千句という。千句には特別な意味や目的があるが、次節で述べたい。発句は百韻の最初の長句で連歌が行われた時と同じ季節を詠む。つまりその季節の季語を詠み込む。最初の1の「天文11 6 11」の発句は六月で夏、季語は「泉」である。一覧では発句の後、二句目の脇・三句目の第三の作者名だけを掲げたが、この後、連衆と呼ばれる作者は、五人も十人も、時には十数人が参加する。

2の「天文13正29」に「何人」とあるのは「賦物」の一つで、説明は省略するが、連歌の題の符丁とでもお考えいただきたい。3の「天文19 6 17」に「三吟」とあるのは寿慶・長慶・宗訊《そうじん》の三人で詠んだ作品、4の「両吟」とあるのは長慶・寿慶の二人で詠んだ作品、いずれも長慶が選ぶ三吟・両吟の相手の連歌師は当代きっての一流の連歌師である。7の「宗牧七回忌懐旧百韻」・13の「百韻三吟寿慶追福」は故人を偲ぶ追悼連歌で、各発句に「散る跡偲ぶ時雨」や「むなしき月の向後《ゆくへ》」といった追悼の言葉が詠み込まれている。

27の「永禄6 11以前」に「和漢聯句」とあるのは漢詩の句を混ぜて詠む連歌で、主に漢文に関わりのある禅僧や菅原氏系の公家が連衆となって漢句を詠んだ。

長慶連歌一覧

	年月日	百韻・千句ほか	発　句	発句・脇・第三の作者	主な所蔵
1	天文11・6・11	「榎並三好神五郎興行」	千代の秋もかねてくまる、泉哉	宗牧 範長(長慶) 周桂	大阪天満宮
2	〃 13・正・29	何人百韻	匂へかつ誰あけぼの、やま桜	宗牧 周桂 範長(長慶)	大阪天満宮
3	〃 19・6・17	何人百韻三吟	夏の夜は月を南の朝戸かな	寿慶 長慶 宗訊	大阪天満宮
4	〃 20・正・25	何船百韻両吟	声やいづく柳にうつる松の風	長慶 寿慶	大阪天満宮
5	〃 20・6・10〜12	「天文三好千句」	(次の第三節に詳述)		
		第一 何路百韻	くるとあくと何れか千入花の色	長慶 寿慶 宗養	
		第二 何人百韻	月見えてた、はた、なん夕霞	昌休 慶牧 宥松	
		第三 何舟百韻	つけのこせ春暮かたのかねの声	正悦 玄哉 末満	
		第四 何木百韻	高根こせさそふ雲あらは時鳥	永薀 底閑 覚阿	
		第五 初何百韻	山風やうすらひむすふ夏の海	宗養 昌休 長慶	
		第六 山何百韻	あき萩はさながら春のにしき哉	正種 紹巴 慶牧	
		第七 一字露顕百韻	月やとす衣てなれや秋の雲	寿印 永温 寿慶	
		第八 何色百韻	鹿の音をつる、やいは、初嵐	底閑 正種 理文	
		第九 何垣百韻	咲をみよ冬とはえやは宿の梅	慶牧 宗養 正悦	
		第十 御何百韻	松の世をつもり(津守)の浦の深雪哉	寿慶 長慶 昌休	
		追加	蝉の声袂にうつるは(端)山かな	玄哉 宥松 家順	

	年月日	百韻・千句ほか	発句	発句・脇・第三の作者	主な所蔵
6	〃20・9・12	何人百韻	こよひ先てらすや月の下紅葉	寿慶 長慶 宗養	天理大図書
7	〃20・9・22	宗牧七回忌懐旧百韻	秋の葉のちる跡しのぶ時雨かな	長慶 昌休 等恵	山口文書館
8	〃21・2・23	何人百韻	うつせ世に花のかゞみを春の水	金(義俊) 長慶 梅(稙家)	天理大図書
9	〃21・3・11	何木百韻	山かけて都やさかり花の春	長慶 巌翁 昌休	九州大学
10	〃21・9・2	何人百韻両吟	かりなきて遠山さむき夕哉	宗養 長慶	宮内庁書陵部
11	〃21・11・宗休没以前	何人百韻	こきまぜて一木に柳桜哉	梅(稙家) 長慶 金(義俊)	神宮文庫
12	〃21・11・宗休没以前	何船百員	涼しさや月の水上ふもと川	長慶 満信 正悦	大阪天満宮
13	〃23・3・26	百韻三吟寿慶追福	かすむ夜はむなしき月の向後哉	長慶 宗養 紹巴	国会図書館
14	〃23・6・2	何人百韻	花に吹く風をもしたふ扇哉	長慶 冬康《安宅》 等恵	広島大学
15	弘治元・4・10	三吟百韻	子規なけば見し夜の月もなし	長慶 金 蒼(公条)	東北大学
16	〃元・9・2	何路百韻	下水ももみ出す風の木間哉	士訪 長慶 紹巴	大阪天満宮
17	〃元・11・20	何船百韻	匂へ梅代々にまたれぬ春もなし	長慶 綱 宗養	大阪天満宮
18	〃2・7・18	「滝山千句」三つ物	(第四節に詳述)		
		難波霞 何船 第一	難波津の言の葉おほふ霞哉	長慶 久秀《松弾》 元理	
		住吉雁 何人 第二	住吉といふ名にめてよ帰る雁	宗養 宗円《河内》 咲山	
		水無瀬川 何路 第三	花そちる山には春や水無瀬川	為清 半竹 等恵	
		玉江螢 何木 第四	ぬきとめぬ玉江の波か飛螢	玄哉《辻三》 尊世 正秀《池田紀伊》	
		湊川納涼 山何 第五	湊川夕塩こえて夏もなし	範与《芦屋神主》 恵倫 長慶	

		初島霧　薄何　第六	みしやいつ今朝初島の霧問哉	快玉（兵庫久遠寺）　宗養　直盛	
		須磨月　何田　第七	氷しや須磨の月こそ夜の海	正秀　理文　春也（関東ヨリ執務）	
		生田鹿　二字返音　第八	鹿の音や生田の沖の山颪	元理　範与　玄哉	
		芦屋雰　何垣　第九	舎りせよ浦は蘆の屋初時雨	等恵　為清　快玉	
		布引滝　初何　第十	布引のはたはり広し雪の滝	宗養（松弾久代）　長慶　宗養	
		羽束山　追加	廿日あまり出るも山や夕月夜	尊世　宗円　宗養（か）	
19	〃　3・5・3	三吟「於尼崎三吟」	水草を夏の花なる川辺哉	冬康　長慶　宗養	大阪天満宮
20	永禄3・12・10	何路百韻	山ならぬ山さへけさは深雪哉	長慶　宗養　為清	金沢市図書館
21	〃　4・3・22	何垣百韻両吟	根にかへる色かも花は咲世哉	長慶　宗養	国会図書館
22	〃　4・5・27〜29	「飯盛千句」	（第五節に詳述）		
		第一　何人百韻	汲わすれくみしる月や石清水	長慶　一舟　紹巴	
		第二　初何百韻	木間もる月影幾重氷室山	宗養　快玉　玄哉	
		第三　何木百韻	春日野のつふ火や螢夕月夜	為清　直識　淳世	
		第四　何路百韻	茂る木に月やこもりくの初せ風	元理　紹巴　宗仍	
		第五　山何百韻	夏の夜の月や水尾行天河	玄哉　長慶　宗養	
		第六　一字露顕百韻	月残るかた野や行ゑ郭公（ほとゝぎす）	直識　為清　一舟	
		第七　何船百韻	在明や花も待らん五月山	淳世　仍景　元理	
		第八　□百韻	影涼し月や堀江の玉柏	紹巴　玄哉　興久	

	年月日	百韻・千句ほか	発句	発句・脇・第三の作者	主な所蔵
		第九 何衣百韻	月出て夏やしの田の森の露	快玉 元理 為清	
		第十 千何百韻	こぬ秋や月にふけ井の奥津風	一舟 宗養 長慶	
		追加 何路	夏の日やこかけさためぬ夕涼	仍景 淳世 快玉	
23	〃5・12・9	両吟「道明寺御法楽」	うたふよの空に更行庭火哉	長慶 宗養	大阪天満宮
24	〃6・2・23	何人百韻	いへばえに此一本との桜哉	長慶 治清 宗養	大阪天満宮
25	〃6・11・6	百韻「於河内国飯盛山」	山柴の夕日そよめく時雨哉	宗養 長慶 冬康	大阪天満宮
26	〃6・11・宗養没以前	何人百韻	青柳や朶かす浪の花かづら	宗養 重政 長慶	大阪天満宮
27	〃6・11・宗養没以前	和漢聯句	霞猶ふかきも花の匂哉	藤賢 長慶 仁如	佐賀大学
28	〃6・11・宗養没以前	何木百韻	常夏に見しも色そふ砌かな	長慶 等恵 冬康	個人蔵
29	〃6・11・宗養没以前	何路百韻	うす雪に花もおもはぬ枯野哉	長慶 秀 為清	明治大学
30	〃7・正・22	両吟百韻「宗養追悼」	消し其人のかたみや宿の梅	長慶 紹巴	大阪天満宮
31	〃7・2・2	和漢聯句	今朝はつゆ花よりさきの袂かな	長慶 水 策彦	京都大学

三、天文三好千句

千句連歌は百韻を十巻も詠むといった大掛かりな興行で、連衆の招集や場所・日取りの設定などの準備が大変である。出費も大きい。しかし地方の豪族たちは都の大宗匠が下向するとこぞって集まり、千句連歌を興行することがあった。天文十三年（一五四四）三河国西郡（愛知県蒲郡市）の国人衆の「西郡千句」は連歌師宗牧の関東下向の途中に行われた。多くの場合、千句には何か大きな目的、興行する理由がある。例えば毎年二月二十五日に京都の北野天満宮に奉納された「細川千句」は室町幕府管領の細川氏の当主が主催し、細川氏の権威と家長の権限を誇示した。文明三年（一四七一）伊豆国にいた宗祇は東常縁《とうのつねより》の子息の風邪平癒報賽《ほうさい》のため三島明神に「三島千句」を奉納した。天正六年（一五七八）中国出陣を前に羽柴秀吉は戦勝を祈念して「羽柴千句」を興行した。千句興行の目的や理由がよく判るものに大永二年（一五二二）伊勢神宮奉納の宗長・宗碩両吟の「伊勢千句」がある。この時は宗長の『宗長手記』や宗碩の『佐野の渡り』の紀行があって、細川高国の代参で千句が詠まれたことが判り、興行の背景を伝える貴重な資料である。現在、三好長慶が出座した千句は5「天文三好千句」・18「滝山千句」・22「飯盛千句」の三つが知られていて、興行の目的や理由などは不明であるが、興味深い事実が隠され、資料としても貴重である。

まず5「天文三好千句」を見よう。千句全体の現存は不明であるが、宮内庁書陵部には第三と第五と第十の百韻、兵庫県伊丹市の柿衛文庫《かきもりぶんこ》には第五の百韻が現存し、四つの写本の現存が知られていた。平成十一年、『千葉県史』の編纂過程で千葉県銚子市の円福寺所蔵の「天文三好千句」の三つ物《みつもの》が見つかった。これは同寺に奉納された写本ではなく、古書に造詣の深かった先代か先々代のご住職が入手されたものという。

三つ物というのは、千句や万句など、大部の連歌作品をすべて書写せずに、各百韻の発句・脇・第三の長句・短句・長句の三つを抜き出したものである。「天文三好千句」は第三・第五・第十の百韻のほか各百韻の発句・脇・第三が判り、句の下に記された作者名により主な連衆、つまりは長慶の連歌を通じてのネットワークが判るのである。ネットワークが判るのは、もちろん、百韻でも同じことであって、この時代、連歌の次にますます盛んになる茶会の茶会記同様、ネットワークを知る上で貴重な史料となる。

円福寺の「天文三好千句」は甚だ興味深い巻子本一軸である。というのは前半に懐紙に書かれた三つ物があり、続いて後半に絹地に描かれた風景画がある。

前半の三つ物の懐紙の部分の最後に、

林鐘廿八　　紹巴（花押）／たいこ／宗弁和尚／吟窓下

と記されている。字体は三つ物と同筆で室町時代を思わせるので、第六の百韻の脇を詠む紹巴の筆に間違いなかろう。林鐘は六月の異称、とすればこの千句終了後の天文二十年六月二十八日に紹巴によって懐紙に書写された三つ物であろう。

後半の風景画というのはそれぞれの三つ物の内容を描いたもので、江戸時代、この懐紙に三つ物の内容を描いた風景画の絹地が継ぎ足されて巻子一軸に仕立てられたのである。

千句三つ物に続く風景画の内容は、

（一）遠山の桜、山の間に望月、麓にも桜、帰る雁が左へ
（二）霞にけむる青柳と流水、左上の川上は波立つ急流
（三）藁屋《わらや》の軒端《のきば》の梅に鶯、粗末な門戸の側に槙の木、月と遠山の寺院
（四）山の頂を遙かに越えて飛ぶ時鳥《ほととぎす》、道を行く人物
（五）浜辺の松、小舟、海中の岩に寄す波
（六）紅白の萩に白い蝶、霧間の入り日

(七)叢薄《むらすすき》に虫(松虫)、薄の向こうに低い月
(八)山の紅葉に小さく描かれた鹿、麓に流水、左は時雨《しぐれ》にけむる
(九)雪の積もった緑の松、木下に咲く梅
(十)雪の住吉社、朱の鳥居・反橋・社殿　(九)と(十)はほとんど一ヶ所に描く
(追加)岡辺に藁屋根がのぞく、叢萩の葉

である。このように発句・脇・第三が描かれて継ぎ足されるのは珍しい。ただし江戸時代に描かれた風景画なので、長慶の直接の史料には関係はない。

なお本節の「天文三好千句」については、拙稿「新出連歌資料「(仮題)天文三好千句三つ物」」(『国文学』八三・八四合併号所収、関西大学国文学会、二〇〇二)に論述しているので併せてご覧いただきたい。

四、滝山千句

群馬大学図書館新田文庫に、外題を「うた」とした濃紺紙表紙の全六十丁の袋綴じ本がある。細川藤孝(幽斎)や連歌師紹巴・昌叱《しょうしつ》たちの「山何百韻」など十数編の連歌作品を収めた連歌作品集である。その中に18「滝山千句」の三つ物がある。しかも現在のところ、「滝山千句」はこの三つ物しか判っていない。「滝山千句」という題名はないが、三つ物の冒頭の端書に「於滝山」とあるので「滝山千句」と呼ぶことにした。冒頭の端書は次の通りである。

松弾三筑進申されし時／七月十八日より千句／於滝山／名所《摂州》巻頭

「松弾」は長慶家臣の松永弾正久秀、「三筑」は三好筑前守長慶で、久秀が長慶を摂津国滝山に招待した時に、興行された千句連歌である。滝山は神戸市中央区、新幹線の新神戸駅の西にある山で、南北朝時代には赤松氏の山城があった。山上より神戸市街から大阪湾・淡路島・四国の山々が一望でき、北側の中腹には歌の名所の布引の滝がある。「滝山千句」興行の前、泉州堺において長慶の父三好元長の大規模な法要が営まれ、その後、久秀に招待されて千句連歌に及んだのである。それら一連の事柄は『足利季世記』や『続応仁後記』に記されているが、『細川両家記』（『群書類従』）を引用しよう。

一、六月(弘治二年)十五日に三好長慶、境津へ渡海有り。御親父開運のため廿五年忌千部経有り。同七月十日に長慶、境(堺)より多喜山(滝山)へ松弾被申せ候也。種々御遊共、千句連歌も有之。観世大夫の能も有之。嘉辰令月とも此節可申哉と世上人申し候也。

長慶は、父三好元長が天文元年（一五三二）戦に敗れて自害した堺の顕本寺で二十五年忌の法要を営んだ。その法要は千人の僧が同じ経を一度に読誦する千部会《せんぶえ》という大法要であった。この後、松永久秀が預かる滝山城での千句連歌が催されたのである。前掲の長慶連歌の一覧中、18の「滝山千句」の発句・脇・第三の作者からこの千句の主な連衆が判る。連衆の中で、宗養・元理・等恵は連歌師、飯尾為清は細川昭元の奉行人。玄哉は辻修理入道玄哉とすれば、堺の茶人で紹鴎門弟、天正四年以降に亡くなった人物である。第五の発句の範与の肩書「芦屋神主」は天神社として現在もある芦屋神社の神官か。第六の発句の快玉の肩書「兵庫久遠寺」は現存する神戸市兵庫区の法華宗寺院久遠寺であろうか。第十の発句の宗養に「松弾久代」とあるのは、巻軸の第十の百韻の発句を主催者の久秀が詠むところを当代一の連歌師宗養が代わりに詠んだというのである。

ここで注目しておきたいのは冒頭端書の「摂州《せっしゅう》名所巻頭」である。賦物とは別に、賦物の上に「難波霞」とか「住吉雁」とあって、難波・住吉は古くから歌に詠まれる名所《などころ》、いわゆる歌枕である。つまりこの千句の発句には摂津国にある名所が詠み込まれている。それは難波・住吉・水無瀬川・玉江・湊川・初島・須磨・生田・芦屋・布引滝・羽束山、以上、追加も入れて十一ヶ所になる。第一の難波は淀川が大阪湾に流れ込んだ辺り、現在の安治川から木津川河口周辺で、難波津・難波江といわれ、芦や澪標《みおつくし》が詠まれた。

第二の住吉は住みよい処、住吉明神が鎮座し、住の江とも呼ばれる。第三の水無瀬川は大阪府島本町を北から南へ流れて淀川に注ぐ支流、平安時代より離宮があった。第四の玉江は三島江の玉江とも歌われ、大阪府高槻市南部の淀川右岸。第五の湊川は神戸市兵庫区を六甲山より大阪湾に流れる。第六の初島は浦の初島と詠まれ、現在地は不明である。摂津のほか紀伊国にも同名の名所（歌枕）がある。第七の須磨は神戸市須磨区の須磨、『源氏物語』の光源氏が身を潜めた地として哀れを催す。第八の生田は神戸市中央区の生田神社周辺、生田の森として詠まれた。第九の芦屋は兵庫県芦屋市の海岸一帯。第十の布引の滝は神戸市中央区、本節の「滝山千句」が行われた滝山の北側中腹の滝である。追加の羽束山は兵庫県三田市にあった名所。なお「追加」というのは千句の後、主な連衆のほかの、千句に関係した者が詠んで八句や二十二句など短く続ける連歌である。

なお本節の「滝山千句」については、拙稿「「滝山千句」と三好長慶」（『中世文学』三四所収、中世文学会、一九八九）に論述しているので併せてご覧いただきたい。

五、飯盛千句

永禄四年（一五六一）五月二十七日から二十九日にかけて河内国飯盛城で行われた22「飯盛千句」も、発句に歌の名所が詠み込まれている。ただし「滝山千句」に詠み込まれたのは摂津国の名所であったのに対し、「飯盛千句」は五畿内、すなわち山城・大和・河内・摂津・和泉の五ヶ国の名所（歌枕）である。長慶連歌一覧に掲げた「飯盛千句」の発句を見ていただきたい。第一は山城国の石清水（京都府八幡市）で、八幡宮の鎮座する所であり、平安時代より禁裏の崇拝を受け、源氏の守護神としても名高い。第二の冬の氷を夏まで蓄える氷室は山城国には数多く伝わっているが、歌の名所としては鷹ヶ峰西北の氷室山（京都市北区西賀茂氷室町）といわれる。第三の春日野は大和国、『古今和歌集』巻一の「春日野の飛火の野守出でて見よ」の春日野（奈良市春日野町）である。第四の初瀬は大和国、『万葉集』にたびたび「こもりくの初瀬」と詠まれる初瀬（奈良県桜井市初瀬町）である。第五は河内国の天の川、大阪府交野《かたの》市から枚方市を流れる淀川の支流である。ここには天の河伝説や七夕伝説があり、『伊勢物語』にはむかしある男の歌を伝える。第六は河内国片野（大阪府交野市）で、大和の飛鳥や韓国の百済の首都扶余に似た地形であり、禁裏の狩野が設けられた所である。第七の摂津の五月山は大阪府池田市の市街地北部の小高い山。第八の摂津の堀江は難波堀江ともいわれ、大阪市北区から中央区一帯、淀川のデルタ地帯で特定の地を示すことは不可能で、また無意味である。第九の和泉国の信田の森は大阪府和泉市葛の葉町、安倍晴明を生んだ狐妻の伝承がある。第十の吹井の沖は大阪府泉南郡岬町深日《ふけい》の沖合、『万葉集』巻十二に「時つ風吹飯の浜に出居つつ」と詠まれている。発句はこのように五畿内の歌の名所を詠むが、すべて夏の月が詠まれている。いわゆる月千句で、しかも秋の月ではなく、夏の月千句であるのが珍しい。

ここで、各発句に五畿内の名所（歌枕）を詠み込んだことに注目したい。18の「滝山千句」の発句に詠み込まれたのは摂津国の名所であるが、「飯盛千句」では五畿内の名所である。「滝山千句」の弘治二年（一五五六）七月から「飯盛千句」が詠まれた永禄四年（一五六一）五月までは五年の歳月が流れた。この間に、本書三〇二頁の年譜でも明らかなように、三好長慶の勢力範囲は拡大し、ほぼ五畿内を掌握した。居城も越水城（兵庫県西宮市）から芥川城（三好山とも、大阪府高槻市）に移し、永禄三年（一五六〇）からは飯盛城を居城とした。この領土の拡大と同じように、二つの千句連歌の各発句に詠み込まれた名所（歌枕）は摂津国だけであったものが五畿内へと拡大する。長慶は自分の力を連歌の発句に表しているのだろうか。自分の勢力の拡大を、祈りを込めて発句に託したのだろうか。初めにも述べたように、連歌には、特に千句連歌には神仏への祈りが込められることが多い。具体的に長慶の三つの千句が神仏への奉納かどうか、興行の目的は何かなどは不明であるが、詠まれた名所が摂津から五畿内へと拡大することは興味深い。

社寺奉納・病気平癒・戦勝祈願・故人追悼などに行われる千句連歌は、儀式的であり、宗教的である。主立った主催者や主客、宗匠や執筆たちは、連歌の目的や流れについて、各百韻の発句についてなど事前に打ち合わせて相談した。例えば、前に述べた天文十三年（一五四四）東海地方から関東地方へ旅した連歌師宗牧が、三河国西郡（愛知県蒲郡市）で地方豪族の鵜殿氏や松平氏と千句連歌（『西郡千句』）を興行した時、宗牧の紀行『東国紀行』（『群書類従』）に「先応寺興行あるべしとて（中略）此会已後於レ城千句有増あり」と記す。これは西郡に着いた後、まず先応寺という寺で連歌があり、その連歌会の後、鵜殿氏か松平氏の城で、この後に行われる千句連歌について有増《あらまし》が行われた。有増というのは予定や予想、前もっての打ち合わせである。三河の豪族たちは都の宗匠の意見をよく聞き入れたであろう。同じように畿内を掌握する三好長慶の意見には、しかも連歌について、その他の文化について見識を持つ長慶の意見には、宗養たち連歌師も聞き入れたであろう。まして家臣の松永久秀は長慶の意見に従ったであろう。摂津の名所から五畿内の名所への発句の発展という長慶の意向はかくして実現したと思う。ここに長慶の「滝山千句」と「飯盛千句」の特徴を見るのである。

なお本節の「飯盛千句」については、拙稿「「飯盛千句」解題」(『千句連歌集』八所収、古典文庫、一九八八)に論述しているので併せてご覧いただきたい。

六、長慶連歌の意義

以上、千句を中心に三好長慶の連歌を眺め、領土拡大と発句に詠み込まれた名所(歌枕)の分布の拡大との相関を指摘した。もう一つ指摘しておきたいのは、8天文二十一年二月二十三日の何人百韻に見える「金」「梅」や11同年十一月以前の何人百韻に見える「梅」「金」、15弘治元年四月十日の三吟百韻に見える「金」「蒼」といった連衆の名である。これらは一字名または連歌名といって身分の高い人物が歌や連歌を詠む時の雅名である。例えば秀吉は「松」を一字名にして和歌や連歌を詠んだ。辞世の歌「露と落ち露と消えにし我が身かな　難波のことは夢のまた夢」にも「松」と記している。右、長慶連歌一覧の「金」は大覚寺義俊、「梅」は近衛稙家《たねいえ》、「蒼」は三条西公条《さんじょうにしきんえだ》の一字名である。大覚寺義俊は真言宗大覚寺門跡、近衛家出身で稙家の弟、近衛稙家は前関白太政大臣、三条西公条は正二位右大臣で弘治元年には既に出家しているが、当代を代表する文化人である。

　こうした身分の高い公卿が武将の連歌に参加することは既に幾つもの例があった。将軍の場合、義満は従一位太政大臣であり、義政も従一位左大臣であるので、公卿たちと同列に交われるのは当然であるが、前に述べた管領細川当主が主催する毎年二月二十五日の北野天満宮奉納の「細川千句」の場合、初めは細川氏の主人である将軍が毎年第一の百韻の発句を詠んだ。ところが永禄元年（一五五八）の正二位中納言山科言継の『言継卿記』には伏見宮貞敦親王が第一の百韻の発句を詠んだとある。この時、将軍足利義輝は近江国朽木に身を寄せていた。連衆には山科言継のほか従二位参議水無瀬親氏たちが名を連ねている。

長慶の時代を皮切りに、公卿たちが武士の連歌に参加するように、いや連歌だけではなく、ほかの芸能にも参加するようになった。ここにも一つ、三好長慶の連歌の特色がある。長慶によって武士の連歌に、さらには武士の芸能に、公卿たちが参加することが一般化した。

この傾向が、信長から秀吉に受け継がれ、秀吉時代の公家は、歌会や連歌会のみならず、出陣の予祝や講和の会場に出席する。例えば、天正十三年（一五八五）根来寺の焼き討ちの後、秀吉と高野山との折衝の場に、連歌師の昌叱と紹巴とともに聖護院道澄が同席した。道澄は近衛稙家の二男で聖護院門跡である。何故このような場に同席したかは不明だが、高野山側の代表である木食応其《もくじきおうご》の手記に書かれている。連歌の席としては、文禄三年（一五九四）三月の秀吉が母大政所の三回忌の法要を行った時の興行がある。その連衆は、松（秀吉）をはじめ、連歌師では紹巴・昌叱、武将では徳川家康・細川幽斎・前田利家・蒲生氏郷・伊達政宗ほか、そして公卿や門跡では白（聖護院道澄）・烏（今出川晴季、従一位右大臣）・中山親綱（正二位権大納言）・日野輝資（正二位権大納言）である。秀吉に招かれて公卿たちは高野山まで行く。こうした公卿と武士との関係は長慶の時代に培われた。もちろん、それ以前にも武士の連歌に公卿が出座することはあったが、長慶以降、強く結ばれたといってよいであろう。

三好長慶の連歌の特色として、一つには、千句連歌において18の「滝山千句」と22の「飯盛千句」の発句に詠み込まれた名所（歌枕）は、摂津から五畿内へと長慶の領地、支配領域の拡大を象徴する点、二つめには、公卿たちが当然のようにして武将の、というよりも権力者の連歌に、迎合するかの如く出座することは、長慶の連歌を経て盛況となった点、この二点を考えてみた。さらにこのような特色を持つ長慶の連歌なのだが、三好長慶の連歌として扱った研究はあまり見かけないことに気付いた。

「三好長慶」と冠した連歌研究には奥田勲氏の「三好長慶―その連歌史的素描―」（秋山虔編『中世文学の研究』所収、東京大学出版会、一九七二）があり、また連歌史全体の中で長慶の連歌を取り上げた木藤才蔵氏の『連歌史論考』下　増補改訂版（明治書院、一九九三）があり、本稿でも大いに参考にさせていただいた。それ以外にはあまり気付かない。見落としがあればお詫びしなければならないが、今後の研究対象として心がけると良い人物の連歌であろう。

追補　新出「（仮題）永禄二年於鞍馬山　三好長慶等花見詩歌」

この度の出版『三好長慶―室町幕府に代わる中央政権を目指した織田信長の先駆者―』の口絵写真に宮帯文庫蔵「（仮題）永禄二年於鞍馬山　三好長慶等花見詩歌」が載った。新出史料である。永禄二年（一五五九）といえば芥川に居城を構えて五年目、畿内の覇者として睨みをきかした時期で、飯盛城を収める前年に当たる。旧暦三月の春の桜の盛り、長慶は鞍馬山に花見の宴を開き、歌会を催した。歌会はその時代、公家や武将たちの間で盛んであった続歌《つぎうた》という形式の歌会である。数人・十数人の参会者が与えられた歌題に従って歌を詠む。

歌題とは、各詩歌の上の部分にある二文字または三文字の言葉、例えば1番目の漢詩の「故郷花」、6番目の和歌の「花雲」が歌題である。詠者は歌題に従って、つまり歌題に示された内容の詩歌を詠む。1番目の詩（七言絶句）の作者睡足は与えられた条件の「故郷の花」から、鞍馬の景色を見て吾が家の桜を思い出し、故郷を偲ぶのである。6番目の歌の作者は三好長慶。歌題の「花の雲」を、周囲、遠近の桜の梢を見るとまさに満開で朝日を受けて白雲が覆い重なったようだと歌う。

続歌の最後に「右永禄二三月二日於鞍馬寺花見」とあって、花見の歌会に相応しく、歌題は総て花に関わっている。「花」は古代、平安時代より桜のことである。花の歌題は故郷を偲ぶ花や暁の花・夜の花・閑居の花・古寺の花と様々で、最後に残りの花で終わる。これら計十六首。これが十五首であると十五で完成となるのであるが、十六首では聊《いささ》か不足である。続歌は十首・十五首・二十首・三十首・五十首というように五か十単位で纏められる。五百首・千首・二千首といった大々的な続歌の歌会もある。そこで、この「（仮題）永禄二年於鞍馬山 三好長慶等花見詩歌」は本来二十首の続歌ではなかったかと想像する。とすると「初花」とか「待花」とか「花未開」といった開花前の歌題の歌が四首あり、その中に長慶の歌がもう一首あったかもしれない。何しろ長慶はそれまでの武将とは趣を異にする文芸武将・文化武将であり、次の時代、織田信長や豊臣秀吉の手本となった武将である。

続歌の詠者には、6首目・16首目に三好長慶、10首目に松永久秀、11首目・14首目に連歌師宗養の名が見える。5首目・15首目の□《(藤カ)》賢は細川右馬頭藤賢か。または□＝臺（台）か。7首目の□《(孫カ)》次郎は三好孫次郎、後の義興、長慶の長男。9首目の為清は長慶に養育されていた細川聡明丸（細川晴元長男昭元）の奉行人。13首目の通□《(昭カ)》は長慶の奉行人であった寺町遠江守通昭か。1首目より4首目までは禅僧や漢学者が得意とした漢詩（主に七言絶句が多い）である。3首目の宗継が禁裏御倉職の立入宗継《たてりむねつぐ》であると、これは面白いことであるが、ほかに立入宗継が漢詩の世界と関連があったことを示す史料があればありがたい。詠歌の武士は長慶と親しい、身内的な人物といえる。何しろ三好長慶に関する貴重な史料である。

1　故郷花　見鞍馬景憶吾家　爛漫山桜乱似霞
豈有別春□(記カ)工手　他郷花亦故郷花　睡足

2　盛花　貪看盛花佳興新　好携吟友賞余春
寸陰可惜日桜下　又恐明朝是玉塵　寿筠

3　花色　山桜紅白映西斜　諸友相携共駐車
眼似老年難辨別　遠看飛雪近看花　宗継

4　花枝　山寺為花枝杖来　紅々白々興佳哉
十分春色数授観　一片不飛無未開　元嘉

5　尋花　雲かすみ立へたつともさく花の
しるへににほへ春の山かせ　□(藤カ)賢

6　花雲　をちこちの木すゑを見れは白雲の
花にかさなる春の明ほの　長慶

7　翫花　おきもせすねもせぬ花の木の下に
あくれはやかてなかめくらしつ　□(孫カ)次郎

8　暁花　山ふかみかすみもやらて暁の
月も影そふ花の色かな　基速

9　夜花　鐘の声はまた夜ふかきにあくるかと
おもふは花のひかり成けり　為清

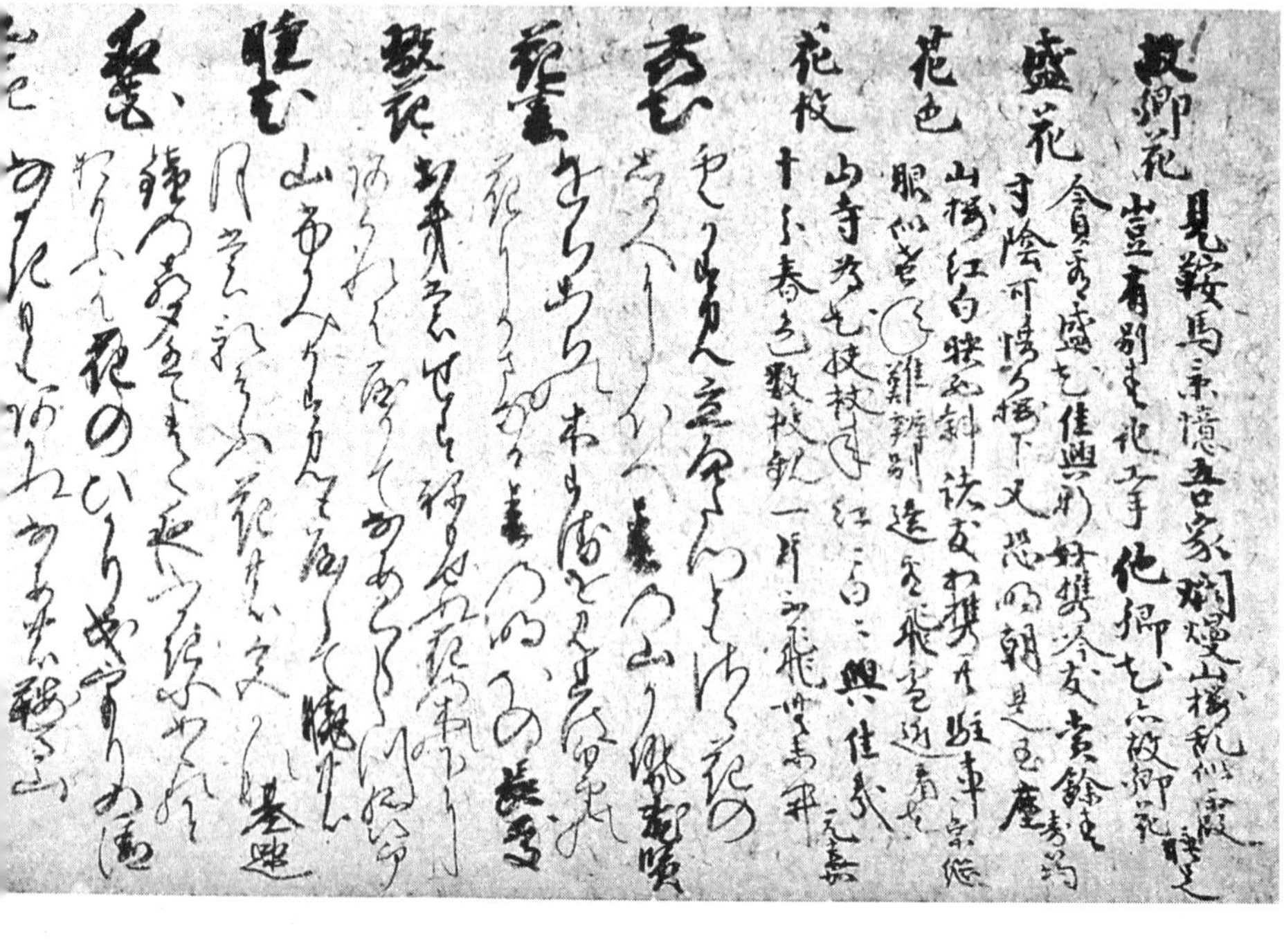

10 山花
なかき日もあかぬなかめの鞍馬山
花のさかりをたれか見すてん　久秀

11 朝花
さく花の色よりあけて一方に
くらまの山のあさ霞かな　宗養

12 閑居花
山ふかみ庭の苔地にふむ跡も
たえてつもれる花のしら雪　貞盛

13 古寺花
かねの音にあけ行方を見□《わ》たせは
花の中なる嶺のふる寺　通□(昭カ)

14 山家花
小柴ゆふかきねはおなし山さとも
よしありけなる花の陰かな　宗養

15 庭花
軒ちかき山をそのまゝ庭の面の
木すゑにそ見るはなの盛を　(藤カ)□賢

16 残花
あつさ弓春もくれ行み山へに
うらめつらしき花さかりかな　長慶

右永禄二二三月二日於鞍馬寺花見

雖為無(悪カ)筆釣雪斎《頬》依所望
如此写之了矣　他見不許
永禄弐三月廿又九日　某書之

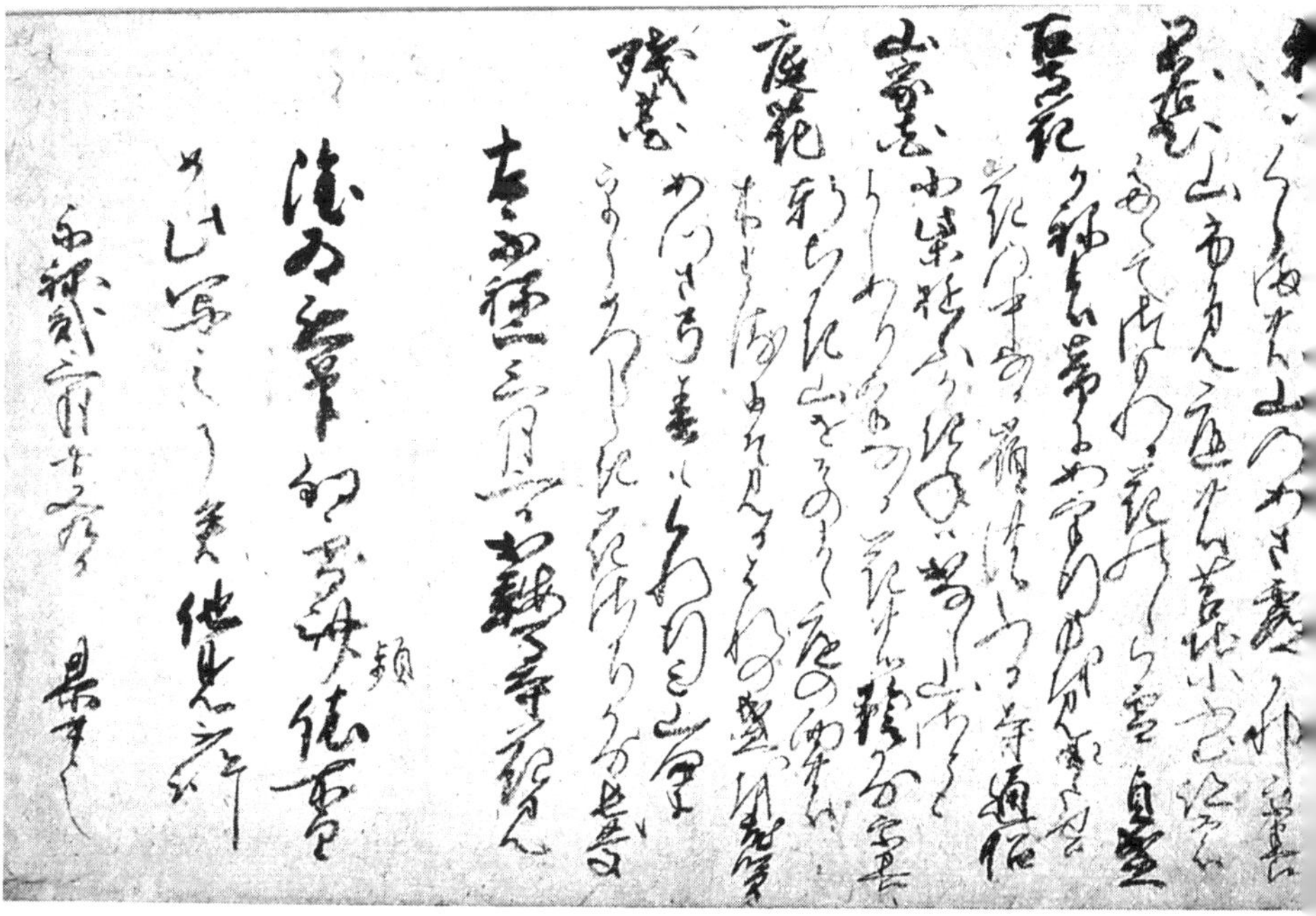

長慶「夕顔」の短冊

一番右
夕　顔　露は袖に　こほれもあへす　夕かほの
　　　　はいりのやとに　かよふ秋風　長慶

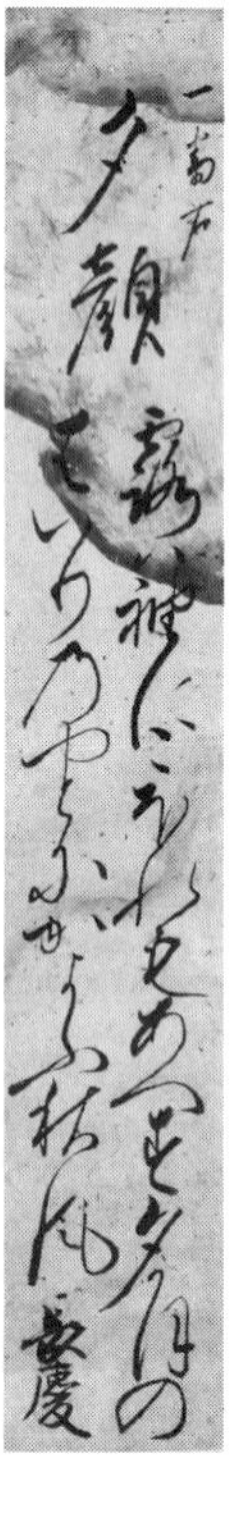

上部が青、下部が紫の打雲の短冊に書かれた一首、右端に「一番右」とあるのは、複数の詠み手が左右に分かれて詠んだ歌の優劣を競う歌合形式の歌会を示している。左右に分かれた詠み手が同じ題（ここでは「夕顔」）で歌を詠み、判者が優劣を決める。このような歌会は、平安時代以来、宮廷や貴族の間、さらに鎌倉時代・室町時代には武士の間でも盛んに行われた。

相手となった左の歌は解らないが、詠者は与えられた「夕顔」をどのように詠むか考えたことであろう。夕顔は晩夏や初秋の夕方に咲く花である。袖に付いた露が耐えきれずに零《こぼ》れる。袖に付いた露、それは涙である。夕顔が咲いている宿（家）に秋風が吹いている。露ははかないもの、秋風も人の心を淋しくする。そうした夕顔の咲く夕暮れ。この歌のポイントは「はいりのやと」であろう。「はいり」とは「入り」「這入り」と書く。辞書には「屋敷などの入り口、門から家までの道」とある。また「やっと入るほどの、きわめて狭い入り口」などとある。とすれば、これはもう『源氏物語』の夕顔の巻の女性の家、光源氏がお忍びで訪ねる薄幸の女性の家である。歌の詠者は夕顔を訪ねる光源氏の面影をベースに「夕顔」の題に応じたのである。

長慶研究者の天野忠幸氏も指摘するように、長慶自筆と断定することは難しいであろう。むしろ『源氏物語』の夕顔を詠もうとした戦国武将に対する後世の人の関心が伝わる短冊である。

付録

三好長慶年譜

和暦（西暦）	齢	関係事項	一般事項
大永二年（一五二二）	1	二月十三日、三好元長の嫡男として誕生する。	この年、千利休が生まれる。
享禄四年（一五三一）	10	二月二十一日、三好元長が阿波より堺に出陣する。六月四日、元長が摂津天王寺で細川高国を破る。	
天文元年（一五三二）	11	六月二十日、三好元長が一向一揆に攻められ堺の顕本寺で自害する。八月九日、三好実休と共に阿波の見性寺に寄進をする。	六月十五日、天文の一向一揆が起こる。八月二十四日、法華一揆が山科本願寺を焼く。
天文二年（一五三三）	12	六月二十日、細川晴元と本願寺証如の和睦を斡旋する。九月二十三日、瓦林氏を破り摂津の越水城を攻略する。	
天文五年（一五三六）	15	十一月十九日、細川晴元を招宴する。	
天文八年（一五三九）	18	一月十四日、上洛し細川晴元を招宴する。六月二日、大館尚氏が長慶所望の河内十七箇所の代官職の裁許を義晴に上申する。六月十四日、母が死去する。閏六月一日、晴元を討とうとする。七月二十一日、摂津の越水城を攻略する。七月二十八日、六角定頼の調停により撤兵する。	
天文九年（一五四〇）	19	十二月十五日、波多野秀忠の娘と結婚する。	
天文十一年（一五四二）	21	この年、三好義興が生まれる。	
天文十三年（一五四四）	23	八月十一日、細川晴元より被官の和田親五郎を鋸殺される。	

天文十四年（一五四五）	24	一月二十日、近衛家の歌会に初めて参加する。五月二十五日、細川晴元・三好宗三と共に山城宇治田原で氏綱と戦う。七月二十七日、三好宗三と共に丹波に出陣する。	
天文十五年（一五四六）	25	八月二十日、堺の会合衆の斡旋で細川氏綱・畠山政国・遊佐長教と和睦し撤兵する。十月二十一日、三好実休が堺に渡海し遊佐長教を破る。	四月二十日、北条氏康が上杉憲政・上杉朝定・足利晴氏を河越で破る。十二月二十日、足利義輝が将軍に就任する。
天文十六年（一五四七）	26	七月九日、足利義輝に勝軍山城の破却を申し入れる。七月二十一日、細川氏綱・遊佐長教・畠山政国を摂津の舎利寺で破る。	六月一日、武田信玄が「甲州法度之次第」を定める。
天文十七年（一五四八）	27	四月二十四日、畠山氏と和睦する。八月十二日、細川晴元の側近に三好宗三親子の誅伐を要求する。十二月十日、遊佐長教と同盟を結ぶ。	十二月三十日、上杉謙信が兄晴景を追放する。
天文十八年（一五四九）	28	一月十一日、摂津の伊丹城を攻める。五月十日、遊佐長教の娘と結婚する。六月二十四日、摂津の江口で三好宗三を討つ。七月九日、細川氏綱と共に上洛する。	七月二十二日、ザビエルが鹿児島に来る。
天文十九年（一五五〇）	29	二月二十二日、山科言継が今村慶満の率分関違乱を長慶に訴える。三月九日、足利義晴・義輝が近江穴太に逃れる。十一月近江の滋賀郡に攻め入る。	五月四日、足利義晴が死去する。七月毛利元就が井上一族を殺害し家臣から連署起請文を徴する。
天文二十年（一五五一）	30	一月三十日、伊勢貞孝と結ぶ。三月十四日、伊勢貞孝邸で進士賢光に襲われる。五月五日、義父の遊佐長教が暗殺される。	
天文二十一年（一五五二）	31	一月二十八日、足利義輝と和睦して細川昭元を質に取る。二月二十六日、御供衆に就任する。四月四日、参内し勅筆古今和歌集を賜る。四月二十五日、丹波の八上城を攻める。十二月二十五日、三好義興が元服、本願寺証如が賀す。	三月三日、織田信長が家督を継ぐ。
天文二十二年（一五五三）	32	一月二十八日、上洛し伊勢貞孝と庶政を議決する。閏一月八日、義輝の側近と争う。二月二十六日、清水寺で足利義輝と会談し奉公衆より人質をとる。三月八日、義輝が和睦を破り霊山城に籠城する。三月従四位下に就任する。六月十七日、実休が細川持隆を討つ。七月三日、芥川山城の芥川孫十郎を攻める。八月一日、霊山城を攻略する。八月十三日、義輝に従う者の所領を没収する。八月二十五日、芥川山城を接収し居城とする。八月三十日、義輝が近江の朽木に逃れる。	十一月十三日、上杉謙信が堺に至り本願寺証如と交流する。

和暦（西暦）	齢	関係事項	一般事項
天文二十三年（一五五四）	33	三月二十日、細川氏綱と共に丹波内藤氏の家督を沙汰する。六月二十八日、丹波に出陣する。八月九日、大和に出陣する。九月一日、三好長逸が三木城に出陣する。十月十二日、三好実休・安宅冬康・十河一存と洲本で会談するため芥川山城を出発する。	三月、武田信玄・今川義元・北条氏康が同盟する。
弘治元年（一五五五）	34	二月二十七日、播磨の三木城を攻略し帰る。九月二十七日、三好長逸が八上城を攻める。	
弘治二年（一五五六）	35	一月一日、芥川山城で火災が発生する。三月三日、尼崎の本興寺に貴布祢屋敷を門前寺内として寄進する。六月十五日、三好元長の二十五回忌法要を堺の顕本寺で行う。七月十日、松永久秀の摂津の滝山城に御成して連歌・猿楽の饗応を受ける。七月堺で南宗寺の建設を開始する。	四月三十日、斎藤義龍が斎藤道三を討つ。
弘治三年（一五五七）	36	五月三日、尼崎で安宅冬康や宗養らと歌会を催す。八月十八日、山城静原岩倉の山本城の普請人夫を五十余郷に命じる。十月十日、毛利元就・隆元の周防・長門平定を祝し五畿内の無事を伝える。十一月六日、宗養・安宅冬康・紹巴・飯尾為清・玄哉らと芥川で歌会を催す。十二月六日、泉涌寺が後奈良天皇の中陰をめぐる相論の裁許を求める。十二月播磨清水寺に禁制を発給する、後奈良天皇の中陰をめぐる相論を裁許する。	
永禄元年（一五五八）	37	五月七日、京都に出陣する。五月九日、清原枝賢が永禄改元に関する返状を届ける。六月二日、三好長逸が勝軍山で足利義輝を破る。九月三日、三好義興・実休・安宅冬康・十河一存と尼崎で会談する。九月二十日、義輝が北条氏康に長慶との和睦が交渉中であることを伝える。十一月二十七日、六角義賢の仲介で義輝と和睦する。	
永禄二年（一五五九）	38	四月十二日、宮中で能を陪観する。六月二十六日、河内十七箇所に出陣し安見宗房と戦う、松永久秀・松山重治らは大和に出陣する。	二月二日、織田信長が上洛する。五月二十四日、上杉謙信が足利義輝に謁見する。八月フロイスが上京する。

永禄三年（一五六〇）	39	一月十七日、足利義輝より相伴衆に列せられる。一月二十一日、正親町天皇より修理大夫に任ぜられる、三好義興は筑前守に任官する。一月二十五日、正親町天皇の即位費用百貫文を進上する。四月八日、三好実休・安宅冬康・十河一存と洲本で会談する。六月十六日、畠山高政と義絶する。七月二十日、内藤宗勝が丹後の田辺に出陣する。十月二十四日、飯盛山城を攻略する。十月二十七日、実休が高屋城を攻略する。十一月十三日、飯盛山城を居城とする。十一月十九日、飯盛山城に新羅社を勧請するため吉田兼右に相談する。	五月十九日、織田信長が桶狭間山で今川義元を討つ。
永禄四年（一五六一）	40	三月二十八日、桐御紋が許可される。三月三十日、京都立売の三好義興邸に御成した足利義輝を饗応する。四月二十三日、十河一存が死去する。五月二十七日、飯盛千句。六月十九日、内藤宗勝が朝倉氏と武田氏に敗れる。七月二十八日、六角義賢が勝軍山に出兵する、畠山高政が和泉の岸和田に出兵する。	三月、上杉謙信が北条氏康を小田原城に囲む。九月、武田信玄が上杉謙信と川中島で戦う。
永禄五年（一五六二）	41	三月五日、実休が和泉の久米田で畠山高政・根来寺衆に敗れ討死する。五月二十日、河内の教興寺で畠山高政を破り湯河直光を討ち取る。六月二日、六角義賢が京都から退去する。六月二十六日、松永久秀と共に朝廷より太刀を賜る。九月十一日、三好義興・松永久秀が伊勢貞孝を丹波の杉坂で討つ。十二月十九日、飯盛山城で道明寺法楽百韻を興行する。	一月、織田信長が清州で徳川家康と結ぶ。
永禄六年（一五六三）	42	三月一日、細川晴元が死去する。八月二十五日、三好義興が死去する。十二月二十日、細川氏綱が死去する。閏十二月十四日、松永久秀が松永久通に家督を譲る。	一月、毛利元就が石見銀山を朝廷に献上する。
永禄七年（一五六四）	43	一月二十三日、三好義継が足利義輝に新年を賀す。三月十六日、松永久秀は朝廷に改元を請うが却下される。五月九日、安宅冬康を飯盛山城で殺害する。七月四日、河内飯盛山城で死去する。	
永禄八年（一五六五）		五月十九日、三好義継・三好長逸・松永久通が足利義輝を討つ。八月二日、内藤宗勝が討死する。十一月十五日、三好長逸らが三好義継を擁立し松永久秀と断交する。	七月二十八日、足利義昭が近江に逃れる。
永禄九年（一五六六）		六月二十四日、三好義継が河内の真観寺で長慶の葬礼を行う、大徳寺に聚光院の建設を開始する。七月四日、南宗寺で三回忌を行う。	八月二十九日、足利義昭が若狭の武田義統を頼る。
元亀二年（一五七一）		七月四日、南宗寺で長慶の七回忌が行われる。	九月、織田信長が延暦寺を焼く。

三好氏系図

- 長之
  - 之長【三好本宗家】 筑前守 法号 喜雲道悦
    - 長秀 下総守
      - 元長 筑前守 号 開運
        - 長慶 孫次郎 従四位下 筑前守 修理大夫 初利長・範長 号伯陽軒
          - 義興 孫次郎 従四位下 筑前守 初義長
          - ＝義継 孫六郎 左京大夫 初重存・義重 実十河一存子
        - 之虎【阿波三好家】 彦次郎 豊前守 初之相 号 物外軒・実休
          - 長治 彦次郎
          - 存保 十河一存養子
          - 某 神五郎 安宅冬康養子
        - 冬康【安宅家】 神太郎 摂津守 初鴨冬 号 一舟軒・宗繁
          - 康 神太郎
          - ＝某 神五郎 実三好之虎子
        - 一存【十河家】 孫六郎 民部大夫
          - 義継 三好長慶養子
      - 康長 孫七郎 山城守 後康慶 号 咲岩
        - ＝信孝 実織田信長三男
        - ＝信吉 後豊臣秀次 実木下（三好）吉房子

長尚　越後守

一秀　山城守

長尚 ― 長家　遠江守　左衛門佐

長尚 ― 政長　神五郎　号半隠軒・宗三

政長 ― 政生　右衛門大夫　下野守　初政勝　号釣閑斎・宗渭

政長 ― 某　号一任斎・為三 ― 某　因幡守

政長 ― 女　池田信正室

長光 ― 長逸　従四位下　日向守　初長縁　号北斎・宗功 ― 生長　弓介　兵庫助　初長虎

芥川家　長則 ― 某　孫十郎

松浦家　万満

存保　孫六郎　初存康　後義堅　実三好之虎子

三好家 花押一覧

三好元長 花押（東寺百合文書 せ函80号　大永8年正月16日付）

三好之長 花押（離宮八幡宮文書 〔永正17〕3月18日付）

三好義継 花押（東寺百合文書 せ函武84　永禄8年7月付）

三好義興 花押（離宮八幡宮文書 永禄4年12月4日）

三好長慶 花押（東寺百合文書 り函114号　弘治2年12月23日付）

三好実休 後期花押（屋代島村上文書　年未詳9月19日付）

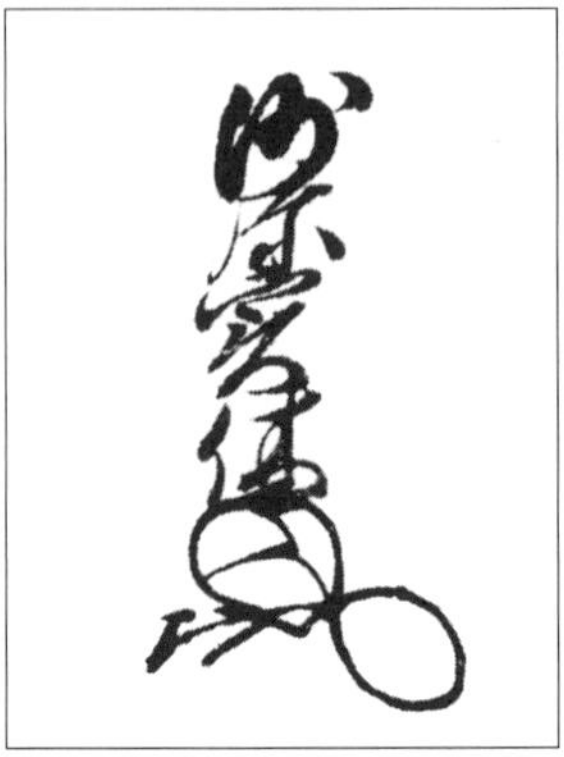

三好実休 前期花押（離宮八幡宮文書　永禄元年10月付）

三好康長 花押（真観寺文書 〔永禄5〕6月3日付）

三好長逸（長縁）**前期花押**
（鹿王院文書601号　年未詳正月20日付）

十河一存 花押（東寺百合文書
り函174　年未詳10月18日付）

安宅冬康 花押（東寺百合文書
ヤ函193　天文20年9月付）

三好政長 花押（賀茂別雷神社
文書　年未詳8月16日付）

三好長逸（宗功）**後期花押**
（離宮八幡宮文書　年未詳8月2日付）

三好長逸 中期花押（離宮八幡
宮文書　永禄8年12月付）

松永久秀 後期花押
（離宮八幡宮文書
元亀3年8月付）

松永久秀 前期花押
（賀茂別雷神社文書
年未詳8月16日付）

三好政生 後期花押
（離宮八幡宮文書
永禄8年12月付）

三好政生 前期花押
（離宮八幡宮文書
永禄元年6月9日付）

三好長慶関係人物略伝

芥川孫十郎《あくたがわまごじゅうろう》（?〜?）

三好之長の子で摂津国人芥川氏の養子となっていた長則の子。天文十六年（一五四七）に薬師寺氏が守る芥川山城を三好長慶が攻略すると、芥川山城を与えられた。長慶の妹婿であったとされる。しかし、天文二十一年に池田長正や小川式部丞と共に長慶に謀反を起こした。この時は許されたが、翌年再び謀反を起こすと、長慶に芥川山城を攻め落とされ、阿波に逃亡した。

足利義昭《あしかがよしあき》（一五三七〜一五九七）

足利義晴の次男で十五代将軍。名は覚慶、還俗して義秋、義昭。奈良の興福寺一乗院に入り、その門跡となる。永禄八年（一五六五）に兄の義輝や弟の鹿苑院周嵩が三好義継に討たれたが、義昭は松永久秀に幽閉されるに留まった。その後、近江の和田惟政、越前の朝倉義景を頼り、永禄十一年に織田信長や松永久秀の援助を得て上洛を果たした。やがて信長と対立し、元亀四年（天正元年、一五七三）に宇治の槇島城で挙兵するが、敗れて京都を追放された。天正四年には備後の鞆に逃れ、毛利氏・本願寺・武田氏・上杉氏らに檄を飛ばし、信長に対抗した。天正十五年まで現職の征夷大将軍であったが、翌年に京都に帰ると出家して昌山と号し、豊臣秀吉より一万石を与えられた。

足利義維《あしかがよしつな》（一五〇七〜一五七三）

足利義澄の次男。阿波で没した十代将軍の足利義稙の養子となった。大永七年（一五二七）に細川晴元や三好元長に擁立され、堺に渡海した。御内書を播磨の小寺氏や京都の本能寺などに発給した。また、斎藤基速・斎藤時基・斎藤誠基・治部直前・松田光致・飯尾為隆など奉行人の連署奉書を発給して畿内を支配した。公家からは「堺大樹」と称された一方、多くの守護からは将軍として認められなかった。やがて晴元と対立し、享禄五年（天文元年、一五三二）に元長と共に自害しようとしたが、捕らえられて阿波に渡った。後に本願寺からは「四国室町殿」と呼ばれ、何度か畿内復帰を目論むが果たせなかった。

足利義輝《あしかがよしてる》（一五三六〜一五六五）

足利義晴の長男で十三代将軍。実名は義藤、義輝。妻は近衛稙家の娘。天文十五年（一五四六）に細川晴元と細川氏綱の争いのため、近江の坂本に逃れ、そこで義晴より将軍職を譲られた。三好長慶と細川晴元が対立すると晴元に味方し、天文二十年には長慶の暗殺を謀ったが失敗した。天文二十二年から永禄元年（一五五八）の五年間、長慶によって京都を追われ近江の朽木に逃亡している。このため、永禄改元にあたって、正親町天皇は将軍と相談するという室町時代の慣例に従わず、義輝を無視した。長慶と和睦し京都に戻った永禄年間は、武田信玄と上杉謙信、毛利元就と尼子晴久、元就と大友宗麟など諸大名の和睦の斡旋に努めたが、多くは場当たり外交に終始した。永禄八年五月十八日、三好義継や松永久通が白昼堂々と大軍を率いて上洛するが、義輝はこれを全く警戒せず、翌日に襲撃されて討死した。このため、偶発的に起こった事件であったとする説もある。

足利義晴《あしかがよしはる》（一五一一〜一五五〇）

足利義澄の長男で十二代将軍。播磨の赤松氏の下で養育されていたが、細川高国の招きにより上洛し将軍になった。しかし、足利義維・細川晴元・三好元長らにより京都を追われ、大永七年（一五二七）から天文三年（一五三四）は近江の朽木に逃亡していたため、公家からは「朽木大樹」と呼ばれた。その一方で、全国の大名からは正式な将軍と承認され、明国に国書も送っている。この後も、細川氏綱と細川晴元の対立により、近江の坂本や穴太に避難を繰り返し、京都に戻ることなく没した。

足利義栄《あしかがよしひで》（一五四〇〜一五六八）

足利義維の長男で十四代将軍。実名は義親、義栄。阿波で過ごしていたが、永禄九年（一五六六）に篠原長房に擁立され、摂津富田の普門寺に入り、上洛を目指した。また、河野通宣や村上通康に御内書を発給して、忠節を求めている。結局、京都に入ることなく、永禄十一年二月に将軍に就任した。しかし、同年九月に足利義昭と織田信長が畿内に進攻したため、阿波に退去し、十一月頃に没した。

安宅冬康《あたぎふゆやす》（?〜一五六四）

三好元長の三男。幼名は千々世、仮名は神太郎、実名は鴨冬、冬康。後に一舟軒、宗繁と号した。官途は摂津守。幼くして淡路の由良や洲本を根拠地とする水軍の安宅氏の養子となり、菅氏や梶原氏など淡路水軍を従えた。弟の十河一存の死後は和泉の岸和田城を守った。しかし、永禄七年（一五六四）に山科言継によると「逆心」のため、飯盛山城で長慶に殺害された。長慶の後継者となった三好義継をめぐる対立があったのであろうか。和歌に優れ多くの歌集を残した。息子に神太郎がいる。

池田長正《いけだながまさ》（？〜一五六三）

摂津の国人で池田城主の池田信正の子。幼名は太松。官途は兵衛尉、筑後守。天文十七年（一五四八）に父の信正が細川晴元によって自害に追い込まれ、叔父の三好政長に池田家を押領されそうになったため、三好長慶と結び、晴元方から離反した。天文二十一年に、小河式部丞や芥川孫十郎と共に長慶から離反したが、すぐに帰参した。池田家中では正村・正朝・基好・正秀からなる池田四人衆を編成している。また、長慶の命により、京都や丹波、和泉に出兵した。永禄六年（一五六三）に死去すると、家臣団で内紛が起こり、四人衆のうち二人が殺害され、池田勝正が新たな当主となった。

池田信正《いけだのぶまさ》（？〜一五四八）

摂津の国人で池田城主の池田貞正の子か。後に宗田と号した。官途は筑後守。妻は三好政長の娘。享禄四年（一五三一）には細川高国や浦上村宗に攻められるなど、基本的には細川晴元方に属した。天文十五年（一五四六）に細川氏綱方へ寝返るが、翌年には晴元方に復帰した。しかし、晴元は許さず、信正に切腹を命じた。

伊勢貞孝《いせさだたか》（？〜一五六二）

室町幕府の政所の執事。官途は伊勢守。天文四年（一五三五）に政所の執事に就任した。天文二十二年（一五五三）に足利義輝が京都から追放されると、三好長慶に従い政務などに関して諮問を受けた。永禄五年（一五六二）に六角義賢が京都に侵攻すると、三好義興と足利義輝は八幡に退去したが、貞孝はそのまま在京し六角氏に従った。その後まもなく、義興と義輝が京都を奪還したため、貞孝は失脚し長坂で殺害された。

政所の執事には、政所沙汰への介入を目論む足利義輝によって、摂津晴門が任命された。

茨木長隆《いばらきながたか》（?～?）

摂津の国人。官途は伊賀守。大永七年（一五二七）に阿波から堺に渡海した細川晴元に奉行人として登用された。長隆による奉行人奉書の発給範囲は畿内各地に及び、高畠長直、飯尾元運、湯浅国氏、古津元幸らと連署状を発給することもあった。晴元が江口の戦いで三好長慶に敗れると、細川氏綱の奉行人となり、天文二十二年（一五五三）頃まで活動した。

石成友通《いわなりともみち》（?～一五七三）

三好三人衆の一人。実名は友通、長信。官途は主税助。自らの発給文書では「石成」のみを用いるが、他者の文書では「岩成」の表記もある。三好長慶に登用され奉行衆となり、永禄元年（一五五八）には一軍を率いて足利義輝と戦った。永禄八年には三好長逸や三好宗渭と共に三好三人衆となる。永禄九年より勝龍寺城（長岡京市）の城主となり、西岡一帯を支配した。永禄十一年には足利義昭と織田信長を迎え撃つが敗れた。元亀三年（一五七二）初頭には信長に属し、その信頼を得るが、翌年に信長と義昭が対立すると、義昭方として淀城で挙兵し、細川藤孝に討たれた。

斎藤基速《さいとうもとはや》（一四九九～一五六一）

室町幕府の奉行人である斎藤基雄の子。官途は越前守。足利義稙と共に阿波に逃れた後、大永七年（一五二七）に足利義維と共に堺に渡海し、奉行人として連署奉書を発給した。義維の奉行人のうち唯一、三好長慶に仕え、松永久秀らと共に奏者として活躍した。法華宗に帰依し、日珖の権僧正任官に尽力した。永禄四年（一五六一）に死去し摂津の吹田で荼毘に付せられた。画像（寿像）が頂妙寺に残る。

篠原長房《しのはらながふさ》（?～一五七三）

篠原長政の子。官途は右京進。岫雲斎、恕朴と号した。篠原氏は三好氏に最も古くから仕える譜代家臣の一人で上桜城主。永禄初年より三好実休を補佐し、上洛や讃岐の香川氏攻めに従った。永禄五年（一五六二）の久米田の戦いで実休が戦死した後に、分国法「新加制式」を定め、三好長治を補佐した。永禄九年には阿波より畿内に渡海し、三好三人衆を支援して、足利義栄を将軍に就けている。元亀年間には織田信長や毛利元就と激しく争い、毎年のように摂津と備前に出兵を繰り返した。しかし、元亀四年（天正元年、一五七三）に、信長との和睦を志向する三好長治と不和になり、河島の戦いで敗れて、長男の長重と共に討死した。次男の松満は紀伊雑賀に逃れたが、一族の実長（自遁）は長房と袂を分かち、長治に仕えており、篠原氏は分裂した。

笑嶺宗訢《しょうれいそうきん》（一四九〇～一五六八）

臨済宗大徳寺派の僧侶。永禄元年（一五六八）に大徳寺第一〇七世となる。大林宗套に師事した。永禄九年（一五六六）の長慶の葬礼を取り仕切り、聚光院所蔵の「三好長慶画像」に賛を書いた。また、三好義継の依頼により、長慶の菩提を弔う大徳寺聚光院の開山となった。

十河一存《そごうかずまさ》（?～一五六一）

三好元長の四男。仮名は孫六郎。官途は民部大夫。九条稙通の養女を妻とした。讃岐の国人で、方本や庵治の港を管理した十河氏を継いだ。天文十八年（一五四九）の江口の戦いで軍功を立てた。後に兄の長慶の命で、同盟者であった和泉守護代の松浦守の死後、松浦万満を後見し、永禄元年（一五五八）までに和泉の岸和田城に入城した。畠山氏や根来寺と戦ったが、永禄四年に病没した。息子に三好義継と松浦万満がいる。

大林宗套《だいりんそうとう》（一四八〇〜一五六八）
臨済宗大徳寺派の僧侶。天文五年（一五三六）に大徳寺第九〇世となる。弘治二年（一五五六）には三好長慶の依頼により、堺に建立された南宗寺の開山となった。三好長慶のみならず、多くの堺の豪商の帰依を受けた。また、永禄六年（一五六三）には三好義興の葬礼を取り仕切った。

内藤宗勝《ないとうむねかつ》（?〜一五六五）
松永久秀の弟。仮名は甚介、実名は長頼、宗勝。官途は備前守。蓬雲軒と号す。兄と共に三好長慶の下で足利義輝や細川晴元らと戦った。丹波守護代の内藤国貞の娘婿となったが、天文二十二年（一五五三）に国貞が戦死したため、生前の契約通り、息子の千勝（後の貞勝か）を家督に据え、八木城に入って、自らは後見として蓬雲軒宗勝と名乗った。八上城の波多野秀忠と激しく争い、弘治年間には丹後へも侵入した。永禄三年（一五六〇）からは、若狭の粟屋氏と結んで武田氏とも抗争を繰り返した。永禄四年頃より、内藤備前守を名乗った。永禄八年に荻野直正と戦って討死した。

畠山高政《はたけやまたかまさ》（一五二七〜一五七六）
畠山政国の子。官途は尾張守。一空と号した。河内・紀伊の守護。永禄元年（一五五八）に安見宗房と対立し、堺に逃れ三好長慶を頼った。翌年に長慶の援助で河内に復帰するが、永禄三年には宗房と結んで長慶に敵対した。永禄四年には久米田の戦いで三好実休を破るが、翌年の教興寺の戦いに敗北し、紀伊に逃れた。長慶の死後に三好氏で内紛が起こると松永久秀と結び、後に足利義昭に属した。永禄十二年に遊佐信教に追われ、紀伊に逃亡し、家督は弟の昭高に奪われた。

波多野秀忠《はたのひでただ》（?〜?）

丹波国人で八上城主の波多野元清の子。仮名は孫四郎。官途は備前守。大永六年（一五二六）に元清の義弟の香西元盛が、細川高国に殺害されたため、柳本賢治らと細川晴元に与した。天文初年の一時期、高国の弟の晴国に味方したこともあった。天文九年（一五四〇）に娘を摂津の三好長慶に嫁がせ、晴元の下で事実上の丹波守護代と認識されるに至った。丹波国内では氏綱に属した内藤国貞と戦いを繰り返した。

細川昭元《ほそかわあきもと》（一五四八?〜一五九二）

細川晴元の子。幼名は聡明丸、仮名は六郎。実名は昭元、信元、信良。官途は右京大夫。天文二十一年（一五五二）に三好長慶と足利義輝・細川晴元が和睦した際、長慶に人質として引き渡され、養育された。昭元に従った奉行人として飯尾為清がいる。永禄二年（一五五九）に元服した。三好三人衆と共に織田信長と戦ったが、元亀元年（一五七〇）に和睦が成立すると、足利義昭、ついで信長に仕え、信長の妹のお犬を娶った。信長の死後、豊臣秀吉の御伽衆になった。子孫は陸奥三春の秋田家の家老になった。

細川氏綱《ほそかわうじつな》（一五一三～一五六三）

細川典厩家の尹賢の長男。幼名は宮寿、仮名は二郎。実名は一字名の清、氏綱。官途は右京大夫。天文五年（一五三六）に細川高国の弟晴国が死ぬと、高国の後継者となり、天文十二年には畠山稙長らと結んで和泉の槙尾寺で挙兵した。天文十七年より、晴元から離反した三好長慶や、遊佐長教、内藤国貞、松浦守に擁立され、晴元を破って細川京兆家の家督を継承した。三好長慶が実権を握った後も、多羅尾綱知や斎藤長盛、若槻長澄が氏綱の被官として文書を発給した。永禄初年より淀城を居城としたため、「淀御屋形」と呼ばれた。

細川澄元《ほそかわすみもと》（一四八九～一五二〇）

阿波守護細川義春の子。仮名は六郎。官途は右京大夫。薬師寺元一らの推挙により、京兆家の細川政元の養子となり、三好之長と共に上洛した。将軍足利義澄の偏諱を受けて、澄元と名乗った。同じく養子の澄之と勢力を争い、永正四年（一五〇七）に澄之が養父の政元を暗殺すると、高国と共にこれを討った。しかし、高国が大内義興や畠山稙長と結び足利義稙を擁立すると、失脚した。永正八年に阿波より京都に攻め上ったが船岡山の戦いで敗北した。永正十七年に再挙するが、病気のため摂津の伊丹城に在城した。この時、三好之長のみが京都に進攻したが、高国に敗れ自害した。このため、澄元は阿波に下国し死去した。

細川澄之《ほそかわすみゆき》（一四八九～一五〇七）

九条政基の子。幼名は聡明丸。仮名は九郎。細川政元の養子となる。将軍足利義澄の偏諱を受けて、澄之と名乗った。永正四年（一五〇七）に、香西元長や薬師寺長忠と共に養父の政元を暗殺したが、すぐに細川高国に攻められ自害した。

細川高国《ほそかわたかくに》（一四八四～一五三一）

細川野州家の細川政春の子。官途は民部少輔、右京大夫、武蔵守。後に道永、常桓と号した。細川政元の養子となり、将軍足利義澄（義高）の偏諱を受けて、高国と名乗った。養父の政元を暗殺した澄之を討った。永正五年（一五〇八）に足利義稙を擁立して上洛した大内義興や畠山稙長、畠山義元と連携して、足利義澄と細川澄元を追放して、自らが京兆家の家督を継いだ。しかし、大内義興が帰国すると弱体化し、永正十八年には足利義晴を播磨から迎え、将軍に就けた。大永五年（一五二五）に子の稙国に家督を譲るが、早世したため、政務に復帰した。翌年に香西元盛を殺害したため、諸勢力の離反を招き、細川晴元や三好元長の畿内進攻を許した。三好元長との和睦を模索するが失敗し、伊勢、越前、播磨などを流浪し、享禄三年（一五三〇）に浦上村宗と連携して、摂津へ攻め込んだ。しかし、翌年、天王寺で三好元長に敗れ、尼崎で捕らえられて自害させられた。

細川晴元《ほそかわはるもと》（一五一四～一五六三）

細川澄元の子。仮名は六郎。官途は右京大夫。一清、永川と号した。近江守護の六角定頼の娘を妻とした。将軍足利義晴の偏諱を受け、義晴と名乗った。管領就任は確認できない。大永七年（一五二七）に足利義維や三好元長と共に堺に渡海して、細川高国を圧倒し畿内を制圧した。しかし、茨木長隆ら奉行人や、三好政長・木沢長政・可竹軒など「御前衆」（『細川両家記』）と呼ばれる側近衆を重用し、三好元長と対立した。そして、享禄五年（天文元年、一五三二）には本願寺証如と連携し、元長を滅ぼした。その後、足利義晴や六角定頼と和睦し、法華一揆を利用して、一向一揆を弾圧した。天文二年に三好長慶の仲介で証如と和睦した。天文五年に上洛したが、天文十一年に木沢長政の離反を招いた。天文十二年からは細川氏綱との戦いが始まり、天文十七年には三好長慶が氏綱方に寝返って、翌年に江口の戦いで三好政長が戦死する大敗を喫した。以後も京都近郊や近江、丹波、若狭を転戦したが、永禄四年（一五六一）に長慶と和睦し、摂津富田の普門寺で余生を過ごした。

細川持隆《ほそかわもちたか》（?～一五五三）

阿波守護の細川之持の子。妻は大内義興の娘。三好元長の後見人となり、細川晴元との仲を取り成したが、晴元が拒否すると阿波に帰国した。天文八年（一五三九）には三好実休と共に備前に出陣し、尼子氏の南下を防いだ。畿内で細川氏綱とも戦ったが、三好長慶が細川晴元と対立すると、阿波から出兵することはなくなった。天文二十二年（一五五三）に勝瑞の見性寺で、三好実休と十河一存に討たれた。

松永久秀《まつながひさひで》（?～一五七七）

官途は弾正忠、弾正少弼、山城守。後に道意と号した。妻は広橋国光の妹など。松永久秀の甥とされる孫六が波多野氏を追放して八上城主になった際、摂津の五百住（高槻市）から妙福寺を移転させており、松永氏自身が五百住の出身であった可能性が高い。天文八年（一五三九）頃より三好長慶に登用され、奉書や添状を発給した。三好長逸と共に長慶を支え、滝山城・信貴山城・多聞山城主となった。また、摂津の下郡（神戸市須磨区から豊中市に至る地域）や大和などの地域支配も担当した。永禄四年（一五六一）には長慶・義興父子と共に桐紋を許可される破格の待遇を受けた。永禄五年八月には大和一国と南山城を対象に大規模な徳政令を施行し、多聞山城の棟上げを奈良の町民に見せつけるなど、その権威を誇示した。永禄八年の足利義輝殺害には加わっていない。同年末より三好三人衆と対立するが劣勢であったため、畠山高政、三好義継、織田信長と結んだ。永禄十年には三好三人衆に陣地を提供した東大寺を襲い、大仏殿を類焼させた。信長の上洛を側面支援し、大和一国の支配が認められた。しかし、元亀二年（一五七一）に義昭が筒井順慶の支援に転ずると、辰市の戦いで大敗北を喫した。天正元年（一五七三）に織田信長から離反するが、多聞山城を明け渡すことで降伏が認められた。天正五年に再び離反し信貴山城に籠城するが、織田信忠の攻撃を受け、城を自ら焼いて切腹した。爆死であったかは定かではない。茶杓の玉椿を自ら作成したり、多聞山城では事実上の天守である四階建ての高矢倉や、近世城郭に採用されている多聞櫓を考案したりするなど、多才な面を示した。自らを取り立てた長慶に対する謀反を示す同時代史料は確認できず、信長が徳川家康に久秀の三つの悪事を紹介した逸話や、自害に際して平蜘蛛の茶釜を割った逸話など、その多くが江戸時代の創作で、いずれも事実ではない。

松永久通《まつながひさみち》（一五四三？〜一五七七）

松永久秀の子。仮名は彦六、官途は右衛門佐。実名は一時期のみ将軍足利義輝より偏諱を受けて、義久と名乗った（『言継卿記』）。永禄六年（一五六三）に久秀から家督が譲られた。永禄八年には三好義継と共に足利義輝を討った。永禄八年末より三好三人衆と対立すると、久秀が復帰した。天正元年（一五七三）に父と共に信長に背くが降伏し、翌年より信貴山城を居城とした。天正三年には、かつて人質であった十市遠忠の娘おなへを妻とした。塙直政や佐久間信盛の下で大坂本願寺攻めに加わったが、久秀と共に信長に背き敗死した。

三好実休《みよしじっきゅう》（一五二六もしくは一五二七〜六二）

三好元長の次男。幼名は千満丸、仮名は彦次郎、実名は之相、之虎。実休、物外軒と号した。官途は豊前守。義賢という実名は一次史料では確認できない。天文八年（一五三九）には阿波守護の細川持隆と共に讃岐・備前に出陣し、尼子氏と戦った。その後も持隆と共に畿内へ出陣し、天文十六年の舎利寺の戦いでは細川氏綱を破った。しかし、兄の長慶が晴元から離反すると、天文二十二年には持隆を見性寺で討った。篠原長政・長房親子の補佐を受け、播磨東部、京都、讃岐、河内と転戦し、永禄三年（一五六〇）には高屋城を居城として、畠山高政・根来寺に対抗した。兄長慶に次いで相伴衆に就任するが、永禄五年に久米田の戦いで畠山高政・根来寺に敗れ討死した。茶湯をよくし、堺の豪商の天王寺屋津田宗達らを阿波の勝瑞館に招いた。また千利休の高弟である山上宗二から武士でただ一人「数奇者」と激賞された。名物茶器の珠光小茄子茶入、実休肩衝茶入、三日月茶壺などを収集したが、死後に散逸した。これらの茶器は、織田信長によって再収集されたが本能寺の変で焼失した。息子に三好長治、三好存保、安宅神五郎がいる。

三好《みよし》宗渭《そうい》（一五二八～一五六九）

三好政長の長男。実名は政勝、政生、後に宗渭、釣閑斎と号す。政康という実名は一次史料では確認できない。官途は右衛門大輔、散位、下野守。おしどりの形を模した花押が有名で、茶湯や刀剣の目利きにも造詣が深かった。江口の戦いの後、洛北や丹波を転戦したが永禄元年（一五五八）より、三好長慶に属した。河内の畠山氏攻めに従い、永禄八年より三好長逸や石成友通と共に三好三人衆と称された。永禄十一年には織田信長と連携する松永久秀を牽制するため木津平城を守ったが、翌年に阿波で死去した。宗渭と為三の兄弟は講談「真田十勇士」の「三好清海・為三兄弟」のモデルとされているが、大坂の陣の頃には、宗渭は既に死去し、為三やその子因幡守は徳川秀忠の家臣となっていた。

三好宗三《みよしそうさん》（?～一五四九）

三好之長の弟長尚の子。仮名は神五郎（甚五郎）、実名は政長、後に宗三、半隠軒と号した。大永七年（一五二七）に阿波から畿内に進出し、三好長家らと転戦した。木沢長政や可竹軒と共に、「御前衆」と呼ばれる細川晴元の側近衆を形成し、三好元長とは別に晴元に仕えた。天文八年（一五三九）に三好長慶と河内十七箇所の代官職をめぐって対立し、後には木沢長政や孫の池田長正とも争い、晴元から長慶をはじめ畿内の守護代や国人が離反する原因をつくった。天文十八年の江口の戦いで長慶兄弟に敗れ戦死した。連歌や茶湯に優れ、多くの名物茶器を収集したことでも有名である。後に今川義元、織田信長を経て、徳川将軍家に伝えられた名刀「宗三左文字」の元々の所有者でもあった。

三好長逸《みよしながやす》（?～?）

三好長光の子。実名は長縁、長逸。宗功、北斎と号した。官途は日向守。長慶に次いで従四位下となり、松永久秀と共に長慶を支えた。播磨攻めや丹波攻めでも活躍した。永禄八年（一五六五）には、三好義継と共に足利義輝を討ち、三好宗渭や石成友通と共に三好三人衆を結成した。また、四国の篠原長房と結んで、松永親子に対抗するなど、三好長慶死去後の畿内政局を主導した。しかし、こうした手法は三好義継の離反を招き、対立を長引かせ、足利義昭や織田信長の介入を招くことになった。永禄十二年（一五六九）一月には、洛中に突入し義昭の居所である本国寺を攻撃した。翌年には摂津の池田氏や渡辺氏、山城の狛氏だけでなく、本願寺、浅井氏、朝倉氏、六角氏、延暦寺と結んで、義昭や信長を破り、摂津西部などを回復した。元亀三年（一五七二）には三好義継や松永久秀、安宅氏と結んで活動するが、天正元年（一五七三）以降の消息は不明である。

三好長慶《みよしながよし》（一五二二～一五六四）

三好元長の長男。幼名は千熊丸、仮名は孫次郎（孫二郎）、実名は利長、範長、長慶。伯陽軒と号した。官途は筑前守、修理大夫。妻は波多野秀忠の娘と遊佐長教の娘。父元長と共に堺に住んだが、細川晴元の謀略により元長が自害に追い込まれると、阿波に下国した。天文二年（一五三三）には畿内に復帰し、仲間割れした晴元と本願寺の和睦を仲介した。天文八年には河内十七箇所をめぐって、晴元や三好宗三と対立し挙兵するが、六角定頼らの仲裁により和睦し、越水城主となった。その後は晴元方として細川氏綱と畿内各地で戦ったが、天文十七年に三好宗三と対立した池田長正を支援し、遊佐長教と同盟した。そして、丹波の内藤国貞や和泉の松浦守らを糾合して、晴元に対して挙兵した。その翌年には、江口の戦いで晴元を破り、宗三を討った。以後、晴元を支援する足利義晴・義輝とも抗争を繰り返し、天文二十二年八月には義輝を近江の朽木へ追放すると、足利一族を擁立しない京都支配を実現した。そして、室町幕府奉行人連署奉書の発給を事実上停止に追い込み、細川氏綱に相談することなく、自らの意思で所領の安堵や相論の裁許を行い、判物を発給した。こうした裁許に携わる被官として摂津東部の松永久秀や鳥養貞長、山城淀の藤岡直綱などを登用した。永禄元年（一五五八）十一月に義輝と和睦すると、永禄三年には三好義興に家督を譲り、自らは飯盛山城を居城とした。この頃に勢力範囲は、畿内五か国に丹波、淡路、阿波、讃岐、播磨東部、伊予東部に及び、丹後や若狭にも進出していた。伊予の河野氏、播磨の浦上氏、但馬の山名氏、北近江の京極氏、美濃の斎藤氏と同盟を結ぶ一方で、六角義賢や畠山高政・根来寺の挟撃に苦しみ、足利義輝とも潜在的な対立関係が存在していた。弟たちを次々と失った後、永禄七年に死去した。その死は秘せられ、永禄九年に三好義継と三好長逸によって、河内の真観寺で葬礼が営まれた。葬礼に際して、長慶が師事した大林宗套は、長慶を「六韜三略兵書」に通じ「万葉古今歌道」を極め、「諸人」は「北斗」や「泰山」のように仰ぎ見たと評した。大徳寺聚光院と堺の南宗寺にその画像がある。

三好元長《みよしもとなが》（一五〇一～一五三二）

三好長秀の長男。三好之長の孫。幼名は千熊丸。開運と号した。長基という実名は一次史料では確認されていない。官途は筑前守。永正十七年（一五二〇）には篠原長政と共に阿波の浄土真宗寺院の安楽寺の還住に尽力した。大永七年（一五二七）に足利義維・細川晴元を擁立して堺に渡海し、足利義晴や細川高国を京都から近江に追放した。晴元の下で山城国の下五郡や河内八箇所を支配したが、義晴方との和睦問題や同僚の柳本賢治との対立により、晴元との関係が悪化し、享禄二年（一五二九）には阿波に下国した。細川高国や赤松晴政が播磨から摂津に進攻すると、復帰して天王寺で高国を破り、尼崎で自害に追い込んだ。しかし、義維方は、細川晴元・木沢長政・三好政長・柳本甚次郎陣営と足利義維・細川持隆・三好元長・畠山義堯陣営の争いが激化していった。享禄五年正月、元長の被官が柳本甚次郎を殺害すると、晴元は本願寺証如と結んで、一向一揆に畠山義堯と三好元長の征伐を命じた。堺南庄にいた元長は、法華宗寺院の顕本寺で塩田氏や加地氏ら重臣と共に自害した。見性寺に画像がある。

三好之長《みよしゆきなが》（一四五八～一五二〇）

官途は筑前守。長輝という実名は一次史料では確認されない。喜雲道悦の法名が贈られた。永正三年（一五〇六）に、細川澄元が細川政元の養子となると、澄元と共に上洛し、摂津支配に関与した。翌年、政元が細川澄之に暗殺されると近江に逃れ、細川高国が澄之を倒すと、澄元に京兆家家督を継がせた。しかし、高国が足利義稙を擁して上洛した大内義興と結ぶと、再び近江に逃亡した。永正五年には、阿波で細川成之より阿波国人に対する軍事指揮権を与えられ、阿波国内の反乱の鎮定にあたっている。永正六年六月に京都奪還を目論むが、如意嶽の戦いで敗れて阿波に逃れた。この時、長男の三好長秀は伊勢に向かったが、北畠材親に討たれた。永正八年には船岡山の戦いで、再び高国に敗れ阿波に逼塞した。永正十四年には細川尚春を討って淡路を占領し、永正十六年に兵庫に渡海して、摂津を制圧して上洛を果たした。しかし、病床の澄元を伊丹城に残していたため、高国と六角定頼の反撃を受けると、阿波の国人の多くが寝返り大敗を喫した。之長は曇華院に逃れ高国に降伏したが、知恩寺で自害させられた。子の三好長光と芥川長則も自害した。「三好之長画像模本」（京都大学総合博物館蔵）に知恩寺の法誉聖然が施した賛には「三好氏曩祖日本無双之弓取」と記され、三好氏興隆の祖と称えられた。

三好義興《みよしよしおき》（一五四二～一五六三）

三好長慶の嫡男。幼名は孫次郎、実名は義長、義興。官途は筑前守。永禄三年（一五六〇）に長慶より三好家嫡流の代々の官途である筑前守や芥川山城、判物の発給を受け継ぎ、事実上家督が譲られた。側近には奈良長高がいる。将軍足利義輝より偏諱として、足利氏の通字「義」を与えられ、義長と名乗った。桐紋を許可され、相伴衆に任じられた。永禄四年には義輝の御成を受け、翌年には教興寺の戦いで畠山高政を破った。しかし、永禄六年に病に倒れ、祇園社・醍醐寺・吉田兼右・正親町天皇による平癒の祈祷や、曲直瀬道三と半井驢庵の治療を受けるが死去した。松永久秀による毒殺説は、一次史料には見えない。

三好義継《みよしよしつぐ》（一五五一～一五七三）

父は十河一存、母は九条稙通の養女、妻は足利義晴の娘。仮名は孫六郎、実名は重存、義重、義継。官途は左京大夫。側近には金山長信、信貞らがいる。三好義興の死去に伴い、三好長慶の後継者となった。永禄八年（一五六五）に足利義輝を討つが、年末には三好三人衆と松永親子の内紛を引き起こしてしまう。永禄九年六月には、それまで喪を秘していた長慶の葬礼を大徳寺や五山の僧侶を集め、河内の真観寺で執行した。また、大徳寺に長慶の菩提を弔う聚光院の造営を命じた。義継は三好三人衆や篠原長房と結んでいたが、やがて彼らに反発し、永禄十年には松永久秀と合流した。信長らの上洛後は飯盛山城主として、河内北部や摂津南部を支配したが、元亀四年（天正元年、一五七三）に義昭が信長から離反すると、若江城でこれを匿ったため、佐久間信盛に攻められ自害した。

安見宗房《やすみむねふさ》（?～?）

官途は美作守。永禄八年（一五六五）頃より遊佐姓を名乗る。直政という実名は一次史料では確認できない。大和の越智氏の被官であったとされ、後に畠山氏の家臣となった。天文二十一年（一五五二）二月、遊佐長教の暗殺に関与したとされる萱振氏を討った。丹下盛知と共に三好長慶に味方して出兵し、足利義輝や細川晴元と戦った。永禄元年（一五五八）、主君の畠山高政と対立し、高政と結んだ三好長慶の河内・大和侵攻を招いた。永禄三年に高政と和睦するが、再び長慶の介入を招き、飯盛山城を奪われ堺へ敗走した。永禄五年の教興寺の戦いに敗れた際には、大坂本願寺に逃れた。永禄八年には足利義輝が三好義継らに討たれた情報を上杉謙信に伝えた。北河内の私部城や枚方寺内町に権力基盤を有し、後には幕府の奉公衆の身分を獲得した。

遊佐長教《ゆさながのり》（?～一五五一）

遊佐順盛の子。仮名は新次郎。官途は河内守。天文三年（一五三四）に政長流畠山氏の守護代として、畠山稙長を追放し長経を家督に立てたが、その後も、政国―稙長―政国と主君を次々と擁立した。天文十五年には細川氏綱と結び、天正十八年には娘を三好長慶に嫁がせ同盟した。また、大和の筒井順昭にも娘を嫁がせていた。長慶や氏綱と共に、晴元を破ったが、天文二十年五月に暗殺された。

三好長慶関係史跡

京都府

大徳寺聚光院《だいとくじじゅこういん》（京都市北区紫野大徳寺町）

臨済宗大徳寺派の大徳寺の塔頭。名称は三好長慶の法名の聚光院殿にちなむ。永禄九年（一五六六）に長慶の後継者である三好義継が、笑嶺宗訢を開山として、建立を始めた。狩野永徳が描いたとされる方丈障壁画は国宝に、三好長慶画像は重要文化財に指定されている。笑嶺宗訢は千利休の参禅の師となったことから、利休以降千家歴代の墓所としても有名になった。特別公開を除いて見学は不可となっている。

八木城《やぎじょう》（南丹市八木町八木）

丹波守護細川氏の下で、守護代となった内藤氏の居城。赤井氏の黒井城、波多野氏の八上城と共に丹波三大山城の一つとされる。内藤氏は細川高国、細川氏綱、三好長慶に属した。天文二十二年（一五五三）九月に内藤国貞が討死して落城するが、すぐに松永久秀の弟の長頼が奪還し、以後は長頼（改名して内藤宗勝）の居城となった。天正七年（一五七九）に明智光秀に攻められ落城し、廃城となった。

大阪府

芥川山城《あくたがわやまじょう》（高槻市三好山）

名勝の摂津峡の東に位置し、北・西・南を芥川が廻る山城。永正十二年（一五一五）から翌年にかけて、細川高国が細川澄元の来襲に備え、能勢頼則に命じ築城させた。細川晴元、薬師寺元房、芥川孫十郎に続き、天文二十二年（一五五三）八月に三好長慶が城主となった。当時は「芥川」や「城山」と呼ばれ、この城で長慶が畿内各地の裁許を行った。織田信長の時代には和田惟政に預けられるが、惟政は高槻城に移り廃城となった。主郭からは弘治二年（一五五六）の火災や、その後に建てられた礎石建物の跡が見つかっている。麓には居館の跡が確認されず、山上で暮らしていたと推定される。また、大手の谷筋や一部の出丸に石垣が見られる。現在は郡家水利組合によって、長慶やその一族郎党が祀られている祠がある。

飯盛山城《いいもりやまじょう》（四條畷市南野・大東市北条）

生駒山地に位置する大阪府下最大級の山城。南北朝時代に臨時的に使用され、一五三〇年頃より、義就流畠山氏と細川晴元に両属した木沢長政の居城となった。城主は畠山在氏、安見宗房と変わり、永禄三年（一五六〇）に三好長慶が入城すると、三好氏の祖先である源義光に所縁の新羅社が設けられた（現存せず）。三好義継が継承したが、後に若江城に移ったため、廃城となった。城の全域で石垣が確認され、東面の曲輪群、特に本丸の東側と御体塚丸の東側の曲輪群はすべて石垣で築かれていた。現在は、本曲輪に楠木正行の銅像、馬場曲輪に楠公寺、千畳敷曲輪にＦＭ大阪の送信所が立ち、大阪府を一望できるハイキングコースになっている。

顕本寺《けんぽんじ》（堺市堺区宿院町）

法華宗日隆門流の「南西国末頭」の寺院。山号は常住山。宝徳二年（一四五〇）に、木屋と筋屋の支援により、開口神社に近い甲斐町山ノ口に創建された。享禄五年（一五三二）、細川晴元に味方した一向一揆に攻められ、三好元長は顕本寺で自害した。そのため、元長の位牌所として、三好長慶、三好実休、安宅冬康より、軍勢の寄宿免除の特権を受けた。弘治二年（一五五六）には、元長の二十五回忌の法要が行われた。寺僧の高三隆達は小唄「隆達節」の創始者として知られる。現在、三好元長の墓がある。

真観寺《しんかんじ》（八尾市北亀井）

臨済宗南禅寺派の寺院で、山号は萬松山。応永年間（一三九四〜一四二八）に河内守護の畠山満家によって創建されたと伝えられる。歴代畠山氏の手厚い保護を受けた。三好長慶は永禄七年（一五六四）に没したが、その死は秘せられ、永禄九年に三好義継や三好長逸、笑嶺宗訢をはじめとする大徳寺僧や五山の僧によって、当寺で葬儀が営まれた。長慶の家臣の松山重治や生島秀実から、「聚光院殿（三好長慶）墓所」として尊崇された。現在、長慶と義継の宝篋印塔が残されている。

高屋城《たかやじょう》（羽曳野市古市）

石川の東岸の河岸段丘上に築かれた河内守護畠山氏歴代の居城。文明年間（一四六九〜八六）に畠山義就によって築城されたとされる。永禄三年（一五六〇）、三好実休が畠山高政を紀伊に追放し居城とした。その後は、実休の重臣の三好康長や、畠山高政・昭高らが城主となった。南北に走る東高野街道を城内に取り込んだ構造を持ち、大永二年（一五二二）には百八十軒の屋敷が焼けたという記録が残る。天正三年（一五七五）以後、廃城となった。本丸の高屋築山古墳（安閑天皇陵）は、現在立ち入りが禁止されている。

南宗寺《なんしゅうじ》（堺市堺区南旅籠町）

臨済宗大徳寺派の寺院で、三好氏の菩提寺。三好長慶が父元長の菩提を弔うため、師事する大林宗套を開山として、現在の宿院町付近に建立した。重臣の松永久秀が妻を弔うため、敷地内に勝善院を創建した（現存せず）。大坂夏の陣で焼失したが、沢庵宗彭によって現在地に再興された。境内には、武野紹鷗や千利休、三好一族、天王寺屋津田宗及一門の供養塔などがある。大坂夏の陣で徳川家康が没したとの伝説もある。

妙国寺《みょうこくじ》（堺市堺区材木町）

法華宗の寺院で、山号は広普山。三好実休一家の帰依を受け、土地を寄進された日珖が、父の油屋常言や兄の常縁の協力により創建した。日珖の残した『己行記』の記事やその紙背文書からは、三好実休の妻や長治・存保兄弟、阿波武士の動静を窺うことができる。境内の大蘇鉄は国指定の天然記念物で、安土城に移植されたが、その霊験を恐れた織田信長が妙国寺に返したという。

霊松寺《れいしょうじ》（高槻市天神町）

曹洞宗の寺院で、山号は黄牛山。永禄元年（一五五八）に勅願寺になったと伝えられている。境内には、「三好のカンカン石」と呼ばれる自然石で作られた、芥川山城主の三好義興の墓がある。

奈良県

信貴山城《しぎさんじょう》（生駒郡平群町信貴山）

生駒山地の信貴山雄岳山頂に築かれた山城。天文五年（一五三六）に木沢長政によって築かれ、大坂本願寺の証如から祝儀が贈られた。永禄二年（一五五九）に松永久秀が入城し、大和進出の拠点とした。天正五年（一五七七）に松永久秀・久通親子は信貴山城に籠城し、織田信長に離反したが、織田信忠の攻撃により落城した。立入殿屋敷曲輪や松永屋敷曲輪などの跡が残る。聖徳太子以来、毘沙門天を本尊とする朝護孫子寺が信貴山の中腹に、空鉢堂が本丸跡にある。

多聞山城《たもんやまじょう》（奈良市法蓮寺）

独立丘陵上に築かれた平山城。松永久秀が眉間寺を他所に移し、永禄四年（一五六一）に築城を始め、翌年には棟上げを行った。壁は白壁、屋根は瓦葺で、石垣を用いた。長屋状の建築物と櫓を連結した「多聞櫓」や、四階建ての事実上の天守である「高矢倉」が築かれた。多くの公家や武士が見学に訪れ、京都以上に華麗であると称賛された。天正元年（一五七三）に松永久秀が織田信長に降伏した際、明け渡され、順次破却された。豊臣秀吉によって一時再建計画が持ちあがったが実現せず、江戸時代には山麓に奈良奉行所が設置された。城跡の西側には聖武天皇陵がある。

兵庫県

越水城《こしみずじょう》（西宮市越水町・桜谷町）
夙川東岸の台地上にあり、北は六甲山地の甲山に続く平山城。西国街道は北東から越水に入り、ここで南に折れて西宮に向かい、そこで西に折れた。永正十二年（一五一五）から翌年にかけて、細川高国が細川澄元の来襲に備え、瓦林政頼に命じ築城させた。摂津西部の政治的中心地である西宮を防衛する重要拠点であり、三好長慶の居城ともなった。永禄九年（一五六六）以後は篠原長房の居城となるが、永禄十一年以後、廃城となった。周辺には、城ヶ堀・城ヶ谷・大手などの地名が残るが、現在は宅地化している。

滝山城《たきやまじょう》（神戸市中央区城山）
山陽新幹線の新神戸駅の裏山、名勝の布引の滝の西に位置する山城。南北朝時代に赤松円心が築いたとされる。戦国時代に松永久秀の居城となった。弘治二年（一五五六）、久秀は主君の長慶を招き、千句連歌（「滝山千句」）や能などで歓待した。城内には妙蔵寺という法華宗寺院が設けられていた（現存せず）。永禄九年（一五六六）、三好家の内紛により、松永方が守る滝山城は、篠原長房に攻められ落城した。現在は神戸港を一望できるハイキングコースになっている。

徳島県

見性寺《けんしょうじ》（板野郡藍住町勝瑞字東勝地）

臨済宗妙心寺派の寺院で、山号は龍音山と称する三好氏の菩提寺。宝治年間（一二四七〜四九）に美馬郡岩倉城主の小笠原長之が宝珠寺として創建した。永正年間（一五〇四〜二一）に三好元長が見性寺と改名し勝瑞の城下に移し、享保年間（一七一六〜三六）に現在の勝瑞城跡に移転した。三好之長画像、三好元長画像や、三好元長寄進状、三好千熊丸（長慶）・千満丸（実休）寄進状を所蔵する。

芝生城《しぼうじょう》（三好市三野町芝生）

『阿波志』によると、三好之長・元長の居城であったとされる。三好長慶の生誕地であるとする説もある。吉野川北岸の河岸段丘先端にあり、撫養街道や芝生津の渡しなどに近い交通の要所に位置した。周辺には、殿屋敷・大善寺・馬場・犬ノ馬場・市・土井など、城にちなむ地名が残る。

勝瑞城《しょうずいじょう》（板野郡藍住町勝瑞字東勝地）

勝瑞館の北東に位置し、現在は見性寺の境内地となっている平城。盛土層の下層から出土した備前焼の作成年代から、天正十年（一五八二）の長宗我部元親との戦いに際して築城されたと推定されている。周囲を堀で囲まれ、北西部に張り出す土塁が残る。大量かつ多様な瓦が出土しており、城下の寺院の瓦を転用した瓦葺の建物が城内に存在したとみられる。平成十三年（二〇〇一）に国の史跡に指定された。

勝瑞館《しょうずいやかた》（板野郡藍住町勝瑞字東勝地）

阿波守護の細川成之が、延徳三年（一四九一）以前に、秋月（阿波市）から勝瑞に守護所を移したと推定されている。地名も細川氏か細川氏に招聘された禅僧が命名したと考えられる。幅十一メートルの大規模な堀が検出され、永禄七年（一五六四）の銘が入った卒塔婆などが出土している。また曲輪からは、池泉庭園や礎石建物が検出された。平成十三年（二〇〇一）に国の史跡に指定され、史跡公園としての整備が進められている。

滝寺《たきじ》（三好市三野町加茂野宮）

真言宗御室派の寺院で、開山は空海、開基は阿波守護の小笠原長経とされる。小笠原氏の末裔である三好氏の保護を受けたという。

参考文献

秋永政孝『戦国三好党　日本の武将三八　三好長慶』（人物往来社、一九六八）
天野忠幸『戦国期三好政権の研究』（清文堂出版、二〇一〇）
天野忠幸「戦国期の宗教秩序の変容と三好氏」（『織豊期研究』一二所収、織豊期研究会、二〇一〇）
天野忠幸「戦国期における三好氏の堺支配をめぐって」（『堺市博物館報』三〇所収、堺市博物館、二〇一一）
天野忠幸「松永久秀を取り巻く人々と堺の文化」（『堺市博物館報』三一所収、堺市博物館、二〇一二）
天野忠幸編『論集戦国大名と国衆一〇　阿波三好氏』（岩田書院、二〇一二）
生野勇「戦国武将目利者　三好釣閑斎の研究」（『刀剣美術』三八七所収、日本美術刀剣保存協会、一九八九）
出水康生『天下を制す　三好長慶VS織田信長　戦国阿波おもしろ百話』（教育出版センター、二〇〇三）
出水康生『三好長慶　戦国天下人』（教育出版センター、二〇〇七）
今谷明『戦国期の室町幕府』（角川書店、一九七五。二〇〇六年に講談社学術文庫より再版）
今谷明『言継卿記　―公家社会と町衆文化の接点―』（そしえて、一九八〇。二〇〇二年に講談社学術文庫『戦国時代の貴族　『言継卿記』が描く京都』として再版）
今谷明『室町幕府解体過程の研究』（岩波書店、一九八五）
今谷明『戦国三好一族』（新人物往来社、一九八五。二〇〇七年に洋泉社新書より再版）
今谷明『京都・一五四七年　―描かれた中世都市―』（平凡社、一九八八年。二〇〇三年に平凡社ライブラリーより再版）
今谷明「松永久秀の虚像と実像」（『別冊歴史読本』一九八二年十月号所収、新人物往来社。一九九三年に同『天皇と天下人』〈新人物往来社〉に収録）
小谷利明『畿内戦国期守護と地域社会』（清文堂出版、二〇〇三）
斎藤義光「翻刻と解説　武将連歌の系譜　―三好長慶・安宅冬康・細川藤孝を中心として―」（『解釈』四八六・四八七所収、解釈学会、一九八八・一九八九）
重見髙博「阿波の守護所」（内堀信雄・鈴木正貴・仁木宏・三宅唯美編『守護所と戦国城下町』所収、高志書院、二〇〇六）

下川雅弘「上洛直後における細川氏綱の政治的役割」（『戦国史研究』五一所収、戦国史研究会、二〇〇六）
下川雅弘「三好長慶の上洛と東寺からの礼銭」（『戦国史研究』五六所収、戦国史研究会、二〇〇八）
末柄　豊「細川氏の同族連合体制の解体と畿内領国化」（石井進編『中世の法と政治』所収、吉川弘文館、一九九二）
須藤茂樹・三好昭一郎『阿波勝瑞館物語』下巻（徳島県教育印刷、二〇〇二）
諏訪雅信「三好長慶の死因に関する医学的考察」（『歴史研究』四五所収、歴史研究、二〇〇三）
高槻市立しろあと歴史館編『三好長慶の時代　―「織田信長　芥川入城」の以前以後―』（高槻市立しろあと歴史館、二〇〇七）
高橋成計「松永長頼の動向にみる三好氏の軍事行動（二）　―内藤宗勝と称した時期を中心に」（『丹波』七所収、丹波史談会、二〇〇五）
高橋敏子「東寺寺僧と公文所との相論にみる三好権力」（東寺文書研究会編『東寺文書にみる中世社会』所収、東京堂出版、一九九九）
竹貫元勝「大徳寺塔頭について　―三好長慶・千利休と聚光院―」（田中良昭博士古稀記念論集刊行会編『田中良昭博士古稀記念論集　禅学研究の諸相』所収、大東出版社、二〇〇三）
田中信司「松永久秀と京都政局」（『青山史学』二六所収、青山学院大学、二〇〇八）
田中信司「御供衆としての松永久秀」（『日本歴史』七二九所収、吉川弘文館、二〇〇九）
鶴崎裕雄「瀧山千句と三好長慶」（『中世文学』三四所収、中世文学会、一九八九）
鶴崎裕雄「新出連歌資料「（仮題）天文三好千句三つ物」」（『國文學』八三・八四合併号所収、関西大学、二〇〇二）
鶴崎裕雄・黒田彰子・宮脇真彦・島津忠夫編『千句連歌集八　飯盛千句・大原野千句・高野千句』（古典文庫、一九八八）
徳島市立徳島城博物館編『勝瑞時代　三好長慶天下を制す』（徳島市立徳島城博物館、二〇〇一）
中井　均「飯盛山城」（『歴史読本』二〇一一年九月号所収、新人物往来社）
長江正一『三好長慶』（吉川弘文館、一九六八）
中西裕樹「戦国期における地域の城館と守護公権　―摂津国、河内国の事例から―」（村田修三編『新視点　中世城郭研究論集』所収、新人物往来社、二〇〇二）
南丹市日吉町郷土資料館編『丹波動乱　―内藤宗勝とその時代―』（南丹市日吉町郷土資料館、二〇〇五）
仁木　宏『空間・公・共同体』（青木書店、一九九七）
仁木　宏『戦国時代、村と町のかたち』（山川出版社、二〇〇四）

仁木　宏『京都の都市共同体と権力』（思文閣出版、二〇一〇）
野田泰三「西岡国人土豪と三好氏　―三好長慶政権成立の前提―」（東寺文書研究会編『東寺文書にみる中世社会』所収、東京堂出版、一九九九）
馬部隆弘「信長上洛前夜の畿内情勢　―九条稙通と三好一族の関係を中心に―」（『日本歴史』七三六所収、吉川弘文館、二〇〇九）
福島克彦「松永久秀と多聞山城」（城郭談話会編『筒井城総合調査報告書』所収、二〇〇四）
福島克彦『戦争の日本史一一　畿内・近国の戦国合戦』（吉川弘文館、二〇〇九）
藤井　学「松永久秀の数奇・風雅」（『茶道雑誌』六二―五所収、河原書店、一九九八）
古野　貢『中世後期細川氏の権力構造』（吉川弘文館、二〇〇八）
水野智之『室町時代公武関係の研究』（吉川弘文館、二〇〇五）
村井祐樹「松永弾正再考」（『遥かなる中世』二一所収、中世史研究会、二〇〇六）
森田恭二『戦国期歴代細川氏の研究』（和泉書院、一九九四）
矢内一磨「堺妙國寺蔵「己行記」について―史料研究を中心に―」（『堺市博物館報』二六所収、堺市博物館、二〇〇七）
矢内一磨「史料紹介　堺妙國寺蔵日珖自筆「行功部分記」」（『堺市博物館報』二七所収、堺市博物館、二〇〇七）
矢内一磨「堺妙國寺蔵「己行記」紙背文書の翻刻と紹介」（『堺市博物館報』三〇所収、堺市博物館、二〇一一）
山田邦明『全集日本の歴史　第八巻　戦国の活力』（小学館、二〇〇八）
山田康弘「将軍義輝殺害事件に関する一考察」（『戦国史研究』四三所収、戦国史研究会、二〇〇二）
余語敏男「寿慶・長慶・宗訊の三吟」（『名古屋女子大学紀要』四三所収、名古屋女子大学、一九九七）
米原正義「三好長慶とその周辺の文芸」（小川信先生の古稀記念論集を刊行する会編『日本中世政治社会の研究』所収、続群書類従完成会、一九九一）
若松和三郎『篠原長房』（原田印刷出版、一九八九）
若松和三郎『中世阿波細川氏考』（原田印刷出版、二〇〇〇）

〈著者略歴〉

今谷　明（いまたに あきら）
一九四二年、京都府生まれ。京都大学大学院文学研究科博士課程単位取得退学（国史学専攻）。文学博士。国立歴史民俗博物館助教授、横浜市立大学教授、国際日本文化研究センター教授、都留文科大学学長等を経て、現在帝京大学特任教授。著書に『室町幕府解体過程の研究』（岩波書店）、『戦国三好一族』（新人物往来社・洋泉社）ほか多数がある。

古野　貢（ふるの みつぎ）
一九六八年、岡山県生まれ。大阪市立大学大学院文学研究科後期博士課程単位取得退学。博士（文学）。武庫川女子大学講師。主著として『中世後期細川氏の権力構造』（吉川弘文館）、編著として『春日大社南郷目代今西家文書』（豊中市教育委員会）、共編著として『戦国・織豊期の西国社会』（日本史史料研究会）、共著として『戦国期畿内の政治社会構造』（和泉書院）ほか。

出水 康生（いずみ やすお）
一九三八年、徳島県生まれ。本名泉康弘。神戸大学文学部卒業。一九六二～九九年徳島県立高校教師。現在はＮＨＫ文化センター（徳島）講師、徳島県シルバー大学校講師。徳島ペンクラブ会員。一九九九年に三好長慶会を創立、同会代表。著書に『戦国天下人三好長慶』（教育出版センター）ほか多数がある。

湯川 敏治（ゆかわ としはる）
一九四二年、大阪府生まれ。関西大学文学部史学科卒業。博士（文学）。中世公家日記研究会幹事。編著に『歴名土代』（続群書類従完成会）、著書に『戦国期公家社会と荘園経済』（続群書類従完成会）、共著に『地域文化の歴史を往く―古代・中世から近世へ』（和泉書院）があるほか、戦国期公家社会に関する論文多数。

堀　孝（ほり たかし）

一九三四年、大阪府生まれ。大阪府立大学卒業。高槻市教育委員会参事を経て、現在、大阪歴史懇談会会員、NPO高槻市文化財スタッフの会会員、三好芥川城の会会員、関西歴史散歩の会会員。共編著に『戦国三好一族の謎』（総合出版社歴研）、『摂河泉　城下町と諸藩』（大阪春秋）がある。

須藤 茂樹（すどう しげき）

一九六三年、東京都生まれ。國學院大學大学院文学研究科博士課程後期日本史学専攻単位取得。四国大学文学部日本文学科専任講師。著書に『戦国武将変わり兜図鑑』（新人物往来社）、共著に『戦国武将の肖像画』（新人物往来社）、論文に「三好氏と「戦国文化」―茶の湯を中心として―」（『水脈』九）などがある。

下川 雅弘（しもかわ まさひろ）

一九七五年、京都府生まれ。日本大学大学院文学研究科日本史専攻博士後期課程満期退学。駒沢女子大学専任講師。共著に『織田権力の領域支配』（岩田書院）、論文に「三好長慶の上洛と東寺からの礼銭」（『戦国史研究』五六）、「「久世方日記」小考」（『日本歴史』七二七）など。

田中 信司（たなか しんじ）

一九七九年、岐阜県生まれ。青山学院大学大学院文学研究科史学専攻博士後期課程修了。博士（歴史学）。青山学院大学非常勤講師、埼玉工業大学非常勤講師。主要論文に「松永久秀と京都政局」（『青山史学』二六）、「御供衆としての松永久秀―足利義輝三好亭御成の分析から―」（『日本歴史』七二九）、「中世後期道路網の復元―戦国期武蔵国東部の城・館との関係から―」（『日本歴史』七六七）など。

天野 忠幸（あまの ただゆき）

一九七六年、兵庫県生まれ。大阪市立大学大学院文学研究科後期博士課程修了。博士（文学）。現在関西大学・滋賀短期大学非常勤講師。著書に『戦国期三好政権の研究』（清文堂出版）、編著に『論集戦国大名と国衆一〇　阿波三好氏』（岩田書院）、『戦国・織豊期の西国社会』（日本史史料研究会）、共同監修に『本興寺文書』第一巻（清文堂出版）など。

諏訪 雅信（すわ まさのぶ）
一九五七年、大阪府生まれ。一九八二年医師免許取得。一九八九年より保健福祉業に従事。一九九九年介護支援専門員。三好長慶会・三好芥川城の会会員。著書に『三芳野の花～三好長慶の生涯～』（近代文藝社）がある。

中西 裕樹（なかにし ゆうき）
一九七二年、大阪府生まれ。立命館大学文学部史学科日本史学専攻卒業。現在は高槻市立しろあと歴史館事務長兼歴史民俗資料館長。しろあと歴史館では特別展「三好長慶の時代」「北摂の戦国時代　高山右近」「城下町高槻のはじまり」などを担当。著書に『天下統一と高槻』（高槻市立しろあと歴史館）、分担執筆に『甲賀市史第7巻　甲賀の城』（甲賀市）など。

竹貫 元勝（たけぬき げんしょう）
一九四五年、京都府生まれ。花園大学文学部特任教授、正眼短期大学副学長。文学博士。著書に『日本禅宗史』（大蔵出版）、『近世黄檗宗末寺帳集成』『日本禅宗史研究』（雄山閣出版）、『図説日本仏教の歴史―室町時代―』（佼成出版）、『新日本禅宗史―時の権力者と禅僧たち』（禅文化研究所）、『古渓宗陳』『紫野大徳寺の歴史と文化』（淡交社）、『宗峰妙超』（ミネルヴァ書房）、『妙感寺史』（中外日報社）、共編に『夢窓疎石』（春秋社）ほか。

髙橋 勝幸（たかはし かつゆき）
一九四五年、愛媛県生まれ。パラグアイ移民。日本帰国後上智大学文学部卒業。栄光学院・啓光学園教諭を経て、立命館大学大学院文学研究科（日本史学専修）修了。現在国際日本文化センター研究生（比較思想）。『検証日本二十六聖人長崎への道』（啓光学園郷土研究会）、『日本史小百科　キリシタン』（東京堂出版）、『上智人間学紀要』などに掲載多数。

山田 哲也（やまだ てつや）
一九五六年、愛知県生まれ。大谷大学大学院修士課程修了、同志社大学大学院博士後期課程単位取得退学。裏千家学園講師、花園大学・大谷大学非常勤講師。戦国期真宗教団史、日本茶道史専攻。共著に『講座蓮如』第五巻（平凡社）、『茶大百科』Ⅰ（農山漁村文化協会）、『美術フォーラム21』特集茶の湯―スキの芸術（醍醐書房）など。

鶴崎 裕雄（つるさき ひろお）
一九三五年、大阪府生まれ。関西学院大学経済学部卒業。関西大学大学院文学研究科修了。文学博士。帝塚山学院大学名誉教授。主要著書に『戦国の権力と寄合の文芸』（和泉書院）、『戦国を往く連歌師宗長』（角川書店）、共著に『中世日記紀行集』（岩波書店）、『直江兼続の新研究』（宮帯出版社）、編著に『地域文化の歴史を往く―古代・中世から近世へ』（和泉書院）、ほかに『新修大阪市史』『和歌山県史』『群馬県史』『静岡県史』など地方自治体史に執筆多数。

〈謝 辞〉
花押の写真掲載にあたっては、各所蔵者および機関から写真提供のご高配を賜りました。記して感謝いたします。
京都府／京都府立総合資料館提供（三好元長・三好長慶・三好義継・安宅冬康・十河一存）、離宮八幡宮／大山崎町歴史資料館提供（三好之長・三好義興・三好実休前期・三好長逸中期 後期・三好政生前期 後期・松永久秀後期）、鹿王院／京都府立総合資料館提供（三好長逸前期）、真観寺／八尾市立歴史民俗資料館提供（三好康長）、上賀茂神社（三好政長・松永久秀前期）、山口県文書館／『愛媛県史 資料編古代中世』より転載（三好実休後期）

三好長慶四百五十年遠忌記念論文集

三好長慶

室町幕府に代わる中央政権を目指した織田信長の先駆者

2013年7月 4日 第1刷発行（三好長慶命日）
2014年4月14日 第2刷発行

編　者 今谷 明・天野忠幸
発行者 宮下玄覇
発行所 株式会社宮帯出版社
京都本社 〒602-8488
京都市上京区寺之内通下ル真倉町739-1
営業 (075)441-7747　編集 (075)441-7722
東京支社 〒102-0083
東京都千代田区麹町6-2 麹町6丁目ビル2階
電話 (03)3265-5999
http://www.miyaobi.com/publishing/
振替口座 00960-7-279886

印刷所 爲國印刷株式会社

ISBN978-4-86366-902-4 C3021